ESSAIS CRITIQUES

ROLAND BARTHES

ESSAIS CRITIQUES

ÉDITIONS DU SEUIL
27, rue Jacob, Paris VIᵉ

CET OUVRAGE EST
PUBLIÉ DANS LA COLLECTION
TEL QUEL
DIRIGÉE PAR PHILIPPE SOLLERS

ISBN 2.02.001923.X

© EDITIONS DU SEUIL, 1964

à François Braunschweig.

AVANT-PROPOS 1971

Les *Essais critiques* datent de 1964 (et de toute manière, certains des articles qui entrent dans ce recueil remontent jusqu'à 1954). Je suis en 1971. Il est donc fatal de se poser ici la question du temps (le « temps », c'est la forme timide, étouffée, de l'Histoire, pour autant que nous n'en comprenions pas le sens).

On le sait, depuis quelques années, un mouvement de recherche, de combat aussi, s'est développé en France autour de la notion de signe, de sa description et de son procès; qu'on appelle ce mouvement *sémiologie, structuralisme, sémanalyse* ou *analyse textuelle*, peu importe : de toute manière, personne n'est content de ces mots, les uns parce qu'ils n'y voient qu'une mode, les autres un usage trop étendu et corrompu; pour ma part, je garderai le mot de « sémiologie », sans esprit de particularité et pour dénoter commodément l'ensemble d'un travail théorique varié. Or si j'avais à faire une brève revue de la sémiologie française, je n'essaierais pas de lui trouver une borne originaire; fidèle à une recommandation de Lucien Febvre (dans un article sur la périodisation en Histoire), je lui chercherais plutôt un repère central, d'où le mouvement puisse sembler irradier *avant* et *après*. Pour la sémiologie, cette date est 1966; on peut dire que, tout au moins au niveau parisien, il y eut cette année-là un grand brassage, et probablement décisif, des thèmes les plus aigus de la recherche : cette mutation est bien figurée par l'apparition (en 1966) de la jeune revue *les Cahiers pour l'Analyse*, où l'on trouve présents le thème sémiologique, le thème lacanien et le thème althussérien; sont alors posés les problèmes sérieux dont nous débattons encore : la jonction du marxisme et de la psychanalyse, le rapport nouveau du sujet parlant et de l'histoire, la substitution théorique et polémique du texte à l'œuvre. C'est bien à ce moment-là que s'accomplit une première diffraction du projet sémiologique, un procès de la notion de signe, qu'en ses

7

débuts ce projet prenait un peu trop naïvement à son compte : procès marqué dès 1967 par les livres de Derrida, l'action de *Tel Quel*, le travail de Julia Kristeva.

Antérieurs à ce coude, les *Essais critiques* appartiennent donc à la montée de la sémiologie. Cela ne veut pas dire, à mon sens, que ce livre doive être consulté d'une façon purement diachronique, c'est-à-dire *sensée* (en le dotant d'un sens, d'une intelligibilité historique). Tout d'abord, au niveau du livre lui-même, le pluriel est toujours là : tous ces textes sont polysémiques (comme l'était l'auteur en cette période — 1954-1964 — où il était engagé à la fois dans l'analyse littéraire, l'esquisse d'une science sémiologique et la défense de la théorie brechtienne de l'art) et l'assemblage en est rapsodique : dès le départ, aucune volonté de sens général, aucune envie d'assumer un « destin » intellectuel : seulement les éclats d'un travail progressif, souvent obscur à lui-même. Et puis, s'il est une chose, précisément, que le « structuralisme » nous a apprise, c'est que la lecture présente (et future) fait partie du livre passé : on peut espérer que ces textes seront *déformés* par le regard nouveau que d'autres pourront porter sur eux; que, d'une façon encore plus précise, ils se prêteront à ce que l'on pourrait appeler une *collusion de langages;* que le langage de la dernière avant-garde pourra leur donner un sens nouveau, qui, *de toute façon* (par simple vocation plurielle), était déjà le leur; en un mot, qu'ils pourront être pris dans un mouvement de *traduction* (le signe n'est rien d'autre que traductible). Enfin, quant à l'avenir, il faut se rappeler que le mouvement du temps culturel n'est pas linéaire : certes, des thèmes peuvent tomber définitivement dans le démodé; mais d'autres, apparemment amortis, peuvent revenir sur la scène des langages : je suis persuadé, que Brecht, par exemple, qui est présent dans ce recueil mais qui semble avoir disparu du champ de l'avant-garde, n'a pas dit son dernier mot : il reviendra, non certes tel que nous l'avons découvert au début des *Essais Critiques*, mais si je puis dire, *en spirale* : c'était la belle image de l'Histoire proposée par Vico (reprendre l'Histoire sans la répéter, sans la ressasser), et c'est sous la protection de cette image que je veux placer la nouvelle édition de ce livre.

Septembre 1971.   R.B.

PRÉFACE

En rassemblant ici des textes qui ont paru comme préfaces ou articles depuis environ dix ans, celui qui les a écrits voudrait bien s'expliquer sur le temps et l'existence qui les ont produits, mais il ne le peut : il craint trop que le rétrospectif ne soit jamais qu'une catégorie de la mauvaise foi. Écrire ne peut aller sans se taire ; écrire, c'est, d'une certaine façon, se faire « silencieux comme un mort », devenir l'homme à qui est refusée la dernière réplique; écrire, c'est offrir dès le premier moment cette dernière réplique à l'autre.

La raison en est que le sens d'une œuvre (ou d'un texte) ne peut se faire seul ; l'auteur ne produit jamais que des présomptions de sens, des formes, si l'on veut, et c'est le monde qui les remplit. Tous les textes qui sont donnés ici sont comme les maillons d'une chaîne de sens, mais cette chaîne est flottante. Qui pourrait la fixer, lui donner un signifié sûr ? Le temps peut-être : rassembler des textes anciens dans un livre nouveau, c'est vouloir interroger le temps, le solliciter de donner sa réponse aux fragments qui viennent du passé ; mais le temps est double, temps de l'écriture et temps de la mémoire, et cette duplicité appelle à son tour un sens suivant : le temps lui-même est une forme. Je puis bien parler aujourd'hui le brechtisme ou le nouveau roman (puisque ces mouvements occupent le premier cours de ces Essais*) en termes sémantiques (puisque c'est là mon langage actuel) et tenter de justifier ainsi un certain itinéraire de mon époque ou de moi-même, lui donner l'allure d'un destin intelligible, je n'empêcherai jamais que ce langage panoramique ne puisse être saisi par le mot d'un autre — et cet autre sera peut-être moi-même. Il y a une circularité infinie des langages : voici un mince segment du cercle.*

Ceci est pour dire que, même si par fonction il parle du langage des autres au point de vouloir apparemment (et parfois abusivement) le conclure, le critique, pas plus que l'écrivain, n'a jamais le dernier mot. Bien plus, ce mutisme final qui forme leur condition commune, c'est lui qui dévoile l'identité véritable du critique : le critique est un écrivain.

C'est là une prétention d'être, non de valeur ; le critique ne demande pas qu'on lui concède une « vision » ou un « style », mais seulement qu'on lui reconnaisse le droit à une certaine parole, qui est la parole indirecte.

Ce qui est donné à qui se relit, ce n'est pas un sens, mais une infidélité, ou plutôt : le sens d'une infidélité. Ce sens, il faut toujours y revenir, c'est que l'écriture n'est jamais qu'un langage, un système formel (quelque vérité qui l'anime) ; à un certain moment (qui est peut-être celui de nos crises profondes, sans autre rapport avec ce que nous disons que d'en changer le rythme), ce langage peut toujours être parlé par un autre langage ; écrire (tout au long du temps), c'est chercher à découvert le plus grand langage, celui qui est la forme de tous les autres. L'écrivain est un expérimentateur public : il varie ce qu'il recommence ; obstiné et infidèle, il ne connaît qu'un art : celui du thème et des variations. Aux variations, les combats, les valeurs, les idéologies, le temps, l'avidité de vivre, de connaître, de participer, de parler, bref les contenus ; mais au thème l'obstination des formes, la grande fonction signifiante de l'imaginaire, c'est-à-dire l'intelligence même du monde. Seulement, à l'opposé de ce qui se passe en musique, chacune des variations de l'écrivain est prise elle-même pour un thème solide, dont le sens serait immédiat et définitif. Cette méprise n'est pas légère, elle constitue la littérature même, et plus précisément ce dialogue infini de la critique et de l'œuvre, qui fait que le temps littéraire est à la fois le temps des auteurs qui avancent et le temps de la critique qui les reprend, moins pour donner un sens à l'œuvre énigmatique que pour détruire ceux dont elle est tout de suite et à jamais encombrée.

Il y a peut-être une autre raison à l'infidélité de l'écrivain : c'est que l'écriture est une activité ; du point de vue de celui qui écrit, elle s'épuise dans une suite d'opérations pratiques ; le temps de l'écrivain est un temps opératoire, et non un temps historique, il n'a qu'un rapport ambigu avec le temps évolutif des idées, dont il ne partage pas le mouvement. Le temps de l'écriture est en effet un temps défectif : écrire, c'est ou bien projeter ou bien terminer, mais jamais « exprimer » ; entre le commencement et la fin, il manque un maillon, qui pourrait cependant passer pour essentiel, celui de l'œuvre elle-même ; on écrit peut-être moins pour matérialiser une idée que pour épuiser une tâche qui porte en elle son propre bonheur. Il y a une sorte de vocation de l'écriture à la liquidation ; et bien que le monde lui renvoie toujours son œuvre comme un objet immobile, muni une fois pour toutes d'un sens stable, l'écrivain lui-même ne peut la vivre comme une fondation, mais plutôt comme un abandon nécessaire : le présent de l'écriture est déjà un passé, son passé de l'antérieur très lointain ; c'est pourtant au moment où il s'en détache « dogmatiquement » (par un refus d'hériter, d'être fidèle), que le monde demande à l'écrivain de soutenir la responsabilité de son œuvre ; car la morale sociale exige de lui une fidélité aux contenus, alors qu'il ne connaît qu'une fidélité aux formes : ce qui le tient (à ses propres yeux) n'est pas ce qu'il a écrit, mais la décision, obstinée, de l'écrire.

Le texte matériel (le Livre) peut donc avoir, du point de vue de qui l'a écrit, un caractère inessentiel, et même dans une certaine mesure, inauthentique. Aussi voit-on souvent les œuvres, par une ruse fondamentale, n'être jamais que leur propre projet : l'œuvre s'écrit en cherchant l'œuvre, et c'est lorsqu'elle commence fictivement qu'elle est terminée pratiquement. N'est-ce pas le sens du Temps Perdu que de présenter l'image d'un livre qui s'écrit tout seul en cherchant le Livre ? Par une retorsion illogique du temps, l'œuvre matérielle écrite par Proust occupe ainsi dans l'activité du Narrateur une place bizarrement intermédiaire, située entre une velléité (je veux écrire) et une décision (je vais écrire). C'est que le temps de l'écrivain n'est pas un temps diachronique, mais un temps épique ; sans présent et sans passé, il est tout entier livré à un emportement, dont le but, s'il pouvait être connu, paraîtrait aussi irréel aux yeux du monde que l'étaient les romans de chevalerie aux yeux des contemporains de don Quichotte. C'est pourquoi aussi ce temps actif de l'écriture se développe très en deçà de ce qu'on appelle communément un itinéraire (don Quichotte n'en avait pas, lui qui, pourtant, poursuivait toujours la même chose). Seul, en effet, l'homme épique, l'homme de la maison et des voyages, de l'amour et des amours, peut nous représenter une infidélité aussi fidèle.

Un ami vient de perdre quelqu'un qu'il aime et je veux lui dire ma compassion. Je me mets alors à lui écrire spontanément une lettre. Cependant les mots que je trouve ne me satisfont pas : ce sont des « phrases » : je fais des « phrases » avec le plus aimant de moi-même ; je me dis alors que le message que je veux faire parvenir à cet ami, et qui est ma compas-

sion même, pourrait en somme se réduire à un simple mot : Condoléances. *Cependant la fin même de la communication s'y oppose, car ce serait là un message froid, et par conséquent* inversé, *puisque ce que je veux communiquer, c'est la chaleur même de ma compassion. J'en conclus que pour redresser mon message (c'est-à-dire en somme pour qu'il soit exact), il faut non seulement que je le varie, mais encore que cette variation soit originale et comme inventée.*

On reconnaîtra dans cette suite fatale de contraintes la littérature elle-même (que mon message final s'efforce d'échapper à la « littérature » n'est qu'une variation ultime, une ruse de la littérature). Comme ma lettre de condoléances, tout écrit ne devient œuvre que lorsqu'il peut varier, dans certaines conditions, *un message premier (qui est peut-être bien, lui aussi :* j'aime, je souffre, je compatis). *Ces conditions de variations sont l'être de la littérature (ce que les formalistes russes appelaient la* literaturnost, *la « littératurité »), et tout comme ma lettre, elles ne peuvent finalement avoir trait qu'à l'originalité du second message. Ainsi, loin d'être une notion critique vulgaire (aujourd'hui inavouable), et à condition de la penser en termes informationnels (comme le langage actuel le permet), cette originalité est au contraire le fondement même de la littérature ; car c'est seulement en me soumettant à sa loi que j'ai chance de communiquer avec exactitude ce que je veux dire ; en littérature comme dans la communication privée, si je veux être le moins « faux », il faut que je sois le plus « original », ou, si l'on préfère, le plus « indirect ».*

La raison n'en est nullement qu'en étant original je me tiendrais au plus près d'une sorte de création inspirée, donnée comme une grâce pour garantir la vérité de ma parole : ce qui est spontané n'est pas forcément authentique. La raison en est que ce message premier qui devrait servir à dire immédiatement *ma peine, ce message pur qui voudrait dénoter tout simplement ce qui est en moi, ce message est utopique ; le langage des autres (et quel autre langage pourrait-il exister ?) me le renvoie non moins immédiatement décoré, alourdi d'une infinité de messages dont je ne veux pas. Ma parole ne peut sortir que d'une langue : cette vérité saussurienne résonne ici bien au delà de la linguistique ; en écrivant simplement* condoléances, *ma compassion devient indifférence, et le mot m'affiche comme froidement respectueux d'un certain usage ; en écrivant dans un roman :* longtemps je me suis couché de bonne heure, *si simple que soit l'énoncé, l'auteur ne peut empêcher que la place de l'adverbe, l'emploi du* Je, *l'inauguration même d'un discours qui va raconter, ou mieux encore* réciter une certaine *exploration du temps et de l'espace nocturnes*, ne développent déjà un message second, qui est une certaine *littérature*.

Quiconque veut écrire avec exactitude doit donc se porter aux frontières du langage, et c'est en cela qu'il écrit vraiment *pour les autres* (car s'il ne se parlait qu'à lui-même, une sorte de nomenclature spontanée de ses sentiments lui suffirait, puisque le sentiment est immédiatement son propre nom). Toute propriété du langage étant impossible, l'écrivain et l'homme privé (quand il écrit) sont condamnés à *varier* d'emblée leurs messages originels, et puisqu'elle est fatale, à choisir la meilleure *connotation*, celle dont l'indirect, parfois fort détourné, déforme le moins possible, non pas ce qu'ils veulent *dire*, mais ce qu'ils veulent *faire entendre*; l'écrivain (l'ami) est donc un homme pour qui parler, c'est immédiatement *écouter* sa propre parole; ainsi se constitue une *parole reçue* (bien qu'elle soit parole créée), qui est la parole même de la littérature. L'écriture est en effet, à tous les niveaux, la parole de l'autre, et l'on peut voir dans ce renversement paradoxal le véritable « don » de l'écrivain; il faut même l'y voir, cette anticipation de la parole étant le seul moment (très fragile) où l'écrivain (comme l'ami compatissant) peut faire comprendre qu'il regarde vers l'autre; car aucun message direct ne peut ensuite communiquer que l'on compatit, sauf à retomber dans les signes de la compassion : seule la forme permet d'échapper à la dérision des sentiments, parce qu'elle est la technique même qui a pour fin de comprendre et de dominer le théâtre du langage.

L'originalité est donc le prix dont il faut payer l'espoir d'être accueilli (et non pas seulement compris) de qui vous lit. C'est là une communication de luxe, beaucoup de détails étant nécessaires pour dire peu de choses avec exactitude, mais ce luxe est vital, car dès que la communication est affective (c'est la disposition profonde de la littérature), la banalité lui devient la plus lourde des menaces. C'est parce qu'il y a une angoisse de la banalité (angoisse, pour la littérature, de sa propre mort) que la littérature ne cesse de codifier, au gré de son histoire, ses informations secondes (sa connotation) et de les inscrire à l'intérieur de certaines marges de sécurité. Aussi voit-on les écoles et les époques fixer à la communication littéraire une zone surveillée, limitée d'un côté par l'obligation d'un langage « varié » et de l'autre par la clôture de cette variation, sous forme d'un corps reconnu de figures; cette zone — vitale — s'appelle la rhétorique, dont la double fonction est d'éviter à la littérature de se transformer en signe de la banalité (si elle était trop directe) et en signe de l'originalité

13

(si elle était trop indirecte). Les frontières de la rhétorique peuvent s'agrandir ou diminuer, du gongorisme à l'écriture « blanche », mais il est sûr que la rhétorique, qui n'est rien d'autre que la technique de l'information exacte, est liée non seulement à toute littérature, mais encore à toute communication, dès lors qu'elle veut faire entendre à l'autre que nous le reconnaissons : la rhétorique est la dimension amoureuse de l'écriture.

Ce message originel qu'il faut varier pour le rendre exact n'est jamais que ce qui brûle en nous ; il n'y a d'autre signifié premier à l'œuvre littéraire qu'un certain désir : écrire est un mode de l'Eros. Mais ce désir n'a d'abord à sa disposition qu'un langage pauvre et plat ; l'affectivité qui est au fond de toute littérature ne comporte qu'un nombre dérisoirement réduit de fonctions : Je désire, je souffre, je m'indigne, je conteste, j'aime, je veux être aimé, j'ai peur de mourir, c'est avec cela qu'il faut faire une littérature infinie. L'affectivité est banale, ou, si l'on veut, typique, et ceci commande tout l'être de la littérature ; car si le désir d'écrire n'est que la constellation de quelques figures obstinées, il n'est laissé à l'écrivain qu'une activité de variation et de combinaison : il n'y a jamais de créateurs, rien que des combinateurs, et la littérature est semblable au vaisseau Argo : le vaisseau Argo ne comportait — dans sa longue histoire — aucune création, rien que des combinaisons ; accolée à une fonction immobile, chaque pièce était cependant infiniment renouvelée, sans que l'ensemble cessât jamais d'être le vaisseau Argo.

Nul ne peut donc écrire sans prendre parti passionnément *(quel que soit le détachement apparent de son message)* sur tout ce qui va ou ne va pas dans le monde ; les malheurs et les bonheurs humains, ce qu'ils soulèvent en nous, indignations, jugements, acceptations, rêves, désirs, angoisses, tout cela est la matière unique des signes, mais cette puissance qui nous paraît d'abord inexprimable, tant elle est première, cette puissance n'est tout de suite que du nommé. On en revient une fois de plus à la dure loi de la communication humaine : l'originel n'est lui-même que la plus plate des langues, et c'est par excès de pauvreté, non de richesse, que nous parlons d'ineffable. Or c'est avec ce premier langage, ce nommé, ce trop-nommé, que la littérature doit se débattre : la matière première de la littérature n'est pas l'innommable, mais bien au contraire le nommé ; celui qui veut écrire doit savoir qu'il commence un long concubinage avec un langage qui est toujours antérieur. L'écrivain n'a donc nullement à

« *arracher* » *un verbe au silence, comme il est dit dans de pieuses hagiographies littéraires, mais à l'inverse, et combien plus difficilement, plus cruellement et moins glorieusement, à détacher une parole seconde de l'on gluement des paroles premières que lui fournissent le monde, l'histoire, son existence, bref un intelligible qui lui préexiste, car il vient dans un monde plein de langage, et il n'est aucun réel qui ne soit déjà classé par les hommes : naître n'est rien d'autre que trouver ce code tout fait et devoir s'en accommoder.* On entend souvent dire que l'art a pour charge d'exprimer l'inexprimable : c'est le contraire qu'il faut dire (sans nulle intention de paradoxe) : toute la tâche de l'art est d'inexprimer l'exprimable, d'enlever à la langue du monde, qui est la pauvre et puissante langue des passions, une parole autre, une parole exacte.

S'il en était autrement, si l'écrivain avait vraiment pour fonction de donner une première voix à quelque chose d'avant le langage, d'une part il ne pourrait faire parler qu'un infini ressassement, car l'imaginaire est pauvre (il ne s'enrichit que si l'on combine les figures qui le constituent, figures rares et maigres, pour torrentielles qu'elles paraissent à qui les vit), et d'autre part la littérature n'aurait nul besoin de ce qui l'a pourtant toujours fondée : une technique; il ne peut y avoir en effet une technique (un art) de la création, mais seulement de la variation et de l'agencement. Ainsi l'on voit les techniques de la littérature, fort nombreuses au long de l'histoire (bien qu'elles aient été mal recensées) s'employer toutes à distancer le nommable qu'elles sont condamnées à doubler. Ces techniques sont, entre autres : la rhétorique, qui est l'art de varier le banal par recours aux substitutions et aux déplacements de sens; l'agencement, qui permet de donner à un message unique l'étendue d'une infinie péripétie (dans un roman, par exemple); l'ironie, qui est la forme que l'auteur donne à son propre détachement; le fragment ou, si l'on préfère, la réticence, qui permet de retenir le sens pour mieux le laisser fuser dans des directions ouvertes. Toutes ces techniques, issues de la nécessité, pour l'écrivain, de partir d'un monde et d'un moi que le monde et le moi ont déjà encombrés d'un nom, visent à fonder un langage indirect, c'est-à-dire à la fois obstiné (pourvu d'un but) et détourné (acceptant des stations infiniment variées). C'est là, on l'a vu, une situation épique; mais c'est aussi une situation « orphique » : non parce qu'Orphée « chante », mais parce que l'écrivain et Orphée sont tous deux frappés d'une même interdiction, qui fait leur « chant » : l'interdiction de se retourner sur ce qu'ils aiment.

Mme *Verdurin ayant fait remarquer à Brichot qu'il abusait du* Je *dans ses articles de guerre, l'universitaire change tous ses* Je *en* On, mais « on » n'empêchait pas le lecteur de voir que l'auteur parlait de lui et permit à l'auteur de ne plus cesser de parler de lui ... toujours à l'abri du « on ». *Grotesque, Brichot est tout de même l'écrivain ; toutes les catégories personnelles que celui-ci manie, plus nombreuses que celles de la grammaire, ne sont jamais que des tentatives destinées à donner à sa propre personne le statut d'un signe véritable ; le problème, pour l'écrivain, n'est en effet ni d'exprimer ni de masquer son* Je *(Brichot naïvement n'y arrivait pas et n'en avait d'ailleurs aucune envie), mais de l'abriter, c'est-à-dire à la fois de le prémunir et de le loger. Or c'est en général à cette double nécessité que correspond la fondation d'un code : l'écrivain ne tente jamais rien d'autre que de transformer son* Je *en fragment de code. Il faut ici, une fois de plus, entrer dans la technique du sens, et la linguistique, une fois de plus, y aidera.*

Jakobson, reprenant une expression de Peirce, voit dans le Je *un symbole indiciel ; comme symbole, le* Je *fait partie d'un code particulier, différent d'une langue à l'autre (*Je *devient* Ego, Ich, *ou* I, *il suit les codes du latin, de l'allemand, de l'anglais) ; comme indice, il renvoie à une situation existentielle, celle du proférant, qui est à la vérité son seul sens, car* Je *est tout entier, mais aussi n'est rien d'autre que celui qui dit* Je. *En d'autres termes,* Je *ne peut être défini lexicalement (sauf à recourir à des expédients tels que « première personne du singulier »), et cependant il participe à un lexique (celui du français, par exemple) ; en lui, le message « chevauche » le code, c'est un* shifter, *un translateur ; de tous les signes, c'est le plus difficile à manier, puisque l'enfant l'acquiert en dernier lieu et que l'aphasique le perd en premier.*

Au degré second, qui est toujours celui de la littérature, l'écrivain, devant Je, *est dans la même situation que l'enfant ou l'aphasique, selon qu'il est romancier ou critique. Comme l'enfant qui dit son propre prénom en parlant de lui, le romancier se désigne lui-même à travers une infinité de troisièmes personnes ; mais cette désignation n'est nullement un déguisement, une projection ou une distance (l'enfant ne se déguise, ne se rêve ni ne s'éloigne) ; c'est au contraire une opération immédiate, menée d'une façon ouverte, impérieuse (rien de plus clair que les* On *de Brichot), et dont l'écrivain a besoin pour se parler lui-même à travers un message normal (et non plus « chevauchant »), issu pleinement du code des autres, en sorte qu'écrire, loin de renvoyer à une « expression » de la subjectivité, est au contraire l'acte même qui convertit le symbole indiciel (bâtard) en signe pur. La troisième personne n'est donc pas une ruse de la littérature, c'en est l'acte d'institution préalable à tout autre : écrire, c'est décider de dire Il (et le pouvoir). Ceci explique que lorsque l'écrivain dit Je (cela arrive souvent), ce pronom n'a plus rien à voir avec un symbole indiciel, c'est une marque subtilement codée : ce Je-là n'est rien d'autre qu'un Il au second degré, un Il retourné (comme le prouverait l'analyse du Je proustien). Comme l'aphasique, le critique, lui, privé de tout pronom, ne peut plus parler qu'un discours troué; incapable (ou dédaigneux) de transformer le Je en signe, il ne lui reste plus qu'à le taire à travers une sorte de degré zéro de la personne. Le Je du critique n'est donc jamais dans ce qu'il dit, mais dans ce qu'il ne dit pas, ou plutôt dans le discontinu même qui marque tout discours critique; peut-être son existence est-elle trop forte pour qu'il la constitue en signe, mais à l'inverse peut-être est-elle aussi trop verbale, trop pénétrée de culture, pour qu'il la laisse à l'état de symbole indiciel. Le critique serait celui qui ne peut produire le Il du roman, mais qui ne peut non plus rejeter le Je dans la pure vie privée, c'est-à-dire renoncer à écrire : c'est un aphasique du Je, tandis que le reste de son langage subsiste, intact, marqué cependant par les infinis détours qu'impose à la parole (comme dans le cas de l'aphasique) le blocage constant d'un certain signe.*

On pourrait même pousser la comparaison plus loin. Si le romancier, comme l'enfant, décide de codifier son Je sous la forme d'une troisième personne, c'est que ce Je n'a pas encore d'histoire, ou qu'on a décidé de ne pas lui en donner. Tout roman est une aurore, et c'est pour cela qu'il est, semble-t-il, la forme même du vouloir-écrire. Car, de même qu'en parlant de lui à la troisième personne, l'enfant vit ce moment fragile où le langage adulte se présente à lui comme une institution parfaite qu'aucun symbole impur (mi-code, mi-message) ne vient encore corrompre ou inquiéter, de même, c'est pour rencontrer les autres que le Je du romancier vient s'abriter sous le Il, c'est-à-dire sous un code plein, dans lequel l'existence ne chevauche pas encore le signe. A l'inverse, dans l'aphasie du critique à l'égard du Je, s'investit une ombre du passé; son Je est trop lourd de temps pour qu'il puisse y renoncer et le donner au code plein d'autrui (faut-il rappeler que le roman proustien n'a été possible qu'une fois le temps levé ?); *faute de pouvoir abandonner cette face muette du symbole, c'est le symbole lui-même, dans son entier, que le critique « oublie », tout comme l'aphasique qui, lui aussi, ne peut détruire son langage que dans la mesure même où ce langage a été. Ainsi, tandis que le romancier est l'homme qui parvient à infantiliser son Je au point de lui faire rejoindre le code adulte des autres, le critique est l'homme qui vieillit le sien, c'est-à-dire l'enferme, le préserve et l'oublie, au point de le soustraire, intact et incommunicable, au code de la littérature.*

   Ce qui marque le critique, c'est donc une pratique secrète *de l'indirect : pour rester secret, l'indirect doit ici s'abriter sous les figures mêmes du direct, de la transitivité, du discours* sur *autrui. D'où un langage qui ne peut être reçu comme ambigu, réticent, allusif ou dénégateur. Le critique est comme un logicien qui « remplirait » ses fonctions d'arguments véridiques et demanderait néanmoins secrètement qu'on prenne bien soin de n'apprécier que la validité de ses équations, non leur vérité, — tout en souhaitant, par une dernière ruse silencieuse, que cette pure validité fonctionne comme le signe même de son existence.*

   Il y a donc une certaine méprise attachée par structure à l'œuvre critique, mais cette méprise ne peut être dénoncée dans le langage critique lui-même, car cette dénonciation constituerait une nouvelle forme directe, c'est-à-dire un masque supplémentaire ; pour que le cercle s'interrompe, pour que le critique parle de lui avec exactitude, il faudrait qu'il se transforme en romancier, c'est-à-dire substitue au faux direct dont il s'abrite, un indirect déclaré, comme l'est celui de toutes les fictions.

   C'est pourquoi, sans doute, le roman est toujours l'horizon du critique : le critique est celui qui va écrire, *et qui, semblable au Narrateur proustien, emplit cette attente d'une œuvre* de surcroît, *qui se fait en se cherchant et dont la fonction est d'accomplir son projet d'écrire tout en l'éludant. Le critique est un écrivain, mais un écrivain en sursis ; comme l'écrivain, il voudrait bien que l'on croie moins à ce qu'il écrit qu'à la décision qu'il a prise de l'écrire ; mais à l'inverse de l'écrivain, il ne peut* signer *ce souhait : il reste condamné à l'erreur — à la vérité.*

Décembre 1963.

LE MONDE-OBJET

Il y a dans les musées de Hollande un petit peintre qui mériterait peut-être la renommée littéraire de Vermeer de Delft. Saenredam n'a peint ni des visages ni des objets, mais surtout l'intérieur d'églises vides, réduites au velouté beige et inoffensif d'une glace à la noisette. Ces églises, où l'on ne voit que des pans de bois et de chaux, sont dépeuplées sans recours, et cette négation-là va autrement loin que la dévastation des idoles. Jamais le néant n'a été si sûr. Ce Saenredam aux surfaces sucrées et obstinées, récuse tranquillement le surpeuplement italien des statues, aussi bien que l'horreur du vide professée par les autres peintres hollandais. Saenredam est à peu près un peintre de l'absurde, il a accompli un état privatif du sujet, plus insidieux que les dislocations de la peinture moderne. Peindre avec amour des surfaces insignifiantes et ne peindre que cela, c'est déjà une esthétique très moderne du silence.

Saenredam est un paradoxe : il fait sentir par antithèse la nature de la peinture hollandaise classique, qui, elle, n'a nettoyé proprement la religion que pour établir à sa place l'homme et son empire des choses. Là où dominait la Vierge et ses escaliers d'anges, l'homme s'installe, les pieds sur les mille objets de la vie quotidienne, entouré triomphalement de ses usages. Le voilà donc au sommet de l'histoire, ne connaissant d'autre destin qu'une appropriation progressive de la matière. Plus de limites à cette humanisation, et surtout pas l'horizon : voyez les grandes marines hollandaises (de Cappelle ou de Van de Venne); les navires craquent de monde ou d'objets, l'eau est un sol, on y marcherait, la mer est entièrement urbanisée. Un vaisseau est-il en danger? c'est tout près d'un rivage couvert d'hommes et de secours, l'humain est ici une vertu du nombre. On dirait que le destin du paysage hollandais, c'est de se noircir d'hommes, c'est de passer d'un infini d'éléments à la plénitude du cadastre humain. Ce canal, ce moulin, ces arbres, ces oiseaux (d'Essaias van de Velde) sont liés par un bac chargé d'hommes; la barque alourdie, grosse de tout son monde, joint les deux rives et ferme ainsi le mouvement des arbres et des eaux par l'intention d'un mobile humain qui repousse ces forces de nature au rang d'objets, et fait de la création un usage. Dans la saison qui se refuse le plus aux hommes, dans l'un de ces hivers farouches dont nous parle seulement l'histoire, Ruysdael dispose tout de même un pont, une maison, un homme cheminant; ce n'est pas encore la première petite pluie chaude du printemps, et pourtant cet homme qui marche, c'est vraiment le grain qui monte, c'est l'homme lui-même, c'est l'homme seul qui germe, têtu, au fond de cette grande nappe bistrée.

Voilà donc les hommes s'écrivant eux-mêmes sur l'espace, le couvrant aussitôt de gestes familiers, de souvenirs, d'usages et d'intentions. Ils s'y installent au gré d'un sentier, d'un moulin, d'un canal gelé, ils y placent, dès qu'ils peuvent, leurs objets comme dans une chambre; tout en eux tend vers l'habitat et rien d'autre : c'est leur ciel. On a dit (et bien dit) la puissance domiciliaire du bateau hollandais; ferme, bien ponté, concave, ovoïde même, il est plein, et fait surgir le bonheur de cette absence de vide. Voyez la nature morte hollandaise : l'objet n'est jamais seul, et jamais privilégié; il est là, et c'est tout, au milieu de beaucoup d'autres, peint entre deux usages, faisant partie du désordre des mouvements qui l'ont saisi, puis rejeté, en un mot *utilisé*. Des objets, il y en a dans tous les plans, sur les tables, aux murs, par terre : des pots, des pichets renversés, des corbeilles à la débandade, des légumes, du gibier, des jattes, des coquilles d'huîtres, des verres, des berceaux. Tout cela, c'est l'espace de l'homme, il s'y mesure et détermine son humanité à partir du souvenir de ses gestes : son temps est couvert d'usages, il n'y a pas d'autre autorité dans sa vie que celle qu'il imprime à l'inerte en le formant et en le manipulant.

Cet univers de la fabrication exclut évidemment toute terreur et aussi tout style. Le souci des peintres hollandais, ce n'est pas de débarrasser l'objet de ses qualités pour libérer son essence, mais bien au contraire d'accumuler les vibrations secondes de l'apparence, car il faut incorporer à l'espace humain, des couches d'air, des surfaces, et non des formes ou des idées. La seule issue logique d'une telle peinture, c'est de revêtir la matière d'une sorte de glacis le long de quoi l'homme puisse se mouvoir sans briser la valeur d'usage de l'objet. Des peintres de natures mortes comme van de Velde ou Heda, n'ont eu de cesse d'approcher la qualité la plus superficielle de la matière : la luisance. Huîtres, pulpes de citrons, verres épais contenant un vin sombre, longues pipes en terre blanche, marrons brillants, faïences, coupes en métal bruni, trois grains de raisin, quelle peut être la justification d'un tel assemblage, sinon de lubrifier le regard de l'homme au milieu de son domaine, et de faire glisser sa course quotidienne le long d'objets dont l'énigme est dissoute et qui ne sont plus rien que des surfaces *faciles?*

L'*usage* d'un objet ne peut qu'aider à dissiper sa forme capitale et surenchérir au contraire sur ses attributs. D'autres arts, d'autres époques ont pu poursuivre, sous le nom de style, la maigreur essentielle des choses; ici, rien de tel, chaque objet est accompagné de ses adjectifs, la substance est enfouie sous ses mille et mille qualités, l'homme n'affronte jamais l'objet qui lui reste prudemment asservi par tout cela même qu'il est chargé de lui fournir. Qu'ai-je besoin de la forme principielle du citron? Ce qu'il faut à mon humanité toute empirique, c'est un citron dressé pour l'usage, à demi pelé, à demi coupé, moitié citron, moitié fraîcheur, saisi au moment précieux où il échange le scandale de son ellipse parfaite et inutile, contre la première de ses qualités économiques, l'astringence. L'objet est toujours ouvert, étalé, accompagné, jusqu'à ce qu'il se soit détruit comme substance close, et monnayé dans toutes les vertus d'usage que l'homme sait faire surgir de la matière têtue. Je vois moins dans les « cuisines » hollandaises (celle de Buelkelaer, par exemple), la complaisance d'un peuple pour son bien-manger (ceci serait plus belge que hollandais; des patriciens comme Ruyter et Tromp ne mangeaient de viande qu'une fois par semaine), qu'une suite d'explications sur l'*ustensilité* des aliments : les unités de la nourriture sont toujours détruites comme natures mortes, et restituées comme moments d'un temps domestique; ici, c'est la verdeur crissante des concombres, là, c'est la blancheur des volailles plumées, partout l'objet présente à l'homme sa face d'usage, et non sa forme principielle. Autrement dit, il n'y a jamais ici un état générique de l'objet, mais seulement des états qualifiés.

Voilà donc un véritable transfert de l'objet, qui n'a plus d'essence, et se réfugie entièrement dans ses attributs. On ne peut imaginer asservissement plus complet des choses. Toute la ville d'Amsterdam elle-même semble avoir été construite en vue de cet apprivoisement : il y a ici bien peu de matériaux qui ne soient annexés à l'empire des marchandises. Par exemple, des gravats dans un coin de chantier ou sur le bord d'une gare, rien de plus innommable ; ce n'est pas un objet, c'est un élément. Voyez à Amsterdam ces mêmes gravats engrillés et chargés sur un chaland, conduits le long des canaux ; ce seront des objets aussi bien définis que des fromages, des caisses de sucre, des bonbonnes ou des pousses de sapin. Ajoutez au mouvement de l'eau qui transporte, le plan vertical des maisons qui retiennent, absorbent, entreposent ou restituent la marchandise : tout ce concert de poulies, de courses et de transbordements opère une mobilisation permanente des matériaux les plus informes. Chaque maison, étroite, plate, légèrement penchée comme pour aller au-devant de la marchandise, s'épure brusquement vers le haut : il n'y a plus, dressée contre le ciel, qu'une sorte de bouche mystique, qui est le grenier, comme si tout l'habitat humain n'était que la voie ascendante de l'*entreposement,* ce grand geste ancestral des animaux et des enfants. La ville étant construite sur l'eau, il n'y a pas de caves, tout est monté au grenier par l'extérieur, l'objet chemine dans tous les horizons, il glisse sur le plan des eaux et sur celui des murs, c'est lui qui étale l'espace.

Cette mobilité de l'objet suffit presque à le constituer. D'où le pouvoir de définition attaché à tous ces canaux hollandais. Il y a là, de toute évidence, un complexe eau-marchandise ; c'est l'eau qui fait l'objet, en lui donnant toutes les nuances d'une mobilité paisible, plane pourrait-on dire, liant des réserves, procédant sans à-coups aux échanges, et faisant de la ville un cadastre de biens agiles. Il faut voir les canaux d'un autre petit peintre, Berckheyde, qui n'a peint à peu près que cette circulation égale de la propriété : tout est pour l'objet voie de procession ; tel point du quai est un reposoir de barils, de bois, de bâches; l'homme n'a qu'à basculer ou hisser, l'espace, bonne bête, fait le reste, il éloigne, rapproche, trie les choses, les distribue, les reprend, semble n'avoir d'autre fin que d'accomplir le projet de mouvement de toutes ces choses, séparées de la matière par la pellicule ferme et huilée de l'usage; tous les objets sont ici préparés pour la manipulation, ils ont tous le détachement et la densité des fromages hollandais, ronds, préhensibles, vernissés.

Cette division est la pointe extrême du concret, et je ne vois qu'une œuvre française qui puisse prétendre égaler son pouvoir énumératif à celui des canaux hollandais, c'est notre Code civil. Voyez la liste des biens meubles et immeubles : « les pigeons des colombiers, les lapins des garennes, les ruches à miel, les poissons des étangs, les pressoirs, chaudières, alambics, les pailles et engrais, les tapisseries, les glaces, les livres et médailles, le linge, les armes, les grains, les vins, les foins », etc. N'est-ce pas exactement l'univers du tableau hollandais ? Il y a, ici comme là, un nominalisme triomphant, qui se suffit à lui-même. Toute définition et toute manipulation de la propriété produisent un art du Catalogue, c'est-à-dire du concret même, divisé, numérable, mobile. Les scènes hollandaises exigent une lecture progressive et complète; il faut commencer par un bord et finir par l'autre, parcourir le tableau à la façon d'un compte, ne pas oublier tel coin, telle marge, tel lointain, où s'inscrit encore un objet nouveau, bien fini, et qui ajoute son unité à cette pesée patiente de la propriété ou de la marchandise.

S'appliquant aux groupes sociaux les plus bas (aux yeux de l'époque), ce pouvoir énumératif constitue certains hommes en objets. Les paysans de Van Ostade ou les patineurs d'Averkamp n'ont droit qu'à l'existence du nombre, et les scènes qui les rassemblent doivent se lire, non comme un gestuaire pleinement humain, mais plutôt comme le catalogue anecdotique qui divise et aligne, en les variant, les éléments d'une préhumanité; il faut déchiffrer cela comme on lit un rébus. C'est qu'il existe nettement, dans la peinture hollandaise, deux anthropologies, aussi bien séparées que les classes zoologiques de Linné. Par un fait exprès, le mot « classe » sert aux deux notions : il y a la classe patricienne *(homo patricius)*, et la classe paysanne *(homo paganicus)*, et chaque classe rassemble les humains, non seulement de même condition sociale, mais aussi de même morphologie.

Les paysans de Van Ostade ont des faces avortées, semi-créées, informes; on ' dirait des créatures inachevées, des ébauches d'hommes, fixées à un stade antérieur de la génétique humaine. Les enfants mêmes n'ont ni âge, ni sexe, on les nomme seulement par leur taille. Comme le singe est séparé de l'homme, le paysan est ici éloigné du bourgeois, dans la mesure même où il est dépourvu des caractères ultimes de l'humanité, ceux de la personne. Cette sous-classe d'hommes n'est jamais saisie frontalement, ce qui supposerait qu'elle dispose au moins d'un regard : ce privilège est réservé au patricien ou au bovidé, l'animal-totem et nourricier de la nation hollandaise Ces paysans n'ont en haut du corps qu'un effort de visage, la face est à peine constituée, le bas est toujours dévoré par une sorte de plongée ou au contraire de détournement; c'est une préhumanité indécise qui déborde l'espace à la façon d'objets doués supplémentairement d'un pouvoir d'ivresse ou d'hilarité.

Posez en face, maintenant, le jeune patricien, figé dans sa proposition de dieu inactif (notamment ceux de Verspronck). C'est une ultra-personne, pourvue des signes extrêmes de l'humanité. Autant le visage paysan est laissé en deçà de la création, autant le visage patricien est amené au degré ultime de l'identité. Cette classe zoologique de grands bourgeois hollandais possède en propre sa complexion : les cheveux châtains, les yeux bruns, prune plutôt, une carnation saumonée, le nez assez fort, des lèvres un peu rouges et molles, tout un côté d'ombre fragile aux points offerts du visage. Pas ou peu de portraits de femmes, sauf comme régentes d'hospices, comptables d'argent et non de voluptés. La femme n'est donnée que dans son rôle instrumental, comme fonctionnaire de la charité ou gardienne d'une économie domestique. C'est l'homme, et l'homme seul, qui est humain. Aussi toute cette peinture hollandaise, ces natures mortes, ces marines, ces scènes paysannes, ces régentes, se couronnent-elles d'une iconographie purement masculine, dont l'expression obsessionnelle est le Tableau de Corporation.

Les « Doelen » (les « Corporations ») sont si nombreuses, qu'il faut évidemment flairer ici le mythe. Les Doelen, c'est un peu comme les Vierges italiennes, les éphèbes grecs, les pharaons égyptiens ou les fugues allemandes, un thème classique qui désigne à l'artiste les limites de la nature. Et de même que toutes les vierges, tous les éphèbes, tous les pharaons et toutes les fugues se ressemblent un peu, tous les visages de Doelen sont isomorphes. On a ici, une fois de plus, la preuve que le visage est un signe social, qu'il y a une histoire possible des visages, et que le produit le plus direct de la nature est lui aussi soumis au devenir et à la signification, tout comme les institutions les mieux socialisées.

Une chose frappe dans les tableaux de corporations : la grosseur des têtes, l'éclairement, la vérité excessive de la face. Le visage devient une sorte de fleur surnourrie, amenée à sa perfection par un *forcing* savant. Tous ces visages sont traités comme unités d'une même espèce végétale, combinant la ressemblance générique et l'identité de l'individu. Ce sont de grosses fleurs carnées (chez Hals) ou des nébuleuses fauves (chez Rembrandt), mais cette universalité n'a rien à voir avec la neutralité glabre des visages primitifs, entièrement disponibles, prêts à recevoir les signes de l'âme, et non ceux de la personne : douleur, joie, piété et pitié, toute une iconographie désincarnée des passions. La ressemblance des têtes médiévales est d'ordre ontologique, celle des visages de Doelen est d'ordre génésique. Une classe sociale, définie sans ambiguïté par son économie, puisque c'est précisément l'unité de la fonction commerçante qui justifie ces tableaux de corporations, est ici présentée sous son aspect anthropologique, et cet aspect ne tient pas aux caractères secondaires de la physionomie : ce n'est point par leur sérieux ou leur positif que ces têtes se ressemblent, contrairement aux portraits du réalisme socialiste, par exemple, qui unifient la représentation des ouvriers sous un même signe de virilité et de tension (c'est là le procédé d'un art primitif). La matrice du visage humain n'est pas ici d'ordre éthique, elle est d'ordre charnel, elle est faite non d'une communauté d'intentions, mais d'une identité de sang et d'aliments, elle se forme au terme d'une longue sédimentation qui a accumulé à l'intérieur d'une classe tous les caractères de la particularité sociale : âge, carrure, morphologie, rides, vénules identiques, c'est l'ordre même de la biologie qui retire la caste patricienne de la matière usuelle (choses, paysans, paysages) et l'enferme dans son autorité.

Entièrement identifiés par leur hérédité sociale, ces visages hollandais ne sont engagés dans aucune de ces aventures viscérales qui ravagent les figures et exposent un corps dans son dénuement d'une minute. Qu'ont-ils à faire du temps des passions? Ils ont celui de la biologie; leur chair n'a pas besoin, pour exister, d'attendre ou de supporter l'événement; c'est le sang qui la fait être et s'imposer; la passion serait inutile, elle n'ajouterait rien à l'existence. Voyez l'exception : le David de Rembrandt ne pleure pas, il s'envoile à demi la tête dans un rideau; fermer les paupières, c'est fermer le monde, et il n'y a pas dans toute la peinture hollandaise de scène plus aberrante. C'est qu'ici l'homme est pourvu d'une qualité adjective, il passe de l'être à l'avoir, il rejoint une humanité en proie à autre chose. La peinture préalablement désencadrée — c'est-à-dire observée d'une zone située en deçà de ses règles techniques ou esthétiques, — il n'y a aucune différence entre une pietà larmoyante du xve siècle et tel Lénine combatif de l'imagerie soviétique; car ici comme là, c'est un attribut qui est livré, ce n'est pas une identité. C'est exactement l'inverse du petit cosmos hollandais, où les objets n'existent que par leurs qualités, alors que l'homme, et l'homme seul, possède l'existence toute nue. Monde substantif de l'homme, monde adjectif des choses, tel est l'ordre d'une création vouée au bonheur.

Qu'est-ce donc qui signale ces hommes au sommet de leur empire? C'est le *numen*. On sait que le *numen* antique était ce simple geste par lequel la divinité signifiait sa décision, disposant de la destinée humaine par une sorte d'infra-langage fait d'une pure démonstration. La toute-puissance ne parle pas (peut-être parce qu'elle ne pense pas), elle se contente du geste, et même d'un demi-geste, d'une intention de geste, vite absorbée dans la sérénité paresseuse du Maître. Le prototype moderne du *numen* pourrait être cette tension retenue, mêlée de lassitude et de confiance, par laquelle le Dieu de Michel-Ange se sépare d'Adam après l'avoir créé, et d'un geste suspendu lui assigne sa prochaine humanité. Chaque fois que la classe des Maîtres est représentée, elle doit nécessairement exposer son *numen,* faute de quoi la peinture ne serait pas intelligible. Voyez l'hagiographie impériale : Napoléon y est un personnage purement numineux, irréel par la convention même de son geste. D'abord ce geste existe toujours : l'Empereur n'est jamais saisi à vide; il montre ou signifie ou agit. Mais ce geste n'a rien d'humain; ce n'est pas celui de l'ouvrier, de l'*homo faber*, dont le mouvement tout usuel va jusqu'au bout de lui-même à la recherche de son propre effet; c'est un geste immobilisé dans le moment le moins stable de sa course; c'est l'idée de la puissance, non son épaisseur, qui est ainsi éternisée. La main qui se lève un peu, ou s'appuie mollement, la suspension même du mouvement, produisent la fantasmagorie d'un pouvoir étranger à l'homme. Le geste crée, il n'accomplit pas, et par conséquent son amorce importe plus que sa course. Voyez la bataille d'Eylau (peinture à désencadrer s'il en fut) : quelle différence de densité entre les gestes excessifs des simples humains, ici criant, là entourant un blessé de deux bras fortement noués, là encore caracolant avec emphase, et l'empâtement cireux de l'Empereur-Dieu, entouré d'un air immobile, levant une main grosse de toutes les significations simultanées, désignant tout et rien, créant d'une mollesse terrible un avenir d'actes inconnus. On peut voir dans ce tableau exemplaire la façon même dont est constitué le *numen* : il *signifie* le mouvement infini, et en même temps ne l'accomplit pas, éternisant seulement l'idée du pouvoir, et non sa pâte même. C'est un geste embaumé, un geste fixé au plus fragile de sa fatigue, imposant à l'homme qui le contemple et le subit, la plénitude d'une puissance intelligible.

Naturellement, ces marchands, ces bourgeois hollandais, assemblés en banquets ou réunis autour d'une table pour faire leurs comptes, cette classe, à la fois zoologique et sociale, n'a pas le *numen* guerrier. Par quoi donc impose-t-elle son irréalité? par le regard. C'est le regard qui est *numen* ici, c'est lui qui trouble, intimide et fait de l'homme le terme ultime d'un problème. A-t-on pensé à ce qui arrive quand un portrait vous regarde en face? Sans doute ce n'est pas là une particularité hollandaise. Mais ici, le regard est collectif; ces hommes, ces régentes même, virilisées par l'âge et la fonction, tous ces patriciens posent à plein sur vous leur visage lisse et nu. Ils sont moins réunis pour compter leurs sous — qu'ils ne comptent guère, malgré la table, le registre et le rouleau d'or, — ou pour manger les victuailles — malgré l'abondance, — que pour vous regarder et vous signifier par là une existence et une autorité au-delà desquelles il ne vous est plus possible de remonter. Leur regard, c'est leur preuve et c'est la

27

vôtre. Voyez les drapiers de Rembrandt : l'un même se lève pour mieux vous considérer. Vous passez à l'état de rapport, vous êtes déterminé comme élément d'une humanité vouée à participer à un *numen* issu enfin de l'homme et non du dieu. Ce regard sans tristesse et sans cruauté, ce regard sans adjectif et qui n'est que pleinement regard, ne vous juge ni ne vous appelle; il vous pose, il vous implique, il vous fait exister. Mais ce geste créateur est sans fin; vous naissez à l'infini, vous êtes soutenu, porté au bout d'un mouvement qui n'est que source et paraît dans un état éternel de suspension. Dieu, l'Empereur avaient le pouvoir de la main, l'homme a le regard. *Un regard qui dure,* c'est toute l'histoire amenée à la grandeur de son propre mystère.

C'est parce que le regard des *Doelen* institue un dernier *suspens* de l'histoire, présent au sommet du bonheur social, que la peinture hollandaise n'est pas repue, et que son caractère de classe se couronne malgré tout de quelque chose qui appartient aussi aux autres hommes. Que se passe-t-il quand les hommes sont heureux tout seuls ? Que reste-t-il alors de l'homme ? Les *Doelen* répondent : il reste un regard. Dans ce monde patricien parfaitement heureux, maître absolu de la matière et visiblement débarrassé de Dieu, le regard fait surgir une interrogation proprement humaine et propose une réserve infinie de l'histoire. Il y a dans ces *Doelen* hollandaises le contraire même d'un art réaliste. Regardez bien l'Atelier de Courbet; c'est toute une allégorie : enfermé dans une pièce, le peintre peint un paysage qu'il ne voit pas, en tournant le dos à son modèle (nu), qui, lui, le regarde peindre. C'est-à-dire que le peintre s'installe dans un espace vidé prudemment de tout regard autre que le sien. Or, tout art qui n'a que deux dimensions, celle de l'œuvre et celle du spectateur, ne peut créer qu'une *platitude,* puisqu'il n'est que la saisie d'un spectacle-vitrine par un peintre-voyeur. La profondeur ne naît qu'au moment où le spectacle lui-même tourne lentement son ombre vers l'homme et commence à le regarder.

1953, *Lettres nouvelles* [1].

---

1. La date qui suit chaque texte est la date d'écriture, non de parution.

LITTÉRATURE OBJECTIVE

OBJECTIF, IVE (adj.) : *Terme d'optique.*
Verre objectif, le verre d'une lunette destiné à être
tourné du côté de l'objet qu'on veut voir (Littré).

Il y a actuellement sur le fronton de la gare Montparnasse une grande inscription au néon : « Bons-Kilomètres » dont quelques lettres sont régulièrement éteintes. Ce serait un bon objet pour Robbe-Grillet, un objet selon son cœur, que ce matériau pourvu de points de délabrement qui peuvent mystérieusement changer de place d'un jour à l'autre[1].

Les objets de ce genre, très élaborés et partiellement instables, sont nombreux dans l'œuvre de Robbe-Grillet. Ce sont en général des objets extraits du décor urbain (plans municipaux, panonceaux professionnels, avis postaux, disques de signalisation, grilles de pavillons, tabliers de pont), ou du décor quotidien (lunettes, interrupteurs, gommes, cafetières, mannequins de couturière, sandwiches préfabriqués). Les objets « naturels » sont rares (arbres de la *Troisième Vision réfléchie*, bras de mer du *Chemin du Retour*[2]), soustraits d'ailleurs immédiatement à la nature et à l'homme pour se constituer avant tout comme supports d'une réflexion « optique ».

Tous ces objets sont décrits avec une application en apparence peu proportionnée à leur caractère sinon insignifiant, du moins purement fonctionnel. Chez Robbe-Grillet, la description est toujours anthologique : elle saisit l'objet comme dans un miroir et le constitue devant nous en spectacle, c'est-à-dire qu'on lui donne le droit de prendre notre temps, sans souci des appels

1. A propos de : A. Robbe-Grillet : *Les Gommes* (éd. de Minuit, 1953) et *Trois Visions réfléchies* (Nouvelle N.R.F., avril 1954).
2. Texte extrait du *Voyeur*, alors inédit.

que la dialectique du récit peut lancer à cet objet indiscret. L'objet reste là, il a la même liberté d'étalement qu'un portrait balzacien, sans en avoir pour autant la nécessité psychologique. Autre caractère de cette description : elle n'est jamais allusive, elle dit tout, ne cherche pas, dans l'ensemble des lignes et des substances, tel attribut chargé de signifier économiquement la nature entière de l'objet (Racine : « Dans l'Orient *désert*, quel devint mon ennui », ou Hugo : « Londres, une rumeur sous une fumée »). L'écriture de Robbe-Grillet est sans alibi, sans épaisseur et sans profondeur : elle reste à la surface de l'objet et la parcourt également, sans privilégier telle ou telle de ses qualités : c'est donc le contraire même d'une écriture poétique. Ici, le mot n'explose pas, il ne fouille pas, on ne lui donne pas pour fonction de surgir tout armé en face de l'objet pour chercher au cœur de sa substance un nom ambigu qui la résume : le langage n'est pas ici viol d'un abîme, mais élongement à même une surface, il est chargé de « peindre » l'objet, c'est-à-dire de le caresser, de déposer peu à peu le long de son espace toute une chaîne de noms progressifs, dont aucun ne doit l'épuiser.

Il faut ici prendre garde que chez Robbe-Grillet, la minutie de la description n'a rien de commun avec l'application artisanale du romancier vériste. Le réalisme traditionnel additionne des qualités en fonction d'un jugement implicite : ses objets ont des formes, mais aussi des odeurs, des propriétés tactiles, des souvenirs, des analogies, bref ils fourmillent de significations; ils ont mille modes d'être perçus, et jamais impunément, puisqu'ils entraînent un mouvement humain de dégoût ou d'appétit. En face de ce syncrétisme sensoriel, à la fois anarchique et orienté, Robbe-Grillet impose un ordre unique de saisie : la vue. L'objet n'est plus ici un foyer de correspondances, un foisonnement de sensations et de symboles : il est seulement une résistance optique.

Cette promotion du visuel emporte de singulières conséquences : d'abord ceci, que l'objet de Robbe-Grillet n'est pas composé en profondeur; il ne protège pas un cœur sous sa surface (et le rôle traditionnel du littérateur a été jusqu'ici de voir, derrière la surface, le secret des objets); non, ici l'objet n'existe pas au-delà de son phénomène; il n'est pas double, allégorique; on ne peut même pas dire qu'il soit opaque, ce serait retrouver une nature dualiste.

La minutie que Robbe-Grillet met à décrire l'objet n'a rien d'une approche tendancielle; elle fonde entièrement l'objet, en sorte qu'une fois décrite son apparence, il soit épuisé; si l'auteur le quitte, ce n'est pas par soumission à une mesure rhétorique, c'est parce que l'objet n'a d'autre résistance que celle de ses surfaces, et que celles-ci parcourues, le langage doit se retirer d'un investissement qui ne pourrait être qu'étranger à l'objet, de l'ordre de la poésie ou de l'éloquence. Le silence de Robbe-Grillet sur le cœur romantique des choses n'est pas un silence allusif ou sacral, c'est un silence qui fonde irrémédiablement la limite de l'objet, non son au delà : tel quartier de tomate déposé sur un sandwich d'Automatic et décrit selon la méthode de Robbe-Grillet, constitue un objet sans hérédité, sans liaisons et sans références, un objet têtu, rigoureusement enfermé dans l'ordre de ses particules, suggestif de rien d'autre que de lui-même, et n'entraînant pas son lecteur dans un *ailleurs* fonctionnel ou substantiel. « La condition de l'homme, c'est d'être là. » Robbe-Grillet rappelait ce mot de Heidegger à propos de *En attendant Godot*. Eh bien, les objets de Robbe-Grillet, eux aussi, sont faits pour être là. Tout l'art de l'auteur, c'est de donner à l'objet un « être là » et de lui ôter un « être quelque chose ».

Donc, l'objet de Robbe-Grillet n'a ni fonction, ni substance. Ou plus exactement, l'une et l'autre sont absorbées par la nature optique de l'objet. Pour la fonction, voici un exemple : le dîner de Dupont est prêt : du jambon. Tel serait du moins le signe suffisant de la fonction alimentaire. Mais Robbe-Grillet dit : « Sur la table de la cuisine, il y a trois minces tranches de jambon étalées dans une assiette blanche. » La fonction est ici traîtreusement débordée par l'existence même de l'objet : la minceur, l'étalement, la couleur fondent beaucoup moins un aliment qu'un espace complexe; et si l'objet est ici fonction de quelque chose, ce n'est pas de sa destination naturelle (être mangé), c'est d'un itinéraire visuel, celui du tueur dont la marche est passage d'objet en objet, de surface en surface. En fait, l'objet détient un pouvoir de mystification : sa nature technologique, si l'on veut, est toujours immédiatement apparente, les sandwiches sont aliments, les gommes, instruments à effacer, et les ponts, matériaux à franchir; l'objet n'est jamais insolite, il fait partie, à titre de fonction évidente, d'un décor urbain ou quotidien. Mais la description s'entête au-delà : au moment où l'on s'attend à ce qu'elle cesse, ayant épuisé l'ustensilité de l'objet, elle *tient* à la façon d'un point d'orgue légèrement intempestif, et transforme l'ustensile en espace : sa fonction n'était qu'illusoire, c'est son parcours optique qui est réel : son humanité commence au-delà de son usage.

Même détournement singulier de la substance. Il faut ici se rappeler que la « cénesthésie » de la matière est au fond de toute sensibilité romantique (au sens large du mot). Jean-Pierre Richard l'a montré à propos de Flaubert, et, pour d'autres écrivains du XIXᵉ siècle, dans un essai qui doit paraître bientôt [3]. Chez l'écrivain romantique, il est possible d'établir une thématique de la substance, dans la mesure précisément où, pour lui, l'objet n'est pas optique, mais tactile, entraînant ainsi son lecteur dans une expérience viscérale de la matière (appétit ou nausée). Chez Robbe-Grillet au contraire, la promotion du visuel, le sacrifice de tous les attributs de l'objet à son existence « superficielle » (il faut noter en passant le discrédit traditionnellement attaché à ce mode de vision) supprime tout engagement humoral vis-à-vis de l'objet. La vue ne produit de mouvements existentiels que dans la mesure où elle peut se réduire à des actes de palpation, de manducation ou d'enfouissement. Or Robbe-Grillet ne permet jamais un débordement de l'optique par le viscéral, il coupe impitoyablement le visuel de ses relais.

Je ne vois dans l'œuvre de Robbe-Grillet qu'une seule métaphore, c'est-à-dire un seul adjectif de substance, appliqué d'ailleurs au seul objet psychanalytique de sa collection : la douceur des gommes (« Je voudrais une gomme très douce »). Hors cette qualification tactile, désignée par la gratuité mystérieuse de l'objet, qui donne son titre au livre comme un scandale ou une énigme, point de thématique chez Robbe-Grillet, car l'appréhension optique, qui règne partout ailleurs, ne peut fonder ni correspondances ni réductions, seulement des symétries.

Par ce recours tyrannique à la vue, Robbe-Grillet se propose sans doute d'assassiner l'objet classique. La tâche est lourde, car, sans bien nous en rendre compte, nous vivons littérairement dans

---

3. *Littérature et sensation* (Seuil, 1954).

une familiarité du monde qui est d'ordre organique et non visuel. La première démarche de ce meurtre savant, c'est d'isoler les objets, de les retirer de leur fonction et de notre biologie. Robbe-Grillet ne leur laisse que des liens *superficiels* de situation et d'espace, il leur enlève toute possibilité de métaphore, les coupe de ce réseau de formes ou d'états analogiques qui a toujours passé pour le champ privilégié du poète (et l'on sait combien le mythe du « pouvoir » poétique a contaminé tous les ordres de la création littéraire).

Mais ce qui est le plus dur à tuer dans l'objet classique, c'est la tentation de l'adjectif singulier et global (gestaltiste, pourrait-on dire), qui réussit à nouer tous les liens métaphysiques de l'objet *(Dans l'Orient désert)*. Ce que Robbe-Grillet vise à détruire, c'est donc l'adjectif : la qualification n'est jamais chez lui que spatiale, situationnelle, en aucun cas analogique. S'il fallait transposer cette opposition dans la peinture (avec les réserves qu'impose ce genre de comparaison), on pourrait donner, comme exemple d'objet classique, telle nature morte hollandaise où la minutie des détails est entièrement subjuguée par une qualité dominante qui transforme tous les matériaux de la vision en une sensation unique, d'ordre viscéral : la *luisance*, par exemple, est la fin manifeste de toutes les compositions d'huîtres, de verres, de vin et de métal, si nombreuses dans l'art hollandais. Cette peinture-là cherche à pourvoir l'objet d'une pellicule adjective : c'est ce glacis mi-visuel, mi-substantiel, que nous ingérons grâce à une sorte de sixième sens, cénesthésique et non plus superficiel. C'est comme si le peintre parvenait à nommer l'objet d'un nom chaud, d'un nom-vertige, qui nous happe, nous entraîne dans son continu, et nous compromet dans la nappe homogène d'une matière idéale, faite des qualités superlatives de toutes les matières possibles. C'est là encore le secret de l'admirable rhétorique baudelairienne, où chaque nom, accouru des ordres les plus différents, dépose son tribut de sensations idéales dans une perception œcuménique et comme rayonnante de la matière *(Mais les bijoux perdus de l'antique Palmyre, les métaux inconnus, les perles de la mer...)*. La description de Robbe-Grillet s'apparente au contraire à la peinture moderne (au sens le plus large du terme), dans la mesure où celle-ci a abandonné la qualification substantielle de l'espace pour proposer une lecture simultanée des plans figuratifs, et restituer à l'objet « sa maigreur essentielle ». Robbe-Grillet détruit dans l'objet sa dominance, parce qu'elle le gêne dans son dessein capital, qui est d'insérer l'objet dans une dialectique de l'espace. Encore cet espace n'est-il peut-être pas euclidien : la minutie apportée à situer l'objet par une sorte de prolifération des plans, à trouver dans l'élasticité de notre vue un point singulièrement fragile de résistance, n'a rien à voir avec le souci classique de nommer les directions du tableau.

Il faut se rappeler que dans la description classique, le tableau est toujours spectacle, c'est un lieu immobile, figé par l'éternité : le spectateur (ou le lecteur) a donné procuration au peintre pour circuler autour de l'objet, explorer par un regard mobile ses ombres et son « prospect » (selon le mot de Poussin), lui rendre la simultanéité de toutes les approches possibles. D'où la suprématie imaginaire des « situations » du spectateur (exprimée par le nominalisme des orientations : « à droite... à gauche... au premier plan... au fond... »). La description moderne au contraire, du moins celle de la peinture, fixe le voyeur à sa place, et déboîte le spectacle, l'ajuste en plusieurs temps à sa vue ; on l'a déjà remarqué, les toiles modernes sortent du mur, elles viennent au spectateur, l'oppressent d'un espace agressif : le tableau n'est plus « prospect », il est « project » (pourrait-on dire). C'est exactement l'effet des descriptions de Robbe-Grillet : elles se déclenchent spatialement, l'objet se décroche sans perdre pour autant la trace de ses premières positions, il devient profond sans cesser d'être plan. On reconnaît ici la révolution même que le cinéma a opérée dans les réflexes de la vision.

Robbe-Grillet a eu la coquetterie de donner dans les *Gommes* une scène où sont décrits exemplairement les rapports de l'homme et du nouvel espace. Bona est assis au centre d'une pièce nue et vide, et il décrit le champ spatial qu'il a sous les yeux : ce champ qui inclut la vitre même derrière laquelle se définit un horizon des toits, ce champ bouge devant l'homme immobile, l'espace se « déseuclidise » (que l'on pardonne ce barbarisme nécessaire) sur place. Robbe-Grillet a reproduit ici les conditions expérimentales de la vision cinématographique : la chambre, cubiforme, c'est la salle ; la nudité, c'est son obscurité, nécessaire à l'émergence du regard immobile ; et la vitre, c'est l'écran, à la fois plan et ouvert à toutes les dimensions du mouvement, même à celle du temps.

Seulement, tout cela n'est pas, d'ordinaire, donné tel quel : l'appareil descriptif de Robbe-Grillet est en partie un appareil mystificateur. J'en prendrais pour preuve l'application apparente qu'il met à disposer les éléments du tableau selon une orientation classique du spectateur fictif. Comme tout scripteur traditionnel, Robbe-Grillet multiplie les « à droite » et les « à gauche », dont on vient de voir le rôle moteur dans la composition classique. Or en fait, ces termes, purement adverbiaux, ne décrivent rien : linguistiquement, ce sont des ordres gestuels, ils n'ont pas plus d'épaisseur qu'un message cybernétique. Cela a peut-être été une grande illusion de la rhétorique classique, de croire que l'orientation verbale du tableau puisse avoir un quelconque pouvoir de suggestion ou de représentation : littérairement, c'est-à-dire hors d'un ordre opératoire, ces notions sont interchangeables, donc à la lettre inutiles : elles n'avaient d'autre raison que de justifier la mobilité idéale du spectateur.

Si Robbe-Grillet les emploie, avec la lenteur d'un bon artisan, c'est à titre de dérision de l'espace classique, c'est pour disperser la concrétion de la substance, la volatiliser sous la pression d'un espace sur-construit. Les multiples précisions de Robbe-Grillet, son obsession de la topographie, tout cet appareil démonstrateur a pour effet de détruire l'unité de l'objet en le situant exagérément, de façon que d'abord la substance soit noyée sous l'amas des lignes et des orientations et qu'ensuite l'abus des plans, pourtant dotés de dénominations classiques, finisse par faire éclater l'espace traditionnel pour y substituer un nouvel espace, muni comme on le verra à l'instant, d'une profondeur temporelle.

En somme, les opérations descriptives de Robbe-Grillet peuvent se résumer ainsi : détruire Baudelaire sous un recours dérisoire à Lamartine, et du même coup, cela va sans dire, détruire Lamartine. (Cette comparaison n'est pas gratuite, si l'on veut bien admettre que notre « sensibilité » littéraire est entièrement dressée, par des réflexes ancestraux, à une vision « lamartinienne » de l'espace.) Les analyses de Robbe-Grillet, minutieuses, patientes au point de paraître pasticher Balzac ou Flaubert, par leur sur-précision, corrodent sans cesse l'objet, attaquent cette pellicule adjective que l'art classique dépose sur un tableau pour amener son lecteur à l'euphorie d'une unité restituée. L'objet classique secrète fatalement son adjectif (la luisance hollandaise, le désert racinien, la matière superlative de Baudelaire) : Robbe-Grillet poursuit cette fatalité, son analyse est une opération anti-coagulante : il faut à tout prix détruire la carapace de l'objet, le maintenir ouvert, disponible à sa nouvelle dimension : le temps.

Pour saisir la nature temporelle de l'objet chez Robbe-Grillet, il faut observer les mutations qu'il lui fait subir, et ici encore opposer la nature révolutionnaire de sa tentative aux normes de la description classique. Celle-ci, sans doute, a su soumettre ses objets à des forces de dégradation. Mais précisément, c'était comme si l'objet, depuis longtemps constitué dans son espace ou sa substance, rencontrait ultérieurement une Nécessité descendue de l'empyrée; le Temps classique n'a d'autre figure que celle d'un Destructeur de perfection (Chronos et sa faux). Chez Balzac, chez Flaubert, chez Baudelaire, chez Proust même (mais sur un mode inversé), l'objet est porteur d'un mélodrame; il se dégrade, disparaît ou retrouve une gloire dernière, participe en somme à une véritable eschatologie de la matière. On pourrait dire que l'objet classique n'est jamais que l'archétype de sa propre ruine, ce qui revient à opposer à l'essence spatiale de l'objet, un Temps ultérieur (donc extérieur) qui fonctionnerait comme un destin et non comme une dimension interne.

Le temps classique ne rencontre jamais l'objet que pour lui être catastrophe ou déliquescence. Robbe-Grillet donne à ses objets un tout autre type de mutabilité. C'est une mutabilité dont le processus est invisible : un objet, décrit une première fois à un moment du continu romanesque, reparaît plus tard, muni d'une différence à peine perceptible. Cette différence est d'ordre spatial, situationnel (par exemple, ce qui était à droite, se trouve à gauche). Le temps déboîte l'espace et constitue l'objet comme une suite de tranches qui se recouvrent presque complètement les unes les autres : c'est dans ce « presque » spatial que gît la dimension temporelle de l'objet. Il s'agit donc d'un type de variation que l'on retrouve grossièrement dans le mouvement des plaques d'une lanterne magique ou des bandes de « Comics ».

On peut comprendre maintenant la raison profonde pour laquelle Robbe-Grillet a toujours restitué l'objet d'une façon purement optique : la vue est le seul sens où le continu soit addition de champs minuscules mais entiers : l'espace ne peut supporter que des variations *accomplies :* l'homme ne participe jamais visuellement au processus interne d'une dégradation : même morcelée à l'extrême, il n'en voit que les effets. L'institution optique de l'objet est donc la seule qui puisse comprendre dans l'objet un temps *oublié,* saisi par ses effets, non par sa durée, c'est-à-dire privé de pathétique.

Tout l'effort de Robbe-Grillet est donc d'inventer à l'objet un espace muni à l'avance de ses points de mutation, en sorte que l'objet se déboîte plus qu'il ne se dégrade. Pour reprendre l'exemple du début, l'inscription au néon de la gare Montparnasse serait un bon objet pour Robbe-Grillet dans la mesure où le complexe proposé est ici d'ordre purement optique, fait d'un certain nombre *d'emplacements* qui n'ont d'autre liberté que de s'abolir ou de s'échanger. On peut d'ailleurs tout aussi bien imaginer des objets antipathiques à la méthode de Robbe-Grillet : ce serait par exemple le morceau de sucre trempé d'eau et qui s'effondre graduellement (dont les géographes ont tiré l'image du relief karstique) : ici, le lié même de la dégradation serait intolérable au dessein de Robbe-Grillet puisqu'il restitue un temps menaçant et une matière contagieuse. Au contraire, les objets de Robbe-Grillet ne corrompent jamais, ils mystifient ou disparaissent : le temps n'y est jamais dégradation ou cataclysme : il est seulement échange de place ou cache d'éléments.

Robbe-Grillet l'a indiqué dans ses *Visions réfléchies,* ce sont les accidents de la réflexivité qui rendent le mieux compte de ce genre de rupture : il suffit d'imaginer que les changements immobiles d'orientation produits par la réflexion spéculaire soient décomposés et dispersés le long d'une durée, pour obtenir l'art même de Robbe-Grillet. Mais il va de soi que l'insertion virtuelle du temps dans la vision de l'objet, est ambiguë : les objets de Robbe-Grillet ont une dimension temporelle, mais ce n'est pas le temps classique qu'ils détiennent : c'est un temps insolite, un temps *pour rien.* On peut dire que Robbe-Grillet a rendu le temps à l'objet; mais il serait encore beaucoup mieux de dire qu'il lui a rendu un temps litotique, ou, plus paradoxalement, mais plus justement encore : le mouvement moins le temps.

On n'a pas l'intention d'aborder ici l'analyse argumentative des *Gommes;* il faut bien rappeler tout de même que ce livre est l'histoire d'un temps circulaire, qui s'annule en quelque sorte lui-même après avoir entraîné hommes et objets dans un itinéraire au bout duquel il les laisse *à peu de choses près* dans l'état du début. Tout se passe comme si l'histoire entière se reflétait dans un miroir qui mettrait à gauche ce qui est à droite et inversement, en sorte que la mutation de « l'intrigue » n'est rien de plus qu'un reflet de miroir étagé dans un temps de vingt-quatre heures. Naturellement, pour que le recollement soit significatif, il faut que le point de départ soit singulier. D'où un argument d'apparence policière, où l'*à-peu-de-choses-près* de la vision spéculaire est la mutation d'identité d'un cadavre.

On voit que l'argument même des *Gommes* ne fait que poser en grand ce même temps ovoïde (ou oublié) que Robbe-Grillet a introduit dans ses objets. C'est ce que l'on pourrait appeler le temps-du-miroir, le temps spéculaire. La démonstration est encore plus flagrante dans *Le Chemin du Retour* où le temps sidéral, celui d'une marée, en modifiant l'entour terrestre d'un bras de mer, représente le geste même qui fait succéder à l'objet direct sa vision réfléchie et embranche l'une sur l'autre. La marée modifie le champ visuel du promeneur exactement comme la réflexion renverse l'orientation d'un espace. Seulement, pendant que la marée monte, le promeneur est dans l'île, absent de la durée même de la mutation, et le temps est mis entre parenthèses. Ce retrait intermittent est en définitive l'acte central des expériences de Robbe-Grillet : retirer l'homme de la *fabrication* ou du devenir des objets, et dépayser enfin le monde à sa surface.

La tentative de Robbe-Grillet est décisive dans la mesure où elle attente au matériau de la littérature qui jouissait encore d'un privilège classique complet : l'objet. Ce n'est pas que des écrivains contemporains ne s'en soient déjà occupés, et d'une fort bonne manière : il y a eu notamment Ponge et Jean Cayrol. Mais la méthode de Robbe-Grillet a quelque chose de plus expérimental, elle vise à une mise en question exhaustive de l'objet, d'où est exclue toute dérivation lyrique. Pour retrouver une telle plénitude de traitement, il faut aller dans la peinture moderne, y observer le tourment d'une destruction rationnelle de l'objet classique.

L'importance de Robbe-Grillet, c'est qu'il s'est attaqué au dernier bastion de l'art écrit traditionnel : l'organisation de l'espace littéraire. Sa tentative vaut en importance celle du surréalisme devant la rationalité, ou du théâtre d'avant-garde (Beckett, Ionesco, Adamov) devant le mouvement scénique bourgeois.

Seulement, sa solution n'emprunte rien à ces combats correspondants : sa destruction de l'espace classique n'est ni onirique, ni irrationnelle; elle se fonde plutôt sur l'idée d'une nouvelle structure de la matière et du mouvement : son fonds analogique n'est ni l'univers freudien, ni l'univers newtonien; il faudrait plutôt penser à un complexe mental issu de sciences et d'arts contemporains, tels la nouvelle physique et le cinéma. Ceci ne peut être que grossièrement indiqué, car ici comme ailleurs, nous manquons d'une histoire des formes.

Et comme nous manquons également d'une esthétique du roman (c'est-à-dire d'une histoire de son institution par l'écrivain), nous ne pouvons que situer grossièrement la place de Robbe-Grillet dans l'évolution du roman. Ici encore, il faut se rappeler le fond traditionnel sur lequel s'enlève la tentative de Robbe-Grillet : un roman séculairement fondé comme expérience d'une profondeur : profondeur sociale avec Balzac et Zola, « psychologique » avec Flaubert, mémoriale avec Proust, c'est toujours au niveau d'une intériorité de l'homme ou de la société que le roman a déterminé son champ; à quoi correspondait chez le romancier une mission de fouille et d'extraction. Cette fonction endoscopique, soutenue par le mythe concomitant de l'essence humaine, a toujours été si naturelle au roman, que l'on serait tenté de définir son exercice (création ou consommation) comme une jouissance de l'abîme.

La tentative de Robbe-Grillet (et de quelques-uns de ses contemporains : Cayrol et Pinget, par exemple, mais sur un tout autre mode) vise à fonder le roman en surface : l'intériorité est mise entre parenthèses, les objets, les espaces et la circulation de l'homme des uns aux autres sont promus au rang de sujets. Le roman devient expérience directe de l'entour de l'homme, sans que cet homme puisse se prévaloir d'une psychologie, d'une métaphysique ou d'une psychanalyse pour aborder le milieu objectif qu'il découvre. Le roman, ici, n'est plus d'ordre chthonien, infernal, il est terrestre :

il enseigne à regarder le monde non plus avec les yeux du confesseur, du médecin ou de Dieu, toutes hypostases significatives du romancier classique, mais avec ceux d'un homme qui marche dans la ville sans d'autre horizon que le spectacle, sans d'autre pouvoir que celui-là même de ses yeux.

1954, *Critique.*

LE THÉÂTRE DE BAUDELAIRE

L'intérêt du théâtre baudelairien [1], ce n'est pas son contenu dramatique, c'est son état velléitaire : le rôle du critique n'est donc pas de solliciter ces esquisses pour y prendre l'image d'un théâtre accompli, c'est au contraire de déterminer en elles la vocation de leur échec. Il serait vain — et probablement cruel à la mémoire de Baudelaire — d'imaginer le théâtre que ces germes eussent pu produire; il ne l'est pas de s'interroger sur les raisons qui ont retenu Baudelaire dans cet état de création imparfaite, si éloigné de l'esthétique des *Fleurs du Mal*. Nous savons bien, depuis Sartre, que chez tout écrivain, l'inaccomplissement lui-même est un choix, et qu'avoir imaginé un théâtre sans cependant l'écrire, c'est pour Baudelaire une forme significative de son destin.

Une notion est nécessaire à l'intelligence du théâtre baudelairien, c'est celle de théâtralité. Qu'est-ce que la théâtralité? c'est le théâtre moins le texte, c'est une épaisseur de signes et de sensations qui s'édifie sur la scène à partir de l'argument écrit, c'est cette sorte de perception œcuménique des artifices sensuels, gestes, tons, distances, substances, lumières, qui submerge le

---

1. Nous connaissons de Baudelaire quatre projets de théâtre. Le premier, *Ideolus* (ou *Manoel*) est un drame inachevé, en alexandrins, écrit vers 1843 (Baudelaire avait vingt-deux ans), en collaboration avec Ernest Praron. Les trois autres projets sont des scénarios : *La Fin de Don Juan* n'est qu'un début d'argument; *Le Marquis du* 1er *Houzards* est une sorte de drame historique : Baudelaire devait y mettre en scène le cas d'un fils d'émigré, Wolfgang de Cadolles, déchiré entre les idées de son milieu et son enthousiasme pour l'Empereur. *L'Ivrogne*, le plus baudelairien de ces scénarios, est l'histoire d'un crime : un ouvrier, ivrogne et fainéant, tue sa femme en la faisant tomber dans un puits qu'il comble ensuite de pavés; le drame devait développer la situation indiquée dans le poème des *Fleurs du Mal, Le Vin de l'Assassin*. Les projets de théâtre de Baudelaire ont été publiés dans l'édition Crépet, dans celle de la Pléiade, et dans les *Œuvres complètes* de Baudelaire, au Club du Meilleur Livre, édition dont cette présentation est extraite (Collection *Nombre d'Or*, t. I, p. 1077 à 1088).

texte sous la plénitude de son langage extérieur. Naturellement, la théâtralité doit être présente dès le premier germe écrit d'une œuvre, elle est une donnée de création, non de réalisation. Il n'y a pas de grand théâtre sans théâtralité dévorante, chez Eschyle, chez Shakespeare, chez Brecht, le texte écrit est d'avance emporté par l'extériorité des corps, des objets, des situations; la parole fuse aussitôt en substances. Une chose frappe au contraire dans les trois scénarios de Baudelaire que nous connaissons (j'accorde peu de crédit à *Idéolus*, œuvre à peine baudelairienne) : ce sont des scénarios purement narratifs, la théâtralité, même virtuelle, y est très faible.

Il ne faut pas se laisser prendre à quelques indications naïves de Baudelaire telles que : « mise en scène très active, très remuante, une grande pompe militaire, décors d'un effet poétique, statue fantastique, costumes variés des peuples », etc. Ce souci d'extériorité, manifesté par à-coups, comme un remords hâtif, n'emporte aucune théâtralité profonde. Bien au contraire, c'est la généralité même de l'impression baudelairienne, qui est étrangère au théâtre : Baudelaire est ici comme ailleurs trop intelligent, il substitue lui-même par avance à l'objet son concept, à la guinguette de *L'Ivrogne*, l'idée, « l'atmosphère » de la guinguette, à la matérialité des drapeaux ou des uniformes, le concept tout pur de pompe militaire. Paradoxalement, rien n'atteste mieux l'impuissance au théâtre que ce caractère total, et comme romantique, exotique du moins, de la vision. Chaque fois que Baudelaire fait allusion à la mise en scène, c'est que, naïvement, il la voit avec des yeux de spectateur, c'est-à-dire accomplie, statique, toute propre, dressée comme un mets bien préparé, et présentant un mensonge uni qui a eu le temps de faire disparaître les traces de son artifice. La « couleur de crime », nécessaire par exemple au dernier acte de *L'Ivrogne*, est une vérité de critique, non de dramaturge. Dans son mouvement premier, la mise en scène ne peut être fondée que sur la pluralité et la littéralité des objets. Baudelaire, lui, ne conçoit les choses du théâtre qu'accompagnées de leur double rêvé, douées d'une spiritualité suffisamment vaporeuse pour mieux les unifier et mieux les éloigner. Or, il n'y a rien de plus contraire à la dramaturgie que le rêve, les germes du théâtre véritable étant toujours des mouvements élémentaires de préhension ou d'éloignement : le surréel des objets de théâtre est d'ordre sensoriel, non onirique.

Ce n'est donc pas lorsque Baudelaire parle de mise en scène, qu'il est le plus près d'un théâtre concret. Ce qui appartient chez lui à une théâtralité authentique, c'est le sentiment, le tourment même, pourrait-on dire, de la corporéité troublante de l'acteur. Baudelaire propose ici que le fils de don Juan soit joué par une jeune fille, là que le héros soit entouré de belles femmes chargées toutes d'une fonction domestique, là encore que l'épouse de l'Ivrogne présente dans son corps même cette apparence de modestie et de fragilité, qui appelle le viol et le meurtre. C'est que pour Baudelaire, la condition de l'acteur, c'est d'être prostitué (« Dans un spectacle, dans un bal, chacun jouit de tous ») : sa vénusté n'est donc pas sentie comme un caractère épisodique et décoratif (contrairement à la mise en scène « remuante », aux mouvements de bohémiens, ou à l'atmosphère des guinguettes), elle est nécessaire au théâtre comme manifestation d'une catégorie première de l'univers baudelairien : l'artificialité.

Le corps de l'acteur est artificiel, mais sa duplicité est bien autrement profonde que celle des décors peints ou des meubles faux du théâtre; le fard, l'emprunt des gestes ou des intonations, la disponibilité d'un corps exposé, tout cela est artificiel, mais non factice, et rejoint par là ce léger dépassement, de saveur exquise, essentielle, par lequel Baudelaire a défini le pouvoir des paradis artificiels : l'acteur porte en lui la sur-précision même d'un monde excessif, comme celui du haschisch, où rien n'est inventé, mais où tout existe dans une intensité multipliée. On peut deviner par là que Baudelaire avait le sens aigu de la théâtralité la plus secrète et aussi la plus troublante, celle qui met l'acteur au centre du prodige théâtral et constitue le théâtre comme le lieu d'une ultra-incarnation, où le corps est double, à la fois corps vivant venu d'une nature triviale, et corps emphatique, solennel, glacé par sa fonction d'objet artificiel.

Seulement, cette théâtralité puissante, elle n'est qu'à l'état de trace dans les projets de Baudelaire, alors qu'elle coule largement dans le reste de l'œuvre baudelairienne. Tout se passe comme si Baudelaire avait mis son théâtre partout, sauf précisément dans ses projets de théâtre. C'est d'ailleurs un fait général de création que cette sorte de développement marginal des éléments d'un genre, théâtre, roman ou poésie, à l'intérieur d'œuvres qui nominalement ne sont pas faites pour les recevoir : par exemple, la France a mis son théâtre historique partout dans sa littérature sauf sur la scène. La théâtralité de Baudelaire est animée de la même force de fuite : elle fuse partout où on ne l'attend pas; d'abord et surtout dans *Les Paradis artificiels* : Baudelaire y décrit une transmutation sensorielle qui est de même nature que la perception théâtrale, puisque dans l'un et l'autre cas la réalité est affectée d'une emphase aiguë et légère, qui est celle-là même d'une idéalité des choses. Ensuite dans sa poésie, du moins partout où les objets sont unis par le poète dans une sorte de perception rayonnante de la matière, amassés, condensés comme sur une scène, embrasés de couleurs, de lumières et de fards, touchés ici et là par la grâce de *l'artificiel;* dans toutes les descriptions de tableaux, enfin, puisqu'ici le goût d'un espace approfondi et stabilisé par le geste théocratique du peintre est satisfait de la même manière qu'au théâtre (inversement les « tableaux » abondent dans le scénario du *Marquis du 1er Houzards,* que l'on dirait tout entier sorti de Gros ou de Delacroix, tout comme *La Fin de Don Juan* ou *L'Ivrogne* semblent venir d'un premier dessein poétique plus que d'un dessein proprement théâtral).

Ainsi la théâtralité de Baudelaire fuit son théâtre pour s'étendre dans le reste de son œuvre. Par un procès inverse mais tout aussi révélateur, des éléments issus d'ordres extra-dramatiques affluent dans ces projets de pièces, comme si ce théâtre s'acharnait à se détruire par un double mouvement de fuite et d'empoisonnement. A peine conçu, le scénario baudelairien se pénètre aussitôt des catégories romanesques : *La Fin de Don Juan,* du moins le fragment initial qui nous en est livré, s'achève curieusement sur un pastiche de Stendhal; Don Juan parle à peu près comme Mosca : dans les quelques mots que Don Juan échange avec son domestique, règne un air général qui est celui du dialogue de roman, où la parole des personnages, pour directe qu'elle soit, garde ce glacis précieux, cette transparence châtiée dont on sait que Baudelaire revêtait tous les objets de sa création. Sans doute, il ne s'agit ici que d'un schéma, et Baudelaire eût peut-être donné à son dialogue cette littéralité absolue qui est le statut fondamental du langage de théâtre. Mais on analyse ici la vocation d'un échec et non la virtualité d'un projet : il est significatif qu'à l'état naissant, cette ombre de scénario ait la couleur même d'une littérature écrite, glacée par la page, sans gosier et sans viscères.

Temps et lieux, chaque fois qu'ils sont indiqués, témoignent de la même horreur du théâtre, du moins du théâtre tel qu'on pouvait l'imaginer à l'époque de Baudelaire : l'acte, la scène sont des unités dont Baudelaire s'embarrasse tout de suite, qu'il déborde sans cesse et qu'il remet toujours à plus tard de maîtriser : tantôt il sent que l'acte est trop court, tantôt trop long; ici (*Marquis du 1er Houzards*, acte III), il place un retour en arrière, que seul aujourd'hui, le cinéma pourrait accomplir; là *(La Fin de Don Juan)*, le lieu est ambulant, passage insensible de la ville à la campagne, comme dans le théâtre abstrait *(Faust) ;* d'une manière générale, dans son germe même, ce théâtre éclate, *tourne*, comme un élément chimique mal fixé, se divise en « tableaux » (au sens pictural du terme) ou en récits. C'est que, contrairement à tout homme de théâtre véritable, Baudelaire imagine une histoire toute narrée, au lieu de partir de la scène; génétiquement, le théâtre n'est jamais que la concrétion ultérieure d'une fiction autour d'une donnée initiale, qui est toujours d'ordre gestuel (liturgie chez Eschyle, schèmes d'acteurs chez Molière) : ici, le théâtre est visiblement pensé comme un avatar purement formel, imposé après coup à un principe créateur d'ordre symbolique *(Marquis du 1er Houzards)* ou existentiel *(L'Ivrogne)*. « J'avoue que je n'ai pas du tout pensé à la mise en scène » dit Baudelaire à un moment; naïveté impossible chez le moindre dramaturge.

Ceci ne veut pas dire que les scénarios de Baudelaire soient absolument étrangers à une esthétique de la représentation; mais dans la mesure même où ils appartiennent à un ordre somme toute romanesque, ce n'est pas le théâtre, c'est le cinéma qui pourrait au mieux les prolonger, car c'est du roman que le cinéma procède, et non du théâtre. Les lieux itinérants, les « flash back », l'exotisme des tableaux, la disproportion temporelle des épisodes, en bref ce tourment d'étaler la narration, dont témoigne le pré-théâtre de Baudelaire, voilà qui pourrait à la rigueur féconder un cinéma tout pur. A ce point de vue, *Le Marquis du 1er Houzards* est un scénario très complet : il n'est pas jusqu'aux acteurs de ce drame qui ne recouvrent la typologie classique des emplois de cinéma. C'est qu'ici l'acteur, issu d'un personnage de roman et non d'un rêve corporel (comme c'est encore le cas pour le fils de Don Juan, joué par une femme, ou l'épouse de l'Ivrogne, objet de sadisme), n'a nul besoin de la profondeur de la scène pour exister : il fait partie d'une typologie sentimentale ou sociale, nullement morphologique : il est pur signe narratif, comme dans le roman et comme au cinéma.

Que reste-t-il donc de proprement théâtral dans les projets de Baudelaire ? rien, sauf précisément un pur recours au théâtre. Tout se passe comme si la simple intention d'écrire un jour quelques drames avait suffi à Baudelaire, et l'avait dispensé de nourrir ces projets d'une substance proprement théâtrale, étendue à travers l'œuvre, mais refusée aux seuls lieux où elle aurait pu s'accomplir pleinement. Car ce théâtre que Baudelaire prétend rejoindre un instant, il s'empresse de lui prêter les traits les plus propres à l'en faire fuir aussitôt : une certaine trivialité, une certaine puérilité (surprenantes psr rapport au dandysme baudelairien), issues visiblement des plaisirs supposés de la foule, l'imagination « odéonienne » des tableaux spectaculaires (une bataille, l'Empereur passant une revue, un bal de guinguette, un camp de Tsiganes, un meurtre compliqué), toute une esthétique de l'impressivité grossière, coupée de ses motifs dramatiques, ou, si l'on préfère, un formalisme de l'acte théâtral conçu dans ses effets les plus flatteurs pour la sensibilité petite-bourgeoise.

Le théâtre ainsi posé, Baudelaire ne pouvait que mettre la théâtralité à l'abri du théâtre; comme s'il sentait l'artifice souverain menacé par le caractère collectif de la fête, il l'a caché loin de la scène, il lui a donné refuge dans sa littérature solitaire, dans ses poèmes, ses essais, ses Salons; et il n'est plus resté dans ce théâtre imaginaire que la prostitution de l'acteur, la volupté supposée du public pour les mensonges (et non l'artifice) d'une mise en scène grandiloquente. Ce théâtre est trivial, mais d'une trivialité déchirante dans la mesure même où elle est pure conduite, mutilée comme volontairement de toute profondeur poétique ou dramatique, coupée de tout développement qui eût pu la justifier, dessinant à nu cette zone où Baudelaire s'est construit de projet en projet, d'échec en échec, jusqu'à édifier ce pur meurtre de la Littérature, dont nous savons depuis Mallarmé qu'il est le tourment et la justification de l'écrivain moderne.

C'est donc parce que le théâtre, abandonné d'une théâtralité qui cherche refuge partout ailleurs, accomplit alors parfaitement une nature sociale vulgaire, que Baudelaire l'a élu quelques instants comme lieu nominal d'une velléité et comme signe de ce que l'on appellerait aujourd'hui un engagement. Par ce pur geste (pur puisque ce geste ne transmet que son intention, et que ce théâtre ne vit qu'à l'état de projet), Baudelaire rejoint de nouveau, mais cette fois sur le plan de la création, cette sociabilité qu'il feignit de postuler et de fuir, selon la dialectique d'un choix que Sartre a analysé d'une façon décisive. Porter un drame à Holstein, le directeur de la Gaîté, était une démarche aussi rassurante que de flatter Sainte-Beuve, briguer l'Académie ou attendre la Légion d'Honneur.

Et c'est par là que ces projets de théâtre nous touchent profondément : ils font partie en Baudelaire de ce vaste fond de négativité sur lequel s'enlève finalement la réussite des *Fleurs du Mal* comme un acte qui ne doit plus rien au don, c'est-à-dire à la Littérature. Il a fallu le général Aupik, Ancelle, Théophile Gautier, Sainte-Beuve, l'Académie, la croix et ce théâtre pseudo-odéonien, toutes ces complaisances, d'ailleurs maudites ou abandonnées à peine consenties, pour que l'œuvre accompli de Baudelaire soit ce choix responsable qui a fait, pour finir, de sa vie un grand destin. Nous aimerions bien peu *Les Fleurs du Mal* si nous ne savions incorporer à l'histoire de leur créateur, cette Passion atroce de la vulgarité.

1954, Préface.

MÈRE COURAGE AVEUGLE

Mutter Courage [1] ne s'adresse pas à ceux qui, de près ou de loin, s'enrichissent dans les guerres; ce serait un quiproquo bouffon que de leur découvrir le caractère mercantile de la guerre! Non, c'est à ceux qui en souffrent sans y rien gagner que *Mutter Courage* s'adresse, et c'est la première raison de sa grandeur : *Mutter Courage* est une œuvre totalement populaire, parce que c'est une œuvre dont le dessein profond ne peut être compris que du peuple.

Ce théâtre part d'une double vision : celle du mal social, celle de ses remèdes. Dans le cas de *Mutter Courage*, il s'agit de venir en aide à tous ceux qui croient être dans la fatalité de la guerre, comme Mère Courage, en leur découvrant précisément que la guerre, fait humain, n'est pas fatale, et qu'en s'attaquant aux causes mercantiles, on peut abolir enfin les conséquences militaires. Voilà l'idée, et voici maintenant comment Brecht joint ce dessein capital à un théâtre véritable, en sorte que l'évidence de la proposition naisse, non d'un prêche ou d'une argumentation, mais de l'acte théâtral lui-même : Brecht pose devant nous dans son extension la Guerre de Trente Ans; emporté par cette durée implacable, tout se dégrade (objets, visages, affections), tout se détruit (les enfants de Mère Courage, tués l'un après l'autre); Mère Courage, cantinière, dont le commerce et la vie sont les pauvres fruits de la guerre, *est* dans la guerre, au point qu'elle ne la voit pour ainsi dire pas (à peine une lueur à la fin de la première partie) : elle est aveugle, elle subit sans comprendre; pour elle, la guerre est fatalité indiscutable.

Pour elle, mais plus pour nous : parce que nous *voyons* Mère Courage aveugle, nous *voyons* ce qu'elle ne voit pas. Mère Courage

---

1. Représentations de *Mutter Courage,* de Brecht, par le Berliner Ensemble, à Paris (théâtre des Nations), en 1954.

est pour nous une substance ductile : elle ne voit rien, mais nous, nous voyons par elle, nous comprenons, saisis par cette évidence dramatique qui est la persuasion la plus immédiate qui soit, que Mère Courage aveugle est victime de ce qu'elle ne voit pas, et qui est un mal remédiable. Ainsi le théâtre opère en nous, spectateurs, un dédoublement décisif : nous sommes à la fois Mère Courage et ceux qui l'expliquent; nous participons à l'aveuglement de Mère Courage et nous *voyons* ce même aveuglement, nous sommes acteurs passifs empoissés dans la fatalité de la guerre, et spectateurs libres, amenés à la démystification de cette fatalité.

Pour Brecht, la scène raconte, la salle juge, la scène est épique, la salle est tragique. Or cela, c'est la définition même du grand théâtre populaire. Prenez Guignol ou Mr. Punch, par exemple, ce théâtre surgi d'une mythologie ancestrale : ici aussi, le public *sait* ce que l'acteur ne sait pas; et à le voir agir d'une façon si nuisible et si stupide, il s'étonne, s'inquiète, s'indigne, crie la vérité, énonce la solution : un pas de plus, et le public verra que c'est lui-même, l'acteur souffrant et ignorant, il saura que lorsqu'il est plongé dans l'une de ces innombrables Guerres de Trente Ans que son temps lui impose sous des formes variées, il y est exactement comme Mère Courage, souffrant et ignorant stupidement son propre pouvoir de faire cesser son malheur.

Il est donc capital que ce théâtre ne compromette jamais complètement le spectateur dans le spectacle : si le spectateur ne garde pas ce peu de recul nécessaire pour se voir souffrant et mystifié, tout est perdu : le spectateur doit s'identifier partiellement à Mère Courage, et n'épouser son aveuglement que pour s'en retirer à temps et le juger. Toute la dramaturgie de Brecht est soumise à une nécessité de la *distance*, et sur l'accomplissement de cette distance, l'essentiel du théâtre est parié : ce n'est pas le succès d'un quelconque style dramatique qui est en jeu, c'est la conscience même du spectateur, et par conséquent son pouvoir de faire l'histoire. Brecht exclut impitoyablement comme inciviques les solutions dramatiques qui engluent le spectateur dans le spectacle, et par la pitié éperdue ou le clin d'œil loustic, favorisent une complicité sans retenue entre la victime de l'histoire et ses nouveaux témoins. Brecht rejette en conséquence : le romantisme, l'emphase, le vérisme, la truculence, le cabotinage, l'esthétisme, l'opéra, tous les styles d'*empoissement* ou de participation, qui amèneraient le spectateur à s'identifier complètement à Mère Courage, à se perdre en elle, à se laisser emporter dans son aveuglement ou sa futilité.

Le problème de la participation — tarte à la crème de nos esthéticiens du théâtre, toujours béats lorsqu'ils peuvent postuler une religiosité diffuse du spectacle — est ici pensé totalement à neuf, et l'on n'a pas fini de découvrir les conséquences bénéfiques de ce nouveau principe, qui est peut-être bien d'ailleurs un principe très ancien, puisqu'il repose sur le statut ancestral du théâtre civique, où la scène est toujours objet d'un Tribunal qui est dans la salle (voyez les tragiques grecs). Nous comprenons maintenant pourquoi nos dramaturgies traditionnelles sont radicalement fausses : elles empoissent le spectateur, ce sont des dramaturgies de l'abdication. Celle de Brecht détient au contraire un pouvoir maïeutique, elle représente et fait juger, elle est à la fois bouleversante et isolante : tout y concourt à impressionner sans noyer; c'est un théâtre de la solidarité, non de la contagion.

D'autres diront les efforts concrets — et tous triomphants — de cette dramaturgie pour accomplir une idée révolutionnaire, qui peut seule aujourd'hui justifier le théâtre. Il faut seulement pour finir réaffirmer la singularité de notre bouleversement devant la *Mutter Courage* du Berliner Ensemble : comme toute grande œuvre, celle de Brecht est une critique radicale du mal qui la précède : nous sommes donc de toutes manières profondément *enseignés* par *Mutter Courage* : ce spectacle nous a fait peut-être gagner des années de réflexion. Mais cet enseignement se double d'un bonheur : nous avons vu que cette critique profonde édifiait du même coup ce théâtre désaliéné que nous postulions idéalement, et qui s'est trouvé devant nous en un jour dans sa forme adulte et déjà parfaite.

1955, *Théâtre populaire.*

LA RÉVOLUTION BRECHTIENNE

Depuis vingt-quatre siècles, en Europe, le théâtre est aristo-télicien : aujourd'hui encore, en 1955, chaque fois que nous allons au théâtre, que ce soit pour y voir du Shakespeare ou du Montherlant, du Racine ou du Roussin, Maria Casarès ou Pierre Fresnay, quels que soient nos goûts et de quelque parti que nous soyons, nous décrétons le plaisir et l'ennui, le bien et le mal, en fonction d'une morale séculaire dont voici le credo : plus le public est ému, plus il s'identifie au héros, plus la scène imite l'action, plus l'acteur incarne son rôle, plus le théâtre est magique, et meilleur est le spectacle [1].

Or, un homme vient, dont l'œuvre et la pensée contestent radicalement cet art à ce point ancestral que nous avions les meilleures raisons du monde pour le croire « naturel »; qui nous dit, au mépris de toute tradition, que le public ne doit s'engager qu'à demi dans le spectacle, de façon à « connaître » ce qui y est montré, au lieu de le subir; que l'acteur doit accoucher cette conscience en dénonçant son rôle, non en l'incarnant; que le spectateur ne doit jamais s'identifier complètement au héros, en sorte qu'il reste toujours libre de juger les causes, puis les remèdes de sa souffrance; que l'action ne doit pas être imitée, mais racontée; que le théâtre doit cesser d'être magique pour devenir critique, ce qui sera encore pour lui la meilleure façon d'être chaleureux.

Eh bien, c'est dans la mesure où la révolution théâtrale de Brecht remet en question nos habitudes, nos goûts, nos réflexes, les « lois » mêmes du théâtre dans lequel nous vivons, qu'il nous faut renoncer au silence ou à l'ironie, et regarder Brecht en face. Notre revue s'est trop de fois indignée devant la médiocrité ou

---

1. Éditorial pour le numéro 11 de *Théâtre populaire* (janv.-févr. 1955), consacré à Brecht.

la bassesse du théâtre présent, la rareté de ses révoltes et la sclérose de ses techniques, pour qu'elle puisse tarder plus longtemps à interroger un grand dramaturge de notre temps, qui nous propose non seulement une œuvre, mais aussi un système, fort, cohérent, stable, difficile à appliquer peut-être, mais qui possède au moins une vertu indiscutable et salutaire de « scandale » et d'étonnement.

Quoi qu'on décide finalement sur Brecht, il faut du moins marquer l'accord de sa pensée avec les grands thèmes progressistes de notre époque : à savoir que les maux des hommes sont entre les mains des hommes eux-mêmes, c'est-à-dire que le monde est maniable; que l'art peut et doit intervenir dans l'histoire; qu'il doit aujourd'hui concourir aux mêmes tâches que les sciences, dont il est solidaire; qu'il nous faut désormais un art de l'explication, et non plus seulement un art de l'expression; que le théâtre doit aider résolument l'histoire en en dévoilant le procès ; que les techniques de la scène sont elles-mêmes engagées; qu'enfin, il n'y a pas une « essence » de l'art éternel, mais que chaque société doit inventer l'art qui l'accouchera au mieux de sa propre délivrance.

Naturellement, les idées de Brecht posent des problèmes et suscitent des résistances, surtout dans un pays comme la France, qui forme actuellement un complexe historique bien différent de l'Allemagne de l'Est. Le numéro que *Théâtre populaire* consacre à Brecht, ne prétend pas pour autant résoudre ces problèmes ou triompher de ces résistances. Notre seul but, pour le moment, est d'aider à une connaissance de Brecht.

Nous entrouvrons un dossier, nous sommes loin de le considérer comme clos. Nous serions même très heureux si les lecteurs de *Théâtre populaire* voulaient y apporter leur témoignage. Cela compenserait à nos yeux l'ignorance ou l'indifférence d'un trop grand nombre d'intellectuels ou d'hommes de théâtre, à l'égard de celui que nous tenons, de toutes manières, pour un « contemporain capital ».

1955, *Théâtre populaire.*

LES MALADIES
DU COSTUME DE THÉATRE

Je voudrais esquisser ici, non une histoire ou une esthétique, mais plutôt une pathologie, ou si l'on préfère, une morale du costume de théâtre. Je proposerai quelques règles très simples qui nous permettront peut-être de juger si un costume est bon ou mauvais, sain ou malade.

Il me faut d'abord définir le fondement que je donne à cette morale ou à cette santé. Au nom de quoi déciderons-nous de juger les costumes d'une pièce ? On pourrait répondre (des époques entières l'ont fait) : la vérité historique ou le bon goût, la fidélité du détail ou le plaisir des yeux. Je propose pour ma part un autre ciel à notre morale : celui de la pièce elle-même. Toute œuvre dramatique peut et doit se réduire à ce que Brecht appelle son *gestus* social, l'expression extérieure, matérielle, des conflits de société dont elle témoigne. Ce *gestus*, ce schème historique particulier qui est au fond de tout spectacle, c'est évidemment au metteur en scène à le découvrir et à le manifester : il a à sa disposition, pour cela, l'ensemble des techniques théâtrales : le jeu de l'acteur, la mise en place, le mouvement, le décor, l'éclairage, et précisément aussi : le costume.

C'est donc sur la nécessité de manifester en chaque occasion le *gestus* social de la pièce, que nous fonderons notre morale du costume. Ceci veut dire que nous assignerons au costume un rôle purement fonctionnel, et que cette fonction sera d'ordre intellectuel, plus que plastique ou émotionnel. Le costume n'est rien de plus que le second terme d'un rapport qui doit à tout instant joindre le sens de l'œuvre à son extériorité. Donc, tout ce qui, dans le costume, brouille la clarté de ce rapport, contredit, obscurcit ou falsifie le *gestus* social du spectacle, est mauvais; tout ce qui, au contraire, dans les formes, les couleurs, les substances et leur agencement, aide à la lecture de ce *gestus*, tout cela est bon.

Eh bien, comme dans toute morale, commençons par les règles négatives, voyons d'abord ce qu'un costume de théâtre ne doit pas être (à condition, bien entendu, d'avoir admis les prémisses de notre morale).

D'une manière générale, le costume de théâtre ne doit être à aucun prix un *alibi*, c'est-à-dire un *ailleurs* ou une justification : le costume ne doit pas constituer un lieu visuel brillant et dense vers lequel l'attention s'évaderait, fuyant la réalité essentielle du spectacle, ce que l'on pourrait appeler sa responsabilité; et puis le costume ne doit pas être non plus une sorte d'excuse, d'élément de compensation dont la réussite rachèterait par exemple le silence ou l'indigence de l'œuvre. Le costume doit toujours garder sa valeur de pure fonction, il ne doit ni étouffer ni gonfler la pièce, il doit se garder de substituer à la signification de l'acte théâtral, des valeurs indépendantes. C'est donc lorsque le costume devient une fin en soi, qu'il commence à devenir condamnable. Le costume doit à la pièce un certain nombre de prestations : si l'un de ces services est exagérément développé, si le serviteur devient plus important que le maître, alors le costume est malade, il souffre d'hypertrophie.

Les maladies, les erreurs ou les alibis du costume de théâtre, comme on voudra, j'en vois pour ma part trois, fort communs dans notre art.

La maladie de base, c'est l'hypertrophie de la fonction historique, ce que nous appellerons le vérisme archéologique. Il faut se rappeler qu'il y a deux sortes d'histoire : une histoire intelligente qui retrouve les tensions profondes, les conflits spécifiques du passé; et une histoire superficielle qui reconstitue mécaniquement certains détails anecdotiques; le costume de théâtre a été longtemps un champ de prédilection pour l'exercice de cette histoire-là; on sait les ravages épidémiques du mal vériste dans l'art bourgeois : le costume, conçu comme une addition de détails vrais, absorbe, puis atomise toute l'attention du spectateur, qui se disperse loin du spectacle, dans la région des infiniment-petits. Le bon costume, même historique, est au contraire un fait visuel global; il y a une certaine échelle de la vérité, au-dessous de laquelle il ne faut pas descendre, faute de quoi on la détruit. Le costume vériste, tel qu'on peut encore le voir dans certains spectacles d'opéra ou d'opéra-comique, atteint au comble de l'absurde : la vérité de l'ensemble est effacée par l'exactitude de la partie, l'acteur disparaît sous le scrupule de ses boutons, de ses plis et de ses faux cheveux. Le costume vériste produit immanquablement l'effet suivant : on voit bien que c'est vrai, et pourtant l'on n'y croit pas.

Dans les spectacles récents, je donnerai comme exemple d'une bonne victoire sur le vérisme, les costumes du *Prince de Hombourg* de Gischia. Le *gestus* social de la pièce repose sur une certaine conception de la *militarité* et c'est à cette donnée argumentative que Gischia a soumis ses costumes : tous leurs attributs ont été chargés de soutenir une sémantique du soldat beaucoup plus qu'une sémantique du xviie siècle : les formes, nettes, les couleurs, à la fois sévères et franches, les substances surtout, élément bien plus important que le reste (ici, la sensation du cuir et du drap), toute la surface optique du spectacle, a pris en charge l'argument de l'œuvre. De même, dans la *Mutter Courage* du Berliner Ensemble, ce n'est nullement l'histoire-date qui a commandé la vérité des costumes : c'est la notion de guerre et de guerre voyageuse, interminable, qui s'est trouvée soutenue, sans cesse explicitée non par la véracité archéologique de telle forme ou de tel objet, mais par le gris plâtré, l'usure des étoffes, la pauvreté, dense, obstinée, des osiers, des filins et des bois.

C'est d'ailleurs toujours par les substances (et non par les formes ou les couleurs), que l'on est finalement assuré de retrouver l'histoire la plus profonde. Un bon costumier doit savoir donner au public le sens tactile de ce qu'il voit pourtant de loin. Je n'attends pour ma part jamais rien de bon d'un artiste qui raffine sur les formes et les couleurs sans me proposer un choix vraiment réfléchi des matières employées : car c'est dans la pâte même des objets (et non dans leur représentation plane), que se trouve la véritable histoire des hommes.

Une deuxième maladie, fréquente aussi, c'est la maladie esthétique, l'hypertrophie d'une beauté formelle sans rapport avec la pièce. Naturellement, il serait insensé de négliger dans le costume les valeurs proprement plastiques : le goût, le bonheur, l'équilibre, l'absence de vulgarité, la recherche de l'originalité même. Mais trop souvent, ces valeurs nécessaires deviennent une fin en soi, et de nouveau, l'attention du spectateur est distraite loin du théâtre, artificiellement concentrée sur une fonction parasite : on peut avoir alors un admirable théâtre esthète, on n'a plus tout à fait un théâtre humain. Avec un certain excès de puritanisme, je dirai presque que je considère comme un signe inquiétant le fait d'applaudir des costumes (c'est très fréquent à Paris). Le rideau se lève, l'œil est conquis, on applaudit; mais que sait-on alors, à la vérité, sinon que ce rouge est beau ou ce drapé astucieux ? sait-on si cette splendeur, ces raffinements, ces trouvailles vont s'accorder à la pièce, la servir, concourir à exprimer sa signification ?

Le type même de cette déviation, est l'esthétique Bérard, employée aujourd'hui à tort et à travers. Soutenu par le snobisme et la mondanité, le goût esthétique du costume suppose l'indépendance condamnable de chacun des éléments du spectacle : applaudir les costumes à l'intérieur même de la fête, c'est accentuer le divorce des créateurs, c'est réduire l'œuvre à une conjonction aveugle de performances. Le costume n'a pas pour charge de séduire l'œil, mais de le convaincre.

Le costumier doit donc éviter à la fois d'être peintre et d'être couturier; il se méfiera des valeurs planes de la peinture, il évitera les rapports d'espaces, propres à cet art, parce que précisément la définition même de la peinture, c'est que ces rapports sont nécessaires et suffisants; leur richesse, leur densité, la tension même de leur existence dépasseraient de beaucoup la fonction argumentative du costume; et si le costumier est peintre de métier, il doit oublier sa condition au moment où il devient créateur de costumes; c'est peu de dire qu'il doit soumettre son art à la pièce : il doit le détruire, oublier l'espace pictural et réinventer à neuf l'espace laineux ou soyeux des corps humains. Il doit aussi s'abstenir du style « grand couturier », qui règne aujourd'hui dans les théâtres vulgaires. Le *chic* du costume, la désinvolture apprêtée d'un drapé antique que l'on dirait tout droit sorti de chez Dior, la façon-mode d'une crinoline sont des alibis néfastes qui brouillent la clarté de l'argument, font du costume une forme éternelle et « éternellement jeune », débarrassée des vulgaires contingences de l'histoire et, on le devine, ceci est contraire à la règle que nous avons posée au début.

Il y a d'ailleurs un trait moderne qui résume cette hypertrophie de l'esthétique : c'est le fétichisme de la maquette (expositions, reproductions). La maquette d'ordinaire n'apprend rien sur le costume, parce qu'il lui manque l'expérience essentielle, celle de la matière. Voir sur scène des costumes-maquettes, ce ne peut être un bon signe. Je ne dis pas que la maquette ne soit pas nécessaire; mais c'est une opération toute préparatoire qui ne devrait regarder que le costumier et la couturière; la maquette devrait être entièrement détruite sur la scène, sauf pour quelques très rares spectacles où l'art de la fresque doit être volontairement recherché. La maquette devrait rester un instrument et non devenir un style.

Enfin, la troisième maladie du costume de théâtre, c'est l'argent, l'hypertrophie de la somptuosité, ou tout au moins de son apparence. C'est une maladie très fréquente dans notre société, où le théâtre est toujours l'objet d'un contrat entre le spectateur qui donne son argent, et le directeur qui doit lui rendre cet argent sous la forme la plus visible possible; or il est bien évident qu'à ce compte-là, la somptuosité illusoire des costumes constitue une restitution spectaculaire et rassurante; vulgairement, le costume est plus *payant* que l'émotion ou l'intellection, toujours incertaines, et sans rapports manifestes avec leur état de marchandise. Aussi dès qu'un théâtre se vulgarise, le voit-on renchérir de plus en plus sur le luxe de ses costumes, visités pour eux-mêmes et qui deviennent bien vite l'attraction décisive du spectacle (*Les Indes Galantes* à l'Opéra, *Les Amants Magnifiques* à la Comédie-Française). Où est le théâtre dans tout cela? Nulle part, bien entendu : le cancer horrible de la richesse l'a complètement dévoré.

Par un mécanisme assez diabolique, le costume luxueux ajoute d'ailleurs le mensonge à la bassesse : le temps n'est plus (sous Shakespeare par exemple), où les acteurs portaient des costumes riches mais authentiques, venus des garde-robes seigneuriales; aujourd'hui la richesse coûte trop cher, on se contente du simili, c'est-à-dire du mensonge. Ainsi ce n'est même pas le luxe, c'est le toc qui se trouve hypertrophié. Sombart a indiqué l'origine bourgeoise du simili; il est certain que chez nous, ce sont surtout des théâtres petit-bourgeois (Folies-Bergère, Comédie-Française, Théâtres lyriques) qui en font la plus grande débauche. Ceci suppose un état infantile du spectateur auquel on dénie à la fois tout esprit critique et toute imagination créatrice. Naturellement, on ne peut complètement bannir le simili de nos costumes de théâtre; mais si l'on y a recours, on devrait au moins toujours le *signer*, refuser d'accréditer le mensonge : au théâtre, rien ne doit être caché. Ceci découle d'une règle morale très simple, qui a toujours produit, je crois, le grand théâtre : il faut faire confiance au spectateur, lui remettre résolument le pouvoir de créer lui-même la richesse, de transformer la rayonne en soie et le mensonge en illusion.

Et maintenant, demandons-nous ce que doit être un bon costume de théâtre; et puisque nous lui avons reconnu une nature fonctionnelle, essayons de définir le genre de prestations auxquelles il est tenu. J'en vois pour ma part, au moins deux, essentielles.

D'abord, *le costume doit être un argument*. Cette fonction intellectuelle du costume de théâtre est le plus souvent aujourd'hui ensevelie sous des fonctions parasites, que nous venons de passer en revue (vérisme, esthétique, argent). Pourtant, dans toutes les grandes époques de théâtre, le costume a eu une forte valeur sémantique; il ne se donnait pas seulement à voir, il se donnait aussi à lire, communiquait des idées, des connaissances ou des sentiments.

La cellule intellective, ou cognitive du costume de théâtre, son élément de base, c'est le *signe*. Nous avons, dans un récit des *Mille et Une Nuits*, un magnifique exemple de signe vestimentaire : on nous y apprend que chaque fois qu'il était en colère le Calife Haroum Al Rachid revêtait une robe rouge. Eh bien, le rouge du Calife est un signe, le *signe* spectaculaire de sa colère; il est chargé de transmettre visuellement aux sujets du Calife une donnée d'ordre cognitif : l'état d'esprit du souverain et toutes les conséquences qu'il implique.

Les théâtres forts, populaires, civiques, ont toujours utilisé un code vestimentaire précis, ils ont largement pratiqué ce que l'on pourrait appeler une politique du signe : je rappellerai seulement que chez les Grecs, le masque et la couleur des parements affichaient à l'avance la condition sociale ou sentimentale du personnage; que sur le parvis médiéval et sur la scène élisabéthaine, les couleurs des costumes, dans certains cas, symboliques, permettaient une lecture diacritique en quelque sorte, de l'état des acteurs; et qu'enfin dans la Commedia dell'arte, chaque type psychologique possédait en propre son vêtement conventionnel. C'est le romantisme bourgeois qui, en diminuant sa confiance dans le pouvoir intellectif du public, a dissous le signe dans une sorte de vérité archéologique du costume : le signe s'est dégradé en détail, on s'est mis à donner des costumes véridiques et non plus signifiants : cette débauche d'imitation a atteint son point culminant dans le baroque 1900, véritable pandémonium du costume de théâtre.

Puisque nous avons tout à l'heure esquissé une pathologie du costume, il nous faut signaler quelques-unes des maladies qui risquent d'affecter le *signe* vestimentaire. Ce sont en quelque sorte des maladies de nutrition : le signe est malade chaque fois qu'il est mal, trop ou trop peu nourri de signification. Je citerai parmi les maladies les plus communes : l'indigence du signe (héroïnes wagnériennes en chemise de nuit), sa littéralité (Bacchantes signalées par des grappes de raisin), la surindication (les plumes de Chantecler juxtaposées une à une; total pour la pièce : quelques centaines de kilos); l'inadéquation (costumes « historiques », s'appliquant indifféremment à des époques vagues) et enfin la multiplication et le déséquilibre interne des signes (par exemple, les costumes des Folies-Bergère, remarquables par l'audace et la clarté de leur stylisation historique, sont compliqués, brouillés de signes accessoires, comme ceux de la fantaisie ou de la somptuosité : tous les signes y sont mis sur le même plan).

Peut-on définir une *santé* du signe? Il faut ici prendre garde au formalisme : le signe est réussi quand il est fonctionnel; on ne peut en donner une définition abstraite; tout dépend du contenu réel du spectacle; ici encore, la santé est surtout une absence de maladie; le costume est sain quand il laisse l'œuvre libre de transmettre sa signification profonde, quand il ne l'encombre pas et permet en quelque sorte à l'acteur de vaquer sans poids parasite à ses tâches essentielles. Ce que l'on peut du moins dire, c'est qu'un bon code vestimentaire, serviteur efficace du *gestus* de la pièce, exclut le naturalisme. Brecht l'a remarquablement expliqué à propos des costumes de *La Mère*[1] : scéniquement on ne *signifie* pas (signifier : signaler et imposer) l'usure d'un vêtement, en mettant sur scène un vêtement réellement usé. Pour se manifester, l'usure doit être *majorée* (c'est la définition même de ce qu'au cinéma on appelle la photogénie), pourvue d'une sorte de dimension épique : le bon signe doit toujours être le fruit d'un choix et d'une accentuation; Brecht a donné le détail des opérations nécessaires à la construction du *signe* de l'usure : l'intelligence, la minutie, la patience en sont remarquables (traitement du costume au chlore, brûlage de la teinture, grattage au rasoir, maculation par des cires, des laques, des acides gras, trous, raccommodages); dans nos théâtres, hypnotisés par la finalité esthétique des vêtements, on est encore fort loin de soumettre radicalement le *signe* vestimentaire à des traitements aussi minutieux, et surtout aussi « réfléchis » (on sait qu'en France, l'art est suspect, s'il pense); on ne voit pas Léonor Fini portant la lampe à souder dans l'un de ces beaux rouges qui font rêver le Tout-Paris.

Autre fonction positive du vêtement : *il doit être une humanité*, il doit privilégier la stature humaine de l'acteur, rendre sa corporéité sensible, nette et si possible déchirante. Le costume doit servir les proportions humaines et en quelque sorte sculpter l'acteur, faire sa silhouette naturelle, laisser imaginer que la forme du vêtement, si excentrique soit-elle par rapport à nous, est parfaitement consubstantielle à sa chair, à sa vie quotidienne; nous ne devons jamais sentir le corps humain bafoué par le déguisement.

Cette humanité du costume, elle est largement tributaire de son entour, du milieu substantiel dans lequel se déplace l'acteur. L'accord réfléchi entre le costume et son fond est peut-être la première loi du théâtre : nous savons bien, par l'exemple de certaines

---

1. Dans l'album *Theaterarbeit*, Dresdner Verlag, Dresden. Voir *Théâtre populaire*, nᵒ 11, p. 55.

mises en scène d'opéra, que le fouillis des décors peints, le va-et-vient incessant et inutile des choristes bariolés, toutes ces surfaces excessivement chargées, font de l'homme une silhouette grotesque, sans émotion et sans clarté. Or le théâtre exige ouvertement de ses acteurs une certaine exemplarité corporelle; quelque morale qu'on lui prête, le théâtre est en un sens une fête du corps humain et il faut que le costume et le fond respectent ce corps, en expriment toute la qualité humaine. Plus la liaison entre le costume et son entour est organique, mieux le costume est justifié. C'est un test infaillible que de mettre en rapport un costume avec des substances *naturelles* comme la pierre, la nuit, le feuillage : si le costume détient quelqu'un des vices que nous avons indiqués, on voit tout de suite qu'il souille le paysage, y apparaît mesquin, flappi, ridicule (c'était le cas, au cinéma, des costumes de *Si Versailles m'était conté*, dont l'artifice borné contrariait les pierres et les horizons du château); inversement, si le costume est sain, le plein air doit pouvoir l'assimiler, l'exalter même.

Un autre accord difficile à obtenir et pourtant indispensable, c'est celui du costume et du visage. Sur ce point, combien d'anachronismes morphologiques! combien de visages tout modernes posés naïvement sur de fausses fraises ou de faux drapés! On sait que c'est là l'un des problèmes les plus aigus du film historique (sénateurs romains à la tête de shérifs, à quoi il faut opposer la *Jeanne d'Arc* de Dreyer). Au théâtre, c'est le même problème : le costume doit savoir *absorber* le visage, on doit sentir qu'invisible mais nécessaire, un même épithélium historique les couvre tous deux.

En somme, le bon costume de théâtre doit être assez matériel pour signifier et assez transparent pour ne pas constituer ses signes en parasites. Le costume est une écriture et il en a l'ambiguïté : l'écriture est un instrument au service d'un propos qui la dépasse; mais si l'écriture est ou trop pauvre ou trop riche, ou trop belle ou trop laide, elle ne permet plus la lecture et faillit à sa fonction. Le costume aussi doit trouver cette sorte d'équilibre rare qui lui permet d'aider à la lecture de l'acte théâtral sans l'encombrer d'aucune valeur parasite : il lui faut renoncer à tout égoïsme et à tout excès de bonnes intentions; il lui faut passer en soi inaperçu mais il lui faut aussi exister : les acteurs ne peuvent tout de même pas aller nus! Il lui faut être à la fois matériel et transparent : on doit le voir mais non le regarder. Ceci n'est peut-être qu'une apparence de paradoxe : l'exemple tout récent de Brecht nous invite à comprendre que c'est dans l'accentuation même de sa matérialité que le costume de théâtre a le plus de chance d'atteindre sa nécessaire soumission aux fins critiques du spectacle.

1955, Théâtre populaire.

LITTÉRATURE LITTÉRALE

Un roman de Robbe-Grillet ne se lit pas de la manière à la fois globale et discontinue dont on « dévore » un roman traditionnel, où l'intellection saute de paragraphe en paragraphe, de crise en crise, et où l'œil n'absorbe à vrai dire la typographie que par intermittences, comme si la lecture, dans son geste le plus matériel, devait reproduire la hiérarchie même de l'univers classique, doté de moments tour à tour pathétiques et insignifiants [1]. Non, chez Robbe-Grillet, la narration impose elle-même la nécessité d'une ingestion exhaustive du matériau; le lecteur est soumis à une sorte d'éducation ferme, il perçoit le sentiment d'être maintenu, élongé à même la continuité des objets et des conduites. La capture provient alors, non d'un rapt ou d'une fascination, mais d'un investissement progressif et fatal. La pression du récit est rigoureusement égale, comme il convient dans une littérature du constat.

Cette qualité nouvelle de la lecture est liée, ici, à la nature proprement optique du matériel romanesque. On le sait, le dessein de Robbe-Grillet est de donner enfin aux objets un privilège narratif accordé jusqu'ici aux seuls rapports humains. D'où un art de la description profondément renouvelé, puisque dans cet univers « objectif », la matière n'est plus jamais présentée comme une fonction du cœur humain (souvenir, ustensilité) mais comme un espace implacable que l'homme ne peut fréquenter que par la marche, jamais par l'usage ou la sujétion.

C'est là une grande exploration romanesque, dont *les Gommes* ont assuré les premières positions, les positions de départ. *Le Voyeur* constitue une seconde étape, atteinte de façon évidemment

1. A propos du *Voyeur,* d'A. Robbe-Grillet.

délibérée, car on a toujours l'impression, chez Robbe-Grillet, que sa création investit méthodiquement un chemin pré-déterminé; on peut avancer, je crois, que son œuvre générale aura une valeur de démonstration, et que comme tout acte littéraire authentique, elle sera, bien mieux encore que littérature, institution même de la littérature : nous savons bien que, depuis cinquante ans, tout ce qui compte en fait d'écriture, possède cette même vertu problématique.

L'intérêt du *Voyeur,* c'est le rapport que l'auteur établit entre les objets et la fable. Dans *les Gommes,* le monde objectif était supporté par une énigme d'ordre policier. Dans *le Voyeur,* il n'y a plus aucune qualification de l'histoire : celle-ci tend au zéro, au point qu'on peut à peine la nommer, encore moins la résumer (comme en témoigne l'embarras des critiques). Je puis bien avancer que dans une île indéfinie, un voyageur de commerce étrangle une jeune bergère et s'en retourne sur le continent. Mais de ce meurtre suis-je bien sûr? L'acte lui-même est narrativement *blanchi* (un trou bien visible au milieu du récit); le lecteur ne peut que l'induire de l'effort patient du meurtrier pour effacer ce vide (si l'on peut dire), le remplir d'un temps « naturel ». Autant dire que l'étendue du monde objectif, la tranquille minutie de la reconstitution cernent ici un événement improbable : l'importance des antécédents et des conséquents, leur littéralité prolixe, leur entêtement à être dits, rendent forcément douteux un acte qui tout d'un coup et contrairement à la vocation analytique du discours, n'a plus la parole pour caution immédiate.

La blancheur de l'acte provient d'abord, évidemment, de la nature objective de la description. La fable (ce qu'on appelle précisément : le « romanesque ») est un produit typique des civilisations d'âme. On connaît cette expérience ethnologique d'Ombredane : un film, *La chasse sous-marine,* est présenté à des noirs congolais et à des étudiants belges : les premiers en font un résumé purement descriptif, précis et concret, sans aucune fabulation; les seconds, au contraire, trahissent une grande indigence visuelle; ils se rappellent mal les détails, imaginent une histoire, cherchent des effets littéraires, essayent de retrouver des états affectifs. C'est précisément cette naissance spontanée du drame, que le système optique de Robbe-Grillet coupe à chaque instant; comme pour les noirs congolais, la précision du spectacle en absorbe toute l'intériorité virtuelle (preuve *a contrario* : ce sont nos critiques spiritualistes qui ont cherché désespérément dans *le Voyeur,* l'histoire : ils sentaient bien que sans argument, pathologique ou moral, le roman échappait à cette civilisation de l'Ame, qu'ils ont à charge de défendre). Il y a donc conflit entre le monde purement optique des objets et celui de l'intériorité humaine. En choisissant le premier, Robbe-Grillet ne peut être que fasciné par l'anéantissement de l'anecdote.

Il y a effectivement, dans *le Voyeur,* une destruction tendancielle de la fable. La fable recule, s'amenuise, s'anéantit sous le poids des objets. Les objets investissent la fable, se confondent avec elle pour mieux la dévorer. Il est remarquable que nous ne connaissions du crime, ni des mobiles, ni des états, ni même des actes, mais seulement des matériaux isolés, privés d'ailleurs dans leur description, de toute intentionnalité explicite. Ici, les données de l'histoire ne sont ni psychologiques, ni même pathologiques (du moins dans leur situation narrative), elles sont réduites à quelques objets surgis peu à peu de l'espace et du temps sans aucune contiguïté causale avouée : une petite fille (du moins son archétype, car son nom change insensiblement), une cordelette, un pieu, un pilier, des bonbons.

C'est seulement la coordination progressive de ces objets qui dessine, sinon le crime lui-même, du moins la *place* et le *moment* du crime. Les matériaux sont associés les uns aux autres par une sorte de hasard indifférent; mais de la répétition de certaines constellations d'objets (la cordelette, les bonbons, les cigarettes, la main aux ongles pointus), naît la probabilité d'un usage meurtrier qui les rassemblerait tous; et ces associations d'objets (comme on dit des associations d'idées) *conditionnent* peu à peu le lecteur à l'existence d'un argument probable, sans jamais pourtant le nommer, comme si, dans le monde de Robbe-Grillet, l'on devait passer de l'ordre des objets à celui des événements par une chaîne patiente de réflexes purs, en évitant soigneusement le relais d'une conscience morale.

Cette pureté ne peut être évidemment que tendancielle, et tout *le Voyeur* naît d'une résistance impossible à l'anecdote. Les objets figurent comme une sorte de thème-zéro de l'argument. Le roman

3

se tient dans cette zone étroite et difficile, où l'anecdote (le crime) commence à pourrir, à « intentionnaliser » le superbe entêtement des objets à *n'être que là*. Encore cette inflexion silencieuse d'un monde purement objectif vers l'intériorité et la pathologie provient-elle simplement d'un vice de l'espace. Si l'on veut bien se rappeler que le dessein profond de Robbe-Grillet est de rendre compte de *toute* l'étendue objective, comme si la main du romancier suivait étroitement son regard dans une appréhension exhaustive des lignes et des surfaces, on comprendra que le retour de certains objets, de certains fragments d'espace, privilégiés par leur répétition même, constitue à lui seul une faille, ce que l'on pourrait appeler un premier point de blettissement dans le système optique du romancier, fondé essentiellement sur la contiguïté, l'extension et l'élongement. On peut donc dire que c'est dans la mesure où la rencontre répétée de quelques objets brise le parallélisme des regards et des objets, qu'il y a crime, c'est-à-dire événement : le vice géométrique, l'affaissement de l'espace, l'irruption d'un *retour*, c'est la brèche par où tout un ordre psychologique, pathologique, anecdotique, va menacer d'investir le roman. C'est précisément là où les objets, en se *re-présentant,* semblent renier leur vocation d'existants purs, qu'ils appellent l'anecdote et son cortège de mobiles implicites : la répétition et la conjonction les dépouillent de leur *être-là,* pour les revêtir d'un *être-pour-quelque-chose*.

On voit toute la différence qui sépare ce mode d'itération, de la *thématique* des auteurs classiques. La répétition d'un thème postule une profondeur, le thème est un signe, le symptôme d'une cohérence interne. Chez Robbe-Grillet, au contraire, les constellations d'objets ne sont pas expressives, mais créatrices; elles ont à charge, non de révéler, mais d'accomplir; elles ont un rôle dynamique, non euristique : avant qu'elles ne se produisent, il n'existe rien de ce qu'elles vont donner à lire : elles *font* le crime, elles ne le livrent pas : en un mot, elles sont littérales. Le roman de Robbe-Grillet reste donc parfaitement extérieur à un ordre psychanalytique : il ne s'agit nullement, ici, d'un monde de la compensation et de la justification, où certaines tendances seraient exprimées ou contre-exprimées par certains actes; le roman abolit délibérément tout passé et toute profondeur, c'est un roman de l'extension, non de la compréhension. Le crime ne compense rien (en particulier aucun *désir* de crime), il n'est à aucun moment réponse, solution ou issue de crise : cet univers ne connaît ni la compression ni l'explosion, rien que la rencontre, des croisements d'itinéraires, des retours d'objets. Et si nous sommes tentés de lire le viol et le meurtre comme des actes relevant d'une pathologie, c'est en induisant abusivement le contenu de la forme : nous sommes ici victimes, une fois de plus, de ce préjugé qui nous fait attribuer au roman une essence, celle même du réel, de *notre* réel; nous concevons toujours l'imaginaire comme un symbole du réel, nous voulons voir dans l'art une litote de la nature. Dans le cas de Robbe-Grillet, combien de critiques ont ainsi renoncé à la littéralité aveuglante de l'œuvre, pour essayer d'introduire dans cet univers dont tout indique pourtant la complétude implacable, un surcroît d'âme et de mal, alors que précisément la technique de Robbe-Grillet est une protestation radicale contre l'ineffable.

Ce refus de la psychanalyse, on peut d'ailleurs l'exprimer d'une autre façon en disant que chez Robbe-Grillet, l'événement n'est jamais *focalisé*. Il suffit de penser à ce qu'est, en peinture, chez Rembrandt par exemple, un espace visiblement centré hors de la toile : c'est à peu près ce monde des rayons et des diffusions que nous retrouvons dans les romans de la profondeur. Ici, rien de tel : la lumière est égale, elle ne traverse pas, elle étale, l'acte n'est pas le répondant spatial d'une source secrète. Et bien que la narration connaisse un moment privilégié (la page blanche du milieu), elle n'en est pas pour cela concentrique : le blanc (le crime) n'est pas ici le foyer d'une fascination; c'est seulement le point extrême d'une course, la borne d'où le récit va refluer vers son origine. Cette absence de foyer profond contrarie la pathologie du meurtre; celui-ci est développé selon des voies rhétoriques, non thématiques, il se dévoile par topiques, non par rayonnement.

On vient d'indiquer que le crime, ici, n'était rien de plus qu'une faille de l'espace et du temps (c'est la même chose, puisque le lieu du meurtre, l'île, n'est jamais qu'un plan de parcours). Tout l'effort du meurtrier est donc (dans la seconde partie du roman) de renapper le temps, de lui retrouver une continuité qui sera l'innocence (c'est évidemment la définition même de l'alibi, mais ici le renappage du temps ne se fait pas devant un autrui policier; il se fait devant une conscience purement intellective, qui semble se débattre oniriquement dans les affres d'un dessin incomplet). De même, pour que le crime disparaisse, les objets doivent perdre leur entêtement à se trouver joints, constellés; on essaye de leur faire réintégrer rétrospectivement un pur enchaînement de contiguïté. La recherche acharnée d'un espace sans couture (et à vrai dire ce n'est que par son anéantissement que nous connaissons le crime) se confond avec l'effacement même du crime, ou plus exactement, cet effacement n'existe que sous l'espèce d'une sorte de glacis artificiel étendu rétroactivement sur la journée. Tout d'un coup, le temps prend de l'épaisseur, et nous *savons* que le crime existe. Mais c'est alors, au moment où le temps se surcharge de variations, qu'il revêt une qualité nouvelle, le *naturel :* plus le temps est usé et plus il paraît plausible : Mathias, le voyageur meurtrier, est obligé de repasser sans cesse sa conscience sur la faille du crime, à la façon d'un pinceau insistant. Robbe-Grillet utilise dans ces moments-là, un style indirect particulier (en latin cela donnerait un beau subjonctif continu, qui d'ailleurs trahirait son usager).

Il s'agit donc moins d'un Voyeur que d'un Menteur. Ou plutôt à la phase de voyance de la première partie, succède la phase de mensonge de la seconde partie : l'exercice continu du mensonge, c'est la seule fonction psychologique que nous puissions concéder à Mathias, comme si, aux yeux de Robbe-Grillet, le psychologisme, la causalité, l'intentionnalité ne pouvaient entamer la suffisante assise des objets que sous la forme du crime, et, dans le crime, de l'alibi. C'est en renappant minutieusement sa journée d'une couche serrée de *nature* (mixte de temporalité et de causalité), que Mathias nous découvre (et peut-être se découvre ?) son crime, car Mathias n'est jamais devant nous qu'une conscience re-faisante. C'est là proprement le thème d'Œdipe. La différence, c'est qu'Œdipe reconnaît une faute qui a déjà été nommée antérieurement à sa découverte, son crime fait partie d'une économie magique de la compensation (la Peste de Thèbes), tandis que le Voyeur, lui, livre une culpabilité isolée, intellective et non morale, qui, à aucun moment, n'apparaît empoissée dans une ouverture générale au monde (causalité, psychologie, société); si le crime est corruption, ce n'est ici que du temps — et non d'une intériorité humaine : il est désigné non par ses ravages, mais par une disposition vicieuse de la durée.

Telle apparaît l'anecdote du *Voyeur* : désocialisée et démoralisée, suspendue à fleur des objets, figée dans un impossible mouvement vers sa propre abolition, car le projet de Robbe-Grillet est toujours que l'univers romanesque tienne enfin par ses seuls objets. Comme dans ces exercices périlleux, où l'équilibriste se débarrasse progressivement des points d'appui parasites, la fable est donc peu à peu réduite, raréfiée. L'idéal serait évidemment de s'en passer; et si dans *le Voyeur* elle existe encore, c'est plutôt comme *place* d'une histoire possible (le degré zéro de l'histoire, ou le *mana* selon Lévi-Strauss), afin d'éviter au lecteur les effets trop brutaux de la pure négativité.

Naturellement, la tentative de Robbe-Grillet procède d'un formalisme radical. Mais en littérature, c'est un reproche ambigu car la littérature est par définition formelle : il n'y a pas de moyen terme entre le sabordage de l'écrivain et son esthétisme, et si l'on juge les recherches formelles nocives, c'est écrire, non chercher, qu'il faut interdire. On peut dire au contraire que la formalisation du roman, telle que la poursuit Robbe-Grillet, n'a de valeur que si elle est radicale, c'est-à-dire si le romancier a le courage de postuler tendanciellement un roman sans contenu, du moins pendant toute la durée où il désire lever à fond les hypothèques du psychologisme bourgeois : une interprétation métaphysique ou morale du *Voyeur* est sans doute possible (la critique en a donné la preuve), dans la mesure où l'état zéro de l'anecdote libère chez un lecteur trop confiant en lui-même toutes sortes d'investissements métaphysiques : il est toujours possible d'occuper la *lettre* du récit par une spiritualité implicite et de transformer une littérature du pur constat en littérature de la protestation ou du cri : par définition, l'une est offerte à l'autre. Pour ma part, je crois que ce serait ôter tout intérêt au *Voyeur*. C'est un livre qui ne peut se soutenir que comme exercice absolu de négation, et c'est à ce titre qu'il peut prendre place dans cette zone très mince, dans ce vertige rare où la littérature veut se détruire sans le pouvoir, et se saisit dans un même mouvement, détruisante et détruite. Peu d'œuvres entrent dans cette marge mortelle, mais ce sont sans doute, aujourd'hui, les seules qui comptent : dans la conjoncture sociale des temps présents, la littérature ne peut être à la fois accordée au monde et en avance sur lui, comme il convient à tout art du dépassement, que dans un état de pré-suicide permanent; elle ne peut exister que sous la figure de son propre problème, châtieuse et pourchasseuse d'elle-même. Sinon, quelle que soit la générosité ou l'exactitude de son contenu, elle finit toujours par succomber sous le poids d'une forme traditionnelle qui la compromet dans la mesure où elle sert d'alibi à la société aliénée qui la produit, la consomme et la justifie. *Le Voyeur* ne peut se séparer du statut, pour l'heure, constitutivement réactionnaire de la littérature, mais en tentant d'aseptiser la forme même du récit, il prépare peut-être, sans l'accomplir encore, un *déconditionnement* du lecteur par rapport à l'art essentialiste du roman bourgeois. C'est du moins l'hypothèse que ce livre permet de proposer.

1955, Critique.

COMMENT REPRÉSENTER
L'ANTIQUE

Chaque fois que nous, hommes modernes, nous devons représenter une tragédie antique, nous nous trouvons devant les mêmes problèmes, et chaque fois nous apportons à les résoudre la même bonne volonté et la même incertitude, le même respect et la même confusion. Toutes les représentations de théâtre antique que j'ai vues, à commencer par celles-là mêmes où j'ai eu ma part de responsabilité comme étudiant, témoignaient de la même irrésolution, de la même impuissance à prendre parti entre des exigences contraires.

C'est qu'en fait, conscients ou non, nous n'arrivons jamais à nous dépêtrer d'un dilemme : faut-il jouer le théâtre antique comme de son temps ou comme du nôtre ? faut-il reconstituer ou transposer ? faire ressentir des ressemblances ou des différences ? Nous allons toujours d'un parti à l'autre sans jamais choisir nettement, bien intentionnés et brouillons, soucieux tantôt de revigorer le spectacle par une fidélité intempestive à telle exigence que nous jugeons archéologique, tantôt de le sublimer par des effets esthétiques modernes, propres, pensons-nous, à montrer la qualité éternelle de ce théâtre. Le résultat de ces compromis est toujours décevant : de ce théâtre antique reconstitué, nous ne savons jamais que penser. Cela nous concerne-t-il ? Comment ? En quoi ? La représentation ne nous aide jamais à répondre nettement à ces questions.

L'*Orestie* de Barrault [1] témoigne une fois de plus de la même confusion. Styles, desseins, arts, partis, esthétiques et raisons se mélangent ici à l'extrême, et en dépit d'un travail visiblement considérable et de certaines réussites partielles, nous n'arrivons

---

1. Représentations du Théâtre Marigny.

pas à savoir pourquoi Barrault a monté *L'Orestie* : le spectacle n'est pas justifié.

Sans doute Barrault a-t-il professé (sinon accompli) une idée générale de son spectacle : il s'agissait pour lui de rompre avec la tradition académique et d'arriver à replacer *L'Orestie,* sinon dans une histoire, du moins dans un exotisme. Transformer la tragédie grecque en fête nègre, retrouver ce qu'elle a pu contenir au Ve siècle même d'irrationnel et de panique, la débarrasser de la fausse pompe classique pour lui réinventer une nature rituelle, faire apparaître en elle les germes d'un théâtre de la transe, tout cela qui provient d'ailleurs beaucoup plus d'Artaud que d'une connaissance exacte du théâtre grec, tout cela pouvait très bien s'admettre pourvu qu'on l'accomplît réellement, sans concession. Or, ici même, le pari n'a pas été tenu : la fête nègre est timide.

D'abord, l'exotisme est loin d'être continu : il y a seulement trois moments où il est explicite : la prédiction de Cassandre, l'invocation rituelle à Agamemnon, la ronde des Erinnyes. Tout le reste de la tragédie est occupé par un art totalement rhétorique : aucune unité entre l'intention panique de ces scènes et les effets de voile de Marie Bell. De telles ruptures sont insupportables, car elles rejettent immanquablement le dessein dramaturgique au rang d'accessoire pittoresque : le nègre devient décoratif. L'exotisme était un parti probablement faux, mais qui du moins pouvait être sauvé par son efficacité : sa seule justification eût été de transformer physiquement le spectateur, de l'incommoder, de le fasciner, de le « charmer ». Or, ici, rien de tel : nous restons froids, un peu ironiques, incapables de croire à une panique partielle, immunisée au préalable par l'art des acteurs « psycholologiques ». Il fallait choisir : ou la fête nègre, ou Marie Bell. A vouloir jouer sur les deux tableaux (Marie Bell pour la critique humaniste et la fête nègre pour l'avant-garde), il était fatal de perdre un peu partout.

Et puis cet exotisme est en soi trop timide. On comprend l'intention de Barrault dans la scène de magie où Électre et Oreste somment leur père mort de répondre. L'effet reste pourtant très maigre. C'est que si l'on se mêle d'accomplir un théâtre de la participation, il faut le faire complètement. Ici, les *signes* ne suffisent plus : il y faut un engagement physique des acteurs ; or, cet engagement, l'art traditionnel leur a appris à l'imiter, non à le vivre, et comme ces signes sont usés, compromis dans mille divertissements plastiques antérieurs, nous n'y croyons pas : quelques tournoiements, une diction rythmée à contretemps, des coups contre le sol ne suffisent pas à nous imposer la présence d'une magie.

Rien n'est plus pénible qu'une participation qui ne prend pas. Et l'on s'étonne que les défenseurs acharnés de cette forme de théâtre soient si timides, si peu inventifs, si apeurés, pourrait-on dire, au moment où ils tiennent enfin l'occasion d'accomplir ce théâtre physique, ce théâtre total dont on nous a fait un véritable casse-tête. Puisque Barrault avait pris le parti, contestable mais au moins rigoureux, de la fête nègre, il aurait fallu l'exploiter à fond. N'importe quelle session de jazz, *Carmen* chantée par des Noirs, lui auraient donné l'exemple de ce qu'est cette présence sommatoire de l'acteur, cette agression du spectacle, cette sorte d'épanouissement viscéral auxquels son *Orestie* donne un trop maigre reflet. N'est pas nègre qui veut.

Cette confusion des styles, on la retrouve dans les costumes. Temporellement, *L'Orestie* comprend trois plans : l'époque supposée du mythe, l'époque d'Eschyle, l'époque du spectateur. Il fallait choisir l'un de ces trois plans de référence et s'y tenir, car, nous le verrons à l'instant, notre seul rapport possible à la tragédie grecque est dans la conscience que nous pouvons avoir de sa situation historique. Or les costumes de Marie-Hélène Dasté, dont certains sont plastiquement très beaux, contiennent ces trois styles mélangés au petit bonheur. Agamemnon, Clytemnestre sont habillés à la barbare, engagent la tragédie dans une signification archaïque, minoènne, ce qui serait parfaitement légitime si le parti était général. Mais voici qu'Oreste, Électre, Apollon viennent rapidement contrarier ce choix : eux sont des Grecs du Ve siècle, ils introduisent dans le gigantisme monstrueux des vêtements primitifs, la grâce, la mesure, l'humanité simple et sobre des silhouettes de la Grèce classique. Enfin, comme trop souvent au Marigny, la scène se trouve parfois envahie par le maniérisme luxueux, la plastique « grand couturier » de nos théâtres bien parisiens : Cassandre est tout en plissés intemporels, l'antre des Atrides est barré par une moquette sortie tout droit de chez Hermès (la boutique, non le dieu), et dans l'apothéose finale, une Pallas toute enfarinée surgit d'un bleu sucré, fondant, comme aux Folies-Bergère.

Ce mélange naïf de Crète et de Faubourg Saint-Honoré contribue beaucoup à perdre la cause de *L'Orestie* : le spectateur ne sait plus ce qu'il voit : il lui semble être devant une tragédie abstraite (parce que visuellement composite), il est confirmé dans une tendance qui ne lui est que trop naturelle : refuser une compréhension rigoureusement historique de l'œuvre représentée. L'esthétisme joue ici, une fois de plus, comme un alibi, il couvre une irresponsabilité : c'est d'ailleurs si constant chez Barrault que l'on pourrait appeler toute beauté gratuite des costumes le style Marigny. Ceci était déjà sensible dans la *Bérénice* de Barrault, qui n'avait pas été cependant jusqu'à habiller Pyrrhus en Romain, Titus en marquis de Louis XIV et Bérénice en drapé de chez Fath : c'est pourtant l'équivalent de ce mélange que nous donne *L'Orestie*.

La disjonction des styles atteint aussi gravement le jeu des acteurs. On pouvait penser que ce jeu aurait au moins l'unité de l'erreur; même pas : chacun dit le texte à sa guise, sans se soucier du style du voisin. Robert Vidalin joue Agamemnon selon la tradition désormais caricaturale du Théâtre-Français : sa place serait plutôt dans quelque parodie menée par René Clair. A l'opposé, Barrault pratique une sorte de « naturel », hérité des rôles rapides de la comédie classique; mais à force de vouloir éviter l'emphase traditionnelle, son rôle s'amenuise, devient tout plat, tout frêle, insignifiant : écrasé par l'erreur de ses camarades, il n'a pas su leur opposer une dureté tragique élémentaire.

A côté, Marie Bell joue Clytemnestre comme du Racine ou du Bernstein (de loin, c'est un peu la même chose). Le poids de cette tragédie millénaire ne lui a pas fait abandonner le moins du monde sa rhétorique personnelle; il s'agit à chaque instant d'un art dramatique de l'*intention,* du geste et du regard lourds de sens, du *secret signifié,* art propre à jouer tout théâtre de la scène conjugale et de l'adultère bourgeois, mais qui introduit dans la tragédie une *rouerie,* et pour tout dire une *vulgarité,* qui lui sont totalement anachroniques. C'est précisément ici que le malentendu général de l'interprétation devient le plus gênant, car il s'agit d'une erreur plus subtile : il est vrai que les personnages tragiques manifestent des « sentiments »; mais ces « sentiments » (orgueil, jalousie, rancune, indignation) ne sont nullement psychologiques, au sens moderne du mot. Ce ne sont pas des passions individualistes, nées dans la solitude d'un cœur romantique; l'orgueil n'est pas ici un péché, un mal merveilleux et compliqué; c'est une faute contre la cité, c'est une démesure politique; la rancune n'est jamais que l'expression d'un droit ancien, celui de la vendetta, cependant que l'indignation n'est jamais que la revendication oratoire d'un droit nouveau, l'accession du peuple au jugement réprobateur des anciennes lois. Ce contexte politique des passions héroïques en commande toute l'interprétation. L'art psychologique est d'abord un art du secret, de la chose à la fois cachée et confessée, car il est dans les habitudes de l'idéologie essentialiste de représenter l'individu comme habité à son insu par ses passions : d'où un art dramatique traditionnel qui consiste à faire voir au spectateur une intériorité ravagée sans pourtant que le personnage en laisse deviner la conscience; cette sorte de *jeu* (au sens à la fois d'inadéquation et de tricherie) fonde un art dramatique de la nuance, c'est-à-dire en fait d'une disjonction spécieuse entre la lettre et l'esprit du personnage, entre sa parole-sujet et sa passion-objet. L'art tragique, au contraire, est fondé sur une parole absolument littérale : la passion n'y a aucune épaisseur intérieure, elle est entièrement extravertie, tournée vers son contexte civique. Jamais un personnage « psychologique » ne dira : « Je suis orgueilleux »; Clytemnestre, elle, le dit, et toute la différence est là. Aussi rien n'est plus surprenant, rien ne signifie mieux l'erreur fondamentale de l'interprétation, que d'entendre Marie Bell proclamer dans le texte une passion dont toute sa manière personnelle, dressée par la pratique de centaines de pièces « psychologiques », manière retorse et « comédienne », dément l'extériorité sans ombre et sans profondeur. Seule Marguerite Jamois (Cassandre) me paraît avoir approché cet art du constat que nous aurions souhaité voir s'étendre à toute la tragédie : elle voit et dit, elle dit ce qu'elle voit, un point c'est tout.

Oui, la tragédie est un art du constat, et c'est précisément tout ce qui contredit à cette constitution qui devient vite intolérable. Claudel l'avait bien vu, qui réclamait pour le chœur tragique une immobilité têtue, presque liturgique. Dans sa préface à cette même *Orestie,* il demande que l'on place les choreutes dans des stalles, qu'on les asseye d'un bout du spectacle à l'autre, et que chacun ait devant lui un lutrin où il lira sa partition. Sans doute cette mise en scène-là est-elle en contradiction avec la vérité « archéologique », puisque nous savons que le chœur dansait. Mais comme ces danses nous sont mal connues, et comme de plus, même bien restituées, elles n'auraient pas sur nous le même effet qu'au Ve siècle, il faut absolument trouver des équivalences. En restituant au chœur, à travers une correspondance liturgique occidentale, sa fonction de commentateur littéral, en exprimant la nature massive de ses interventions, en lui donnant d'une façon explicite les attributs modernes de la sagesse (le siège et le pupitre), et en retrouvant son caractère profondément épique de récitant, la solution de Claudel paraît être la seule qui puisse *rendre compte* de la situation du chœur tragique. Pourquoi n'a-t-on jamais essayé ?

Barrault a voulu un chœur « dynamique », « naturel », mais en fait ce parti témoigne du même flottement que le reste de la représentation. Cette confusion est encore plus grave ici, car le chœur est le noyau dur de la tragédie : sa fonction doit être d'une évidence indiscutable, il faut que tout en lui, parole, vêtement, situation, soit d'un seul bloc et d'un seul effet; enfin, s'il est « populaire », sentencieux et prosaïque, il ne peut s'agir à aucun moment d'une naïveté « naturelle », psychologique, individualisée, pittoresque. Le chœur doit rester un organisme surprenant, il faut qu'il étonne et dépayse. Ce n'est certes pas le cas du chœur au Marigny : on y retrouve deux défauts contraires, mais qui passent tous deux au delà de la vraie solution : l'emphase et le « naturel ». Tantôt les choreutes évoluent selon de vagues dessins symétriques, comme dans une fête de gymnastique (on ne dira jamais assez les ravages de l'esthétique Poupard dans la tragédie grecque); tantôt ils cherchent des attitudes réalistes, familières, jouent à l'anarchie savante des mouvements; tantôt ils déclament comme des pasteurs en chaire, tantôt ils prennent le ton de la conversation. Cette confusion des styles installe sur le théâtre une faute qui ne pardonne pas : l'irresponsabilité. Cette sorte d'état velléitaire du chœur paraît encore plus évident, sinon dans la nature, du moins dans la disposition du substrat musical : on a l'impression d'innombrables coupures, d'une mutilation incessante qui coupe le concours de la musique, la réduit à quelques échantillons montrés à la sauvette, d'une façon presque coupable : il devient difficile dans ces conditions de la juger. Mais ce que l'on peut en dire, c'est que nous ne savons pas *pourquoi* elle est là et quelle est l'idée qui en a guidé la distribution.

L'Orestie de Barrault est donc un spectacle ambigu où l'on retrouve, d'ailleurs seulement à l'état d'ébauches, des options contradictoires. Il reste donc à dire pourquoi la confusion est ici plus grave qu'ailleurs : c'est parce qu'elle contredit le seul rapport qu'il nous soit possible d'avoir aujourd'hui avec la tragédie antique, et qui est *la clarté*. Représenter en 1955 une tragédie d'Eschyle n'a de sens que si nous sommes décidés à répondre clairement à ces deux questions : qu'était exactement *L'Orestie* pour les contemporains d'Eschyle ? Qu'avons-nous à faire, nous, hommes du xxe siècle, avec le sens antique de l'œuvre ?

A la première question, plusieurs écrits aident à répondre : d'abord l'excellente introduction de Paul Mazon à sa traduction de la Collection Guillaume Budé; puis, sur le plan d'une sociologie plus large, les livres de Bachofen, d'Engels et de Thomson [2]. Replacée à son époque, et en dépit de la position politique modérée d'Eschyle lui-même, *L'Orestie* était incontestablement une œuvre progressiste; elle témoignait du passage de la société matriarcale, représentée par les Érinnyes, à la société patriarcale, représentée par Apollon et Athéna. Ce n'est pas le lieu ici de développer ces thèses, qui ont bénéficié d'une explication largement socialisée. Il suffit de se convaincre que *L'Orestie* est une œuvre profondément politisée : elle est l'exemple même du rapport qui peut unir une structure historique précise et un mythe particulier. Que d'autres s'exercent, s'ils veulent, à y découvrir une problématique éternelle du Mal et du Jugement; cela n'empêchera jamais que *L'Orestie* soit avant tout l'œuvre d'une époque précise, d'un état social défini et d'un débat moral contingent.

2. Bachofen, *Le Droit maternel* (1861); Engels, *L'Origine de la Famille, de la Propriété privée et de l'État* (4e édition, 1891); George Thomson, *Æschylus and Athens* (1941).

Et c'est précisément cet éclaircissement qui nous permet de répondre à la seconde question : notre rapport à *L'Orestie,* à nous, hommes de 1955, c'est l'évidence même de sa particularité. Près de vingt-cinq siècles nous séparent de cette œuvre : le passage du matriarcat au patriarcat, la substitution de dieux nouveaux aux dieux anciens et de l'arbitrage au talion, rien de tout cela ne fait plus guère partie de notre histoire; et c'est en raison de cette altérité flagrante que nous pouvons juger d'un regard critique un état idéologique et social où nous n'avons plus part et qui nous apparaît désormais objectivement dans tout son éloignement. *L'Orestie* nous dit ce que les hommes d'alors essayaient de dépasser, l'obscurantisme qu'ils tentaient peu à peu d'éclaircir; mais elle nous dit en même temps que ces efforts sont pour nous anachroniques, et que les dieux nouveaux qu'elle voulait introniser sont des dieux que nous avons à notre tour vaincus. Il y a une marche de l'histoire, une levée difficile mais incontestable des hypothèques de la barbarie, l'assurance progressive que l'homme tient en lui seul le remède de ses maux, dont nous devons sans cesse nous rendre conscients parce que c'est en voyant la marche parcourue que l'on prend courage et espoir pour toute celle qui reste encore à parcourir.

C'est donc en donnant à *L'Orestie* son exacte figure, je ne dis pas archéologique, mais historique, que nous manifesterons le lien qui nous unit à cette œuvre. Représentée dans sa particularité, dans son aspect monolithique, progressif par rapport à son propre passé, mais barbare par rapport à notre présent, la tragédie antique nous concerne dans la mesure où elle nous donne à comprendre *clairement,* par tous les prestiges du théâtre, que l'histoire est plastique, fluide, au service des hommes, pour peu qu'ils veuillent bien s'en rendre maîtres en toute lucidité. Saisir la spécificité historique de *L'Orestie,* son *originalité* exacte, c'est pour nous la seule façon d'en faire un usage dynamique, doué de responsabilité.

C'est pour cela que nous récusons une mise en scène confuse, où les options, timides et partiellement honorées, tantôt archéologiques et tantôt esthétiques, tantôt essentialistes (un débat moral éternel) et tantôt exotiques (la fête nègre) concourent finalement toutes, dans leur va-et-vient brouillon, à nous ôter le sentiment d'une œuvre claire, définie dans et par l'histoire, lointaine comme un passé qui a été le nôtre, mais dont nous ne voulons plus. Nous demandons qu'à chaque coup et d'où qu'il vienne, le théâtre nous dise le mot d'Agamemnon :

« *Les liens se dénouent, le remède existe.* »

1955, *Théâtre populaire.*

A L'AVANT-GARDE DE
QUEL THÉATRE?

Les dictionnaires ne nous disent pas de quand date exactement le terme d'*avant-garde*, au sens culturel. Il semble que ce soit une notion assez récente, née à ce moment de l'histoire où la bourgeoisie est apparue à certains de ses écrivains comme une force esthétiquement rétrograde, qu'il fallait contester. Il est probable que l'avant-garde n'a jamais été pour l'artiste qu'un moyen de résoudre une contradiction historique précise : celle-là même d'une bourgeoisie démasquée, qui ne pouvait plus prétendre à son universalisme originel que sous la forme d'une protestation violente retournée contre elle-même : violence d'abord esthétique, dirigée contre le philistin, puis d'une façon de plus en plus engagée, violence éthique, lorsque les conduites mêmes de la vie ont reçu à charge de contester l'ordre bourgeois (chez les Surréalistes, par exemple); mais violence politique, jamais.
C'est que, sur le plan un peu vaste de l'histoire, cette protestation n'a jamais été qu'une procuration : la bourgeoisie déléguait quelques-uns de ses créateurs à des tâches de subversion formelle, sans pour cela rompre vraiment avec eux : n'est-ce pas elle, en fin de compte, qui dispense à l'art d'avant-garde le soutien parcimonieux de son public, c'est-à-dire de son argent? Le mot même d'avant-garde, dans son étymologie, ne désigne rien d'autre qu'une portion un peu exubérante, un peu excentrique de l'armée bourgeoise. Tout se passe comme s'il y avait un équilibre secret et profond entre les troupes de l'art conformiste et ses voltigeurs audacieux. C'est là un phénomène de complémentarité bien connu en sociologie, où Claude Lévi-Strauss l'a décrit excellemment : l'auteur d'avant-garde est un peu comme le sorcier des sociétés dites primitives : il *fixe* l'irrégularité pour mieux en purifier la masse sociale. Nul doute que dans sa phase descendante, la bour-

geoisie n'ait eu un besoin profond de ces conduites aberrantes, qui nommaient tout haut certaines de ses tentations. L'avant-garde, ce n'est au fond qu'un phénomène cathartique de plus, une sorte de vaccine destinée à inoculer un peu de subjectivité, un peu de liberté sous la croûte des valeurs bourgeoises : on se porte mieux d'avoir fait une part déclarée mais limitée à la maladie.

Il va de soi que cette *économie* de l'avant-garde n'est réelle qu'à l'échelle de l'histoire. Subjectivement et au niveau du créateur même, l'avant-garde est vécue comme une libération totale. Seulement, l'Homme est une chose, les hommes en sont une autre. Une expérience créatrice ne peut être radicale que si elle s'attaque à la structure réelle, c'est-à-dire politique, de la société. Au-delà du drame personnel de l'écrivain d'avant-garde, et quelle qu'en soit la force exemplaire, il vient toujours un moment où l'Ordre récupère ses francs-tireurs. Fait probant, ce n'est jamais la bourgeoisie qui a menacé l'avant-garde; et lorsque le piquant des langages nouveaux est émoussé, elle ne met aucune objection à les récupérer, à les aménager pour son propre usage; Rimbaud annexé par Claudel, Cocteau académicien ou le surréalisme infusé dans le grand cinéma, l'avant-garde poursuit rarement jusqu'au bout sa carrière d'enfant prodigue : elle finit tôt ou tard par réintégrer le sein qui lui avait donné, avec la vie, une liberté de pur sursis.

Non, à vrai dire, l'avant-garde n'a jamais été menacée que par une seule force, et qui n'est pas bourgeoise : la conscience politique. Ce n'est pas sous l'effet des attaques bourgeoises que le surréalisme s'est disloqué, c'est sous la vive représentation du problème politique, et pour tout dire, du problème communiste. Il semble qu'à peine conquise par l'évidence des tâches révolutionnaires, l'avant-garde renonce à elle-même, accepte de mourir. Il ne s'agit pas là d'un simple souci de clarté, de la nécessité, pour le créateur réaliste, de se faire entendre du peuple. L'incompatibilité est plus profonde. L'avant-garde n'est jamais qu'une façon de chanter la mort bourgeoise, car sa propre mort appartient encore à la bourgeoisie; mais l'avant-garde ne peut aller plus loin; elle ne peut concevoir le terme funèbre qu'elle exprime, comme le moment d'une germination, comme le passage d'une société fermée à une société ouverte; elle est impuissante par nature à mettre dans la protestation qu'elle élève, l'espoir d'un assentiment nouveau au monde : elle veut mourir, le dire, et que tout meure avec elle. La libération, souvent fascinante, qu'elle impose au langage, n'est en fait qu'une condamnation sans appel : toute sociabilité lui fait horreur, et à juste titre, puisqu'elle ne veut jamais en percevoir que le modèle bourgeois.

Parasite et propriété de la bourgeoisie, il est fatal que l'avant-garde en suive l'évolution : il semble qu'aujourd'hui nous la voyons peu à peu mourir; soit que la bourgeoisie se réinvestisse complètement en elle et finisse par faire les beaux soirs de Beckett et d'Audiberti (demain, ce seront ceux de Ionesco, déjà bien acclimaté par la critique humaniste), soit que le créateur d'avant-garde, accédant à une conscience politique du théâtre, abandonne peu à peu la pure protestation éthique (c'est sans doute le cas d'Adamov), pour s'engager dans la voie d'un nouveau réalisme.

Ici [1], où l'on a toujours défendu la nécessité d'un théâtre politique, on mesure pourtant tout ce que l'avant-garde peut apporter à un tel théâtre : elle peut proposer des techniques nouvelles, essayer des ruptures, assouplir le langage dramatique, représenter à l'auteur réaliste l'exigence d'une certaine liberté de ton, le réveiller de son insouciance ordinaire à l'égard des formes. L'un des grands dangers du théâtre politique, c'est la peur de tomber dans le formalisme bourgeois; cette hantise aveugle au point de renvoyer dans l'excès contraire : le théâtre réaliste succombe trop souvent sous la timidité de la dramaturgie, le conformisme du langage; par suspicion de l'anarchie, on en vient facilement à endosser les vieilles formes usées du théâtre bourgeois, sans comprendre que c'est la matérialité même du théâtre, et non seulement l'idéologie, qui doit être repensée. Ici, l'avant-garde peut aider. On peut le présumer d'autant mieux que bien de ses nouveautés proviennent d'une observation aiguë de l'actualité : les « hardiesses » qui choquent tant parfois la critique académique, sont, en fait et déjà, monnaie courante dans un art collectif comme le cinéma; tout un public populaire, surtout jeune, peut très bien,

1. A *Théâtre populaire*.

ou en tout cas très vite, les comprendre. Et l'on pourrait attendre beaucoup d'un auteur dramatique qui saurait donner au nouvel art politique que l'on souhaite ici, les pouvoirs de *déconditionnement* de l'ancien théâtre d'avant-garde.

1956, *Théâtre populaire.*

LES TACHES DE
LA CRITIQUE BRECHTIENNE

Il y a peu de risque à prévoir que l'œuvre de Brecht va prendre de plus en plus d'importance; non seulement parce que c'est une grande œuvre, mais aussi parce que c'est une œuvre exemplaire : elle brille, aujourd'hui du moins, d'un éclat exceptionnel au milieu de deux déserts : le désert du théâtre contemporain, où, hormis Brecht, il n'y a pas de grands noms à citer; le désert de l'art révolutionnaire, stérile depuis les débuts de l'impasse jdanovienne. Quiconque voudra réfléchir sur le théâtre et sur la révolution, rencontrera fatalement Brecht. Brecht lui-même l'a voulu ainsi : son œuvre s'oppose de toute sa force au mythe réactionnaire du génie inconscient; elle possède la grandeur qui convient le mieux à notre temps, celle de la responsabilité; c'est une œuvre qui se trouve en état de « complicité » avec le monde, avec notre monde : la connaissance de Brecht, la réflexion sur Brecht, en un mot la critique brechtienne est par définition extensive à la problématique de notre temps. Il faut répéter inlassablement cette vérité : connaître Brecht est d'une autre importance que connaître Shakespeare ou Gogol; car c'est pour nous, très exactement, que Brecht a écrit son théâtre, et non pour l'éternité. La critique brechtienne est donc une pleine critique de spectateur, de lecteur, de consommateur, et non d'exégète : c'est une critique d'homme *concerné*. Et si j'avais à écrire moi-même la critique dont j'esquisse le cadre, je ne manquerais pas de suggérer, au risque de paraître indiscret, en quoi cette œuvre me touche et m'aide, moi, personnellement, en tant qu'homme concret. Mais pour se borner à l'essentiel d'un programme de critique brechtienne, je donnerai seulement les plans d'analyse où cette critique devrait successivement se situer.

1) *Sociologie.* D'une manière générale, nous n'avons pas encore

de moyens d'enquête suffisants pour définir les publics de théâtre. Au reste, en France du moins, Brecht n'est pas encore sorti des théâtres expérimentaux (sauf la *Mère Courage* du T.N.P., dont le cas est peu instructif en raison du contre-sens de la mise en scène). On ne pourrait donc étudier pour l'instant que les réactions de presse.

Il faudrait distinguer, à ce jour, quatre types de réaction. A l'extrême droite, l'œuvre de Brecht est discréditée intégralement par son affiche politique : le théâtre de Brecht est un théâtre médiocre *parce que* c'est un théâtre communiste. A droite (une droite plus retorse, et qui peut s'étendre jusqu'à la bourgeoisie « moderniste » de l'*Express*), on fait subir à Brecht une opération traditionnelle de désamorçage politique : on dissocie l'homme de l'œuvre, on abandonne le premier à la politique (en soulignant successivement et contradictoirement son indépendance et sa servilité à l'égard du Parti), on engage la seconde sous les bannières du Théâtre Eternel : l'œuvre de Brecht, dit-on, est grande malgré lui, contre lui.

A gauche, il y a d'abord un accueil humaniste à Brecht : Brecht serait l'une de ces vastes consciences créatives attachées à une promotion humanitaire de l'homme, comme ont pu l'être Romain Rolland ou Barbusse. Cette vue sympathique recouvre malheureusement un préjugé anti-intellectualiste, fréquent dans certains milieux d'extrême gauche : pour mieux « humaniser » Brecht, on discrédite ou du moins on minimise la partie théorique de son œuvre : cette œuvre serait grande *malgré* les vues systématiques de Brecht sur le théâtre épique, l'acteur, le distancement, etc. : on rejoint ainsi l'un des théorèmes fondamentaux de la culture petite-bourgeoise, le contraste romantique entre le cœur et le cerveau, l'intuition et la réflexion, l'ineffable et le rationnel, opposition qui masque en dernière instance une conception magique de l'art. Enfin des réserves se sont exprimées, du côté communiste (en France du moins), à l'égard du théâtre brechtien : elles concernent en général l'opposition de Brecht au héros positif, la conception épique du théâtre, et l'orientation « formaliste » de la dramaturgie brechtienne. Mise à part la contestation de Roger Vailland, fondée sur une défense de la tragédie française comme art dialectique de la crise, ces critiques procèdent d'une conception jdanovienne de l'art.

Je cite ici un dossier de mémoire; il faudrait le reprendre en détail. Il ne s'agirait d'ailleurs nullement de réfuter les critiques de Brecht, mais plutôt d'approcher Brecht par les voies que notre société emploie spontanément pour le *digérer*. Brecht *révèle* quiconque en parle, et cette révélation intéresse naturellement Brecht au plus haut point.

2) *Idéologie*. Faut-il opposer aux « digestions » de l'œuvre brechtienne une vérité canonique de Brecht? En un sens et dans certaines limites, oui. Il y a dans le théâtre de Brecht un contenu idéologique précis, cohérent, consistant, remarquablement *organisé*, et qui proteste contre les déformations abusives. Ce contenu, il faut le décrire.

Pour cela, on dispose de deux sortes de textes : d'abord les textes théoriques, d'une intelligence aiguë (il n'est nullement indifférent de rencontrer un homme de théâtre intelligent), d'une grande lucidité idéologique, et qu'il serait puéril de vouloir sous-estimer, sous prétexte qu'ils ne sont qu'un appendice intellectuel à une œuvre essentiellement créative. Certes, le théâtre de Brecht est fait pour être joué. Mais avant de le jouer ou de le voir jouer, il n'est pas défendu qu'il soit compris : cette intelligence est liée organiquement à sa fonction constitutive, qui est de transformer un public au moment même où il le réjouit. Chez un marxiste comme Brecht, les rapports entre la théorie et la pratique ne doivent pas être sous-estimés ou déformés. Séparer le théâtre brechtien de ses assises théoriques serait aussi erroné que de vouloir comprendre l'action de Marx sans lire *le Manifeste Communiste* ou la politique de Lénine sans lire *L'État et la Révolution*. Il n'existe pas de décision d'Etat ou d'intervention surnaturelle qui dispense gracieusement le théâtre des exigences de la réflexion théorique. Contre toute une tendance de la critique, il faut affirmer l'importance capitale des écrits systématiques de Brecht : ce n'est pas affaiblir la valeur créative de ce théâtre que de le considérer comme un théâtre pensé.

D'ailleurs l'œuvre elle-même fournit les éléments principaux de l'idéologie brechtienne. Je ne puis en signaler ici que les principaux : le caractère historique, et non « naturel » des malheurs humains; la contagion spirituelle de l'aliénation économique, dont le dernier effet est d'aveugler sur les causes de leur servitude ceux-là mêmes qu'elle opprime; le statut corrigible de la Nature, la maniabilité du monde; l'adéquation nécessaire des moyens et des situations (par exemple, dans une société mauvaise, le droit ne peut être rétabli que par un juge fripon); la transformation des anciens « conflits » psychologiques en contradictions histo-riques, soumises comme telles au pouvoir correcteur des hommes.

Il faudrait ici préciser que ces vérités ne sont jamais données que comme les issues de situations concrètes, et ces situations sont infiniment plastiques. Contrairement au préjugé de la droite, le théâtre de Brecht n'est pas un théâtre à thèse, ce n'est pas un théâtre de propagande. Ce que Brecht prend au marxisme, ce ne sont pas des mots d'ordre, une articulation d'arguments, c'est une méthode générale d'explication. Il s'ensuit que dans le théâtre de Brecht, les éléments marxistes paraissent toujours recréés. Au fond, la grandeur de Brecht, sa solitude aussi, c'est qu'il invente sans cesse le marxisme. Le thème idéologique, chez Brecht, pourrait se définir très exactement comme une dynamique d'événements qui entremêlerait le constat et l'explication, l'éthique et le politique : conformément à l'enseignement profond du marxisme, chaque thème est à la fois expression de vouloir-être des hommes et de l'être des choses, il est à la fois protestataire (parce qu'il démasque) et réconciliateur (parce qu'il explique).

3) *Sémiologie*. La sémiologie est l'étude des signes et des signi-fications. Je ne veux pas entrer ici dans la discussion de cette science, qui a été postulée il y a une quarantaine d'années par le linguiste Saussure, et qui est en général tenue en grande suspicion de formalisme. Sans se laisser intimider par les mots, il y aurait intérêt à reconnaître que la dramaturgie brechtienne, la théorie de l'Episierung, celle du distancement, et toute la pratique du Ber-liner Ensemble concernant le décor et le costume, posent un pro-blème sémiologique déclaré. Car ce que toute la dramaturgie brechtienne postule, c'est qu'aujourd'hui du moins, l'art dramatique a moins à exprimer le réel qu'à le signifier. Il est donc nécessaire qu'il y ait une certaine distance entre le signifié et son signifiant : l'art révolutionnaire doit admettre un certain arbitraire des signes, il doit faire sa part à un certain « formalisme », en ce sens qu'il doit traiter la forme selon une méthode propre, qui est la méthode sémiologique. Tout art brechtien proteste contre la confusion

jdanovienne entre l'idéologie et la sémiologie, dont on sait à quelle impasse esthétique elle a conduit.

On comprend du reste pourquoi c'est cet aspect de la pensée brechtienne qui est le plus antipathique à la critique bourgeoise et jdanovienne : l'une et l'autre s'attachent à une esthétique de l'expression « naturelle » du réel : l'art est à leurs yeux une fausse Nature, une *pseudo-Physis*. Pour Brecht, au contraire, l'art aujourd'hui, c'est-à-dire au sein d'un conflit historique dont l'enjeu est la désaliénation humaine, l'art doit être une anti-Physis. Le formalisme de Brecht est une protestation radicale contre l'empoissement de la fausse Nature bourgeoise et petite-bourgeoise : dans une société encore aliénée, l'art doit être critique, il doit couper toute illusion, même celle de la « Nature » : le signe doit être partiellement arbitraire, faute de quoi on retombe dans un art de l'expression, dans un art de l'illusion essentialiste.

4) *Morale.* Le théâtre brechtien est un théâtre moral, c'est-à-dire un théâtre qui se demande avec le spectateur : qu'est-ce qu'il faut faire dans telle situation? Ceci amènerait à recenser et à décrire les situations archétypiques du théâtre brechtien; elles se ramènent, je pense, à un problème unique : comment être bon dans une société mauvaise? Il me paraît très important de bien dégager la structure morale du théâtre de Brecht : on comprend bien que le marxisme ait eu d'autres tâches plus urgentes que de se pencher sur des problèmes de conduite individuelle; mais la société capitaliste dure, le communisme lui-même se transforme : l'action révolutionnaire doit de plus en plus cohabiter, et d'une façon presque institutionnelle, avec les normes de la morale bourgeoise et petite-bourgeoise : des problèmes de conduite, et non plus d'action, surgissent. Brecht peut avoir ici un grand pouvoir de décrassage, de déniaisement.

D'autant plus que sa morale n'a rien de catéchistique, elle est la plupart du temps strictement interrogative. On sait que certaines de ses pièces se terminent par une interrogation littérale au public, à qui l'auteur laisse la charge de trouver lui-même la solution du problème posé. Le rôle moral de Brecht est d'insérer vivement une question au milieu d'une évidence (c'est le thème de l'exception et de la règle). Car il s'agit ici, essentiellement, d'une morale de l'invention. L'invention brechtienne est un processus tactique pour rejoindre la correction révolutionnaire. C'est dire que pour Brecht, l'issue de toute impasse morale dépend d'une analyse plus juste de la situation concrète dans laquelle se trouve le sujet : c'est en se représentant vivement la particularité historique de cette situation, sa nature artificielle, purement conformiste, que l'issue surgit. La morale de Brecht consiste essentiellement dans une lecture correcte de l'histoire, et la plasticité de cette morale (*changer, quand il le faut, le Grand Usage*) tient à la plasticité même de l'histoire.

1956, *Arguments*.

« VOULOIR NOUS BRULE... »

> *Vouloir* nous brûle et *pouvoir* nous détruit : mais *savoir* laisse notre faible organisation dans un perpétuel état de calme. »

Thibaudet avait remarqué qu'il existe souvent dans la production des très grands écrivains, une *œuvre-limite,* une œuvre singulière, presque gênante, dans laquelle ils déposent à la fois le secret et la caricature de leur création, tout en y suggérant l'œuvre aberrante qu'ils n'ont pas écrite et qu'ils auraient peut-être voulu écrire; cette sorte de rêve où se mêlent d'une façon rare le positif et le négatif d'un créateur, c'est la *Vie de Rancé* de Chateaubriand, c'est le *Bouvard et Pécuchet* de Flaubert. On peut se demander si, pour Balzac, son œuvre-limite, ce n'est pas *Le Faiseur* [1].

D'abord parce que *Le Faiseur,* c'est du théâtre, c'est-à-dire un organe aberrant venu sur le tard dans un organisme puissamment achevé, adulte, spécialisé, qui est le roman balzacien. Il faut toujours se rappeler que Balzac, c'est le roman fait homme, c'est le roman tendu jusqu'à l'extrême de son possible, de sa vocation, c'est en quelque sorte le roman définitif, le roman absolu. Que vient faire ici cet os surnuméraire (quatre pièces pour cent romans), ce théâtre dans lequel passent pêle-mêle tous les fantômes de la comédie française, de Molière à Labiche? Témoigner sans doute d'une *énergie* (il faut entendre ce mot au sens balzacien d'ultime puissance créatrice) à l'état pur, libérée de toute l'opacité, de toute la lenteur du récit romanesque. *Le Faiseur* est peut-être une farce, mais c'est une farce qui brûle : c'est du phosphore de création; la rapidité n'est plus ici gracieuse, preste et insolente, comme dans la comédie classique, elle est dure, implacable, électrique, avide d'emporter et non soucieuse d'éclairer : c'est une hâte essentielle. Les phrases passent sans repos d'un acteur à l'autre, comme si,

---

1. Représenté par Jean Vilar, au T.N.P.

par-dessus les rebondissements de l'intrigue, dans une zone de création supérieure, les personnages étaient liés entre eux par une complicité de rythme : il y a du ballet dans *Le Faiseur*, et l'abondance même des apartés, cette arme redoutée du vieil arsenal de théâtre, ajoute à la course une sorte de complication intense : ici le dialogue a toujours au moins deux dimensions. Le caractère oratoire du style romanesque est brisé, réduit à une langue métallique, admirablement *jouée : c'est* du très grand style de théâtre, la langue même du *théâtre dans le théâtre*.

Le *Faiseur* date des dernières années de Balzac. En 1848, la bourgeoisie française va basculer : au propriétaire foncier ou industriel, gérant économe et prudent de l'entreprise familiale, au capitaliste louis-philippard, amasseur de biens concrets, va succéder l'aventurier de l'argent, le spéculateur à l'état pur, le Capitaine de Bourse, l'homme qui, de rien, peut tirer tout. On a remarqué qu'en bien des points de son œuvre, Balzac avait peint *d'avance* la société du Second Empire. C'est vrai pour Mercadet, homme de la magie capitaliste, dans laquelle l'Argent va se détacher miraculeusement de la Propriété.

Mercadet est un alchimiste (thème faustien cher à Balzac), il travaille à tirer quelque chose du néant. Le rien, ici, est même plus que rien, c'est un vide positif d'argent, c'est le trou qui a tous les caractères de l'existence : c'est la Dette. La Dette est une prison (à l'époque même où sévissait la prison pour dettes, ce fameux Clichy qui revient comme une obsession dans le *Faiseur*); Balzac lui-même fut enfermé dans la Dette toute sa vie, et l'on peut dire que l'œuvre balzacien est la trace concrète d'un démènement furieux pour en sortir : écrire, c'était d'abord éteindre la dette, la dépasser. De même, *Le Faiseur* comme pièce, comme durée dramatique, est une série de mouvements forcenés pour émerger de la Dette, briser l'infernale prison du vide monétaire. Mercadet est un homme qui joue de tous les moyens pour échapper à la camisole de force de ses dettes. Nullement par morale; plutôt par une sorte d'exercice dionysiaque de la création : Mercadet ne travaille pas à payer ses dettes, il travaille d'une façon absolue à créer de l'argent avec rien. La spéculation est la forme sublimée, alchimique, du profit capitaliste : comme homme moderne, Mercadet ne travaille plus sur des biens concrets, mais sur des idées de biens, sur des

Essences d'argent. Son travail (concret comme en témoigne la complication de l'intrigue) porte sur des objets (abstraits). La monnaie-papier est déjà une première spiritialisation de l'or; la valeur en est le dernier état impalpable : à l'humanité-métal (celle des usuriers et des avares), va succéder l'humanité-valeur (celle des « faiseurs », qui *font* quelque chose avec du vide). Pour Mercadet, la spéculation est une opération démiurgique destinée à trouver la pierre philosophale moderne : l'or qui n'en est pas.

Le grand thème du *Faiseur,* c'est donc le vide. Ce vide est incarné : c'est Godeau, l'associé-fantôme, qu'on attend toujours, qu'on ne voit jamais, et qui finit par créer la fortune à partir de son seul vide. Godeau est une invention hallucinante; Godeau n'est pas une créature, c'est une absence, mais cette absence existe, parce que Godeau est une *fonction :* tout le nouveau monde est peut-être dans ce passage de l'être à l'acte, de l'objet à la fonction : il n'est plus besoin que les choses existent, il suffit qu'elles fonctionnent; ou plutôt, elles peuvent fonctionner sans exister. Balzac a vu la modernité qui s'annonçait, non plus comme le monde des biens et des personnes (catégories du Code napoléonien), mais comme celui des fonctions et des valeurs : ce qui existe, ce n'est plus ce qui *est,* c'est ce qui *se tient.* Dans *Le Faiseur,* tous les personnages sont vides (sauf les femmes), mais ils existent parce que, précisément, leur vide est contigu : ils se tiennent les uns par les autres.

Cette mécanique est-elle triomphante? Mercadet trouve-t-il sa pierre philosophale, crée-t-il de l'argent avec rien? En fait, il y a deux dénouements au *Faiseur :* l'un est moral; l'alchimie prestigieuse de Mercadet est déjouée par les scrupules de sa femme, et Mercadet resterait ruiné si Godeau n'arrivait (on ne le voit tout de même pas) et ne renflouait son associé, quitte d'ailleurs à l'envoyer vivre médiocrement en Touraine pour y finir dans la peau d'un gentleman-farmer pantouflard, c'est-à-dire dans le contraire même d'un spéculateur. Ceci est le dénouement écrit, il n'est pas sûr que ce soit le dénouement réel. Le vrai, virtuel, c'est que Mercadet gagne : nous savons bien que la vérité profonde de la création, c'est que Godeau n'arrive pas : Mercadet est un créateur absolu, il ne doit rien qu'à lui-même, qu'à son pouvoir alchimique.

Le groupe des femmes (Mme Mercadet et sa fille Julie), à quoi il faut ajouter le prétendant Minard, jeune homme à bons sentiments, est résolument situé hors du circuit alchimique ; il représente l'ordre ancien, ce monde de la propriété restreinte mais concrète, le monde des rentes sûres, des dettes payées, de l'épargne ; monde sinon abhorré (car il n'y a rien d'esthétique ni de moral dans la sur-énergétique de Mercadet), du moins *inintéressant* : monde qui ne peut s'épanouir (à la fin de la pièce) que dans la possession la plus lourde qui soit, celle de la terre (une propriété en Touraine). On voit combien ce théâtre a deux pôles bien opposés : d'un côté le lourd, le sentiment, la morale, l'objet, de l'autre le léger, le galvanique, la fonction. C'est pour cela que *Le Faiseur* est une œuvre-limite : les thèmes sont vidés de toute ambiguïté, séparés dans une lumière aveuglante, impitoyable.

De plus, Balzac y a peut être accompli son plus grand martyre de créateur : dessiner en Mercadet la figure d'un père inaccessible à la paternité. On sait que le Père (Goriot en est la pleine incarnation) est la personne cardinale de la création balzacienne, à la fois créateur absolu et victime totale de ses créatures. Mercadet, allégé, subtilisé par le vice de la spéculation, est un faux père, il sacrifie sa fille. Et l'emportement destructeur de cette œuvre est tel, qu'il arrive à cette fille une chose inouïe, audace que l'on voit très rarement sur nos théâtres : cette fille est *laide,* et sa laideur même est objet de spéculation. Spéculer sur la beauté, c'est encore fonder une comptabilité de l'être ; spéculer sur sa laideur, c'est fermer la boucle du néant : Mercadet, figure satanique du « pouvoir » et du « vouloir » à l'état pur, serait complètement brûlé, détruit, si un dernier coup de théâtre ne lui rendait le poids de la famille et de la terre. Et nous savons bien d'ailleurs qu'en fait, il ne reste plus rien du « faiseur » : dévoré, subtilisé à la fois par le mouvement de sa passion et le vertige infini de sa toute-puissance, le spéculateur manifeste en lui la gloire et la punition de tous ces prométhées balzaciens, de ces voleurs de feu divin, dont Mercadet est comme l'ultime formule algébrique, à la fois grotesque et terrible.

1957, *Bref.*

LE DERNIER
DES ÉCRIVAINS HEUREUX

Qu'avons-nous de commun, aujourd'hui, avec Voltaire [1]? D'un point de vue moderne, sa philosophie est démodée. Il est possible de croire à la fixité des essences et au désordre de l'histoire, mais ce n'est plus de la même façon que Voltaire. En tout cas, les athées ne se jettent plus aux pieds des déistes, qui n'existent d'ailleurs plus. La dialectique a tué le manichéisme, et l'on discute rarement de la Providence. Quant aux ennemis de Voltaire, ils ont disparu ou se sont transformés : il n'y a plus de jansénistes, de sociniens, de leibniziens; les jésuites ne s'appellent plus Nonotte ou Patouillet.

J'allais dire : il n'y a plus d'Inquisition. C'est faux, bien sûr. Ce qui a disparu, c'est le théâtre de la persécution, non la persécution elle-même : l'*auto-da-fé* s'est subtilisé en opération de police, le bûcher en camp de concentration, discrètement ignoré de ses voisins. Moyennant quoi, les chiffres ont pu changer : en 1721, neuf hommes et onze femmes furent brûlés à Grenade dans les quatre fours de l'échafaud de plâtre, et, en 1723, neuf hommes à Madrid, pour l'arrivée de la princesse française : ils avaient sans doute épousé leurs commères ou mangé du gras le vendredi. Répression horrible, dont l'absurdité soutient toute l'œuvre de Voltaire. Mais de 1939 à 1945, six millions d'hommes, entre autres, sont morts dans les tortures de la déportation, parce qu'ils étaient Juifs, eux, ou leurs pères, ou leurs grands-pères.

Nous n'avons pas eu un seul pamphlet contre cela. Mais c'est peut-être, précisément, parce que les chiffres ont changé. Si simpliste que cela paraisse, il y a une proportion entre la légèreté de l'arme voltairienne (*petits rogatons, pâtés portatifs, fusées volantes*)

1. Préface aux *Romans et Contes* de Voltaire, édition du Club des Libraires de France.

94

et le caractère sporadique du crime religieux au xviiie siècle : quantitativement limité, le bûcher devenait un principe, c'est-à-dire une cible : avantage énorme pour qui la combat : cela fait des écrivains triomphants. Car l'énormité même des crimes racistes, leur organisation par l'État, les justifications idéologiques dont on les couvre, tout cela entraîne l'écrivain d'aujourd'hui bien au-delà du pamphlet, exige de lui plus une philosophie qu'une ironie, plus une explication qu'un étonnement. Depuis Voltaire, l'histoire s'est enfermée dans une difficulté qui déchire toute littérature engagée, et que Voltaire n'a pas connue : *pas de liberté pour les ennemis de la liberté :* personne ne peut plus donner de leçon de tolérance à personne.

En somme, ce qui nous sépare peut-être de Voltaire, c'est qu'il fut un écrivain heureux. Nul mieux que lui n'a donné au combat de la Raison l'allure d'une fête. Tout était spectacle dans ses batailles : le nom de l'adversaire, toujours ridicule; la doctrine combattue, réduite à une proposition (l'ironie voltairienne est toujours la mise en évidence d'une *disproportion*); la multiplication des coups, fusant dans toutes les directions, au point d'en paraître un jeu, ce qui dispense de tout respect et de toute pitié; la mobilité même du combattant, ici déguisé sous mille pseudonymes transparents, là faisant de ses voyages européens une sorte de comédie d'esquive, une scapinade perpétuelle. Car les démêlés de Voltaire et du monde sont non seulement spectacle, mais spectacle superlatif, se dénonçant soi-même comme spectacle, à la façon de ces jeux de Polichinelle que Voltaire aimait beaucoup, puisqu'il avait un théâtre de marionnettes à Cirey.

Le premier bonheur de Voltaire fut sans doute celui de son temps. Il faut s'entendre : ce temps fut très dur, et Voltaire en a dit partout les horreurs. Pourtant aucun moment n'a mieux aidé l'écrivain, ne lui a davantage donné la certitude de lutter pour une cause juste et naturelle. La bourgeoisie, dont est issu Voltaire, possédait déjà une grande partie des positions économiques; présente dans les affaires, dans le commerce et l'industrie, dans les ministères, dans les sciences, dans la culture, elle savait que son triomphe coïncidait parfaitement avec la prospérité de la nation et le bonheur de chaque citoyen. Elle avait de son côté la puissance virtuelle, la certitude de la méthode, l'héritage encore

pur du goût; devant elle, contre elle, tout ce qu'un monde agonisant peut étaler de corruption, de bêtise et de férocité. C'était
déjà un grand bonheur, une grande paix que de combattre un
ennemi si uniformément condamnable. L'esprit tragique est
sévère parce qu'il reconnaît, par obligation de nature, la grandeur
de l'adversaire : Voltaire n'eut pas l'esprit tragique : il n'eut à se
mesurer avec aucune force vive, avec aucune idée, aucun homme
qui pussent lui donner sérieusement à réfléchir (sauf le passé :
Pascal, et l'avenir : Rousseau; mais il les escamota tous deux) :
jésuites, jansénistes ou parlements, c'étaient de grands corps figés,
vidés de toute intelligence, pleins seulement d'une férocité intolérable pour *le cœur et l'esprit*. L'autorité, même dans ses manifestations les plus sanglantes, n'était plus qu'un décor; il suffisait de
promener au milieu de cette mécanique le regard d'un homme
pour qu'elle s'écroulât. Voltaire sut avoir ce regard malin et
tendre *(Le cœur même de Zaïre,* dit Mme de Genlis, *était dans ses
yeux),* dont le pouvoir de rupture a été de porter simplement
la vie au milieu de ces grands masques aveugles qui régentaient
encore la société.

C'était en effet un bonheur singulier que d'avoir à combattre
dans un monde où force et bêtise étaient continûment du même
bord : situation privilégiée pour l'esprit. L'écrivain était du même
côté que l'histoire, d'autant plus heureux qu'il la sentait comme
un couronnement, non comme un dépassement qui eût risqué
de l'emporter lui-même.

Le second bonheur de Voltaire fut précisément d'oublier
l'histoire, dans le temps même où elle le portait. Pour être heureux,
Voltaire a suspendu le temps; s'il a une philosophie, c'est celle
de l'immobilité. On connaît sa pensée : Dieu a créé le monde
comme un géomètre, non comme un père. C'est-à-dire qu'il ne
se mêle pas d'accompagner sa création, et qu'une fois réglé, le
monde n'entretient plus de rapports avec Dieu. Une intelligence
originelle a établi une fois pour toutes un certain type de causalité :
il n'y a jamais d'effets sans causes, d'objets sans fins, le rapport
des uns et des autres est immuable. La métaphysique voltairienne
n'est donc jamais qu'une introduction à la physique, et la Providence une mécanique. Car Dieu retiré du monde qu'il a créé
(comme l'horloger de son horloge), ni Dieu ni l'homme ne peuvent

plus bouger. Certes le Bien et le Mal existent; mais entendez le bonheur et le malheur, non la faute ou l'innocence, car l'un et l'autre ne sont que les éléments d'une causalité universelle; ils ont une nécessité, mais cette nécessité est mécanique, et non morale : le Mal ne punit pas, le Bien ne récompense pas : ils ne signifient pas que Dieu est, qu'il surveille, mais qu'il a été, qu'il a créé.

Si donc l'homme s'avise de courir du Mal au Bien par un mouvement moral, c'est à l'ordre universel des causes et des effets qu'il attente; il ne peut produire par ce mouvement qu'un désordre bouffon (c'est ce que fait Memnon, le jour où il décide d'être sage). Que peut donc l'homme sur le Bien et le Mal? Pas grand-chose : dans cet engrenage qu'est la création, il n'y a place que pour un *jeu,* c'est-à-dire la très faible amplitude que le constructeur d'un appareil laisse aux pièces pour se mouvoir. Ce jeu, c'est la Raison. Il est capricieux, c'est-à-dire qu'il n'atteste aucune direction de l'Histoire : la Raison paraît, disparaît, sans autre loi que l'effort tout personnel de quelques esprits : il n'y a jamais entre les bienfaits de l'Histoire (inventions utiles, grandes œuvres) qu'un rapport de contiguïté, non de fonction. L'opposition de Voltaire à toute intelligence du Temps est très vive. Pour Voltaire, il n'y a pas d'Histoire, au sens moderne du mot, rien que des chronologies. Voltaire a écrit des livres d'histoire pour dire expressément qu'il ne croyait pas à l'Histoire : le siècle de Louis XIV n'est pas un organisme, c'est une rencontre de hasards, ici les Dragonnades, là Racine. La Nature elle-même, bien entendu, n'est jamais historique : étant essentiellement art, c'est-à-dire artifice de Dieu, elle ne peut bouger ou avoir bougé : les montagnes n'ont pas été amenées par les eaux, Dieu les créa une fois pour toutes à l'usage des animaux, et les poissons fossiles — dont la découverte excitait beaucoup le siècle — ne sont que les restes très prosaïques des pique-niques de pèlerins : il n'y a pas d'évolution.

La philosophie du Temps sera l'apport du XIXᵉ siècle (et singulièrement de l'Allemagne). On pourrait croire que la leçon relativiste du passé est au moins chez Voltaire, comme dans tout le siècle, remplacée par celle de l'espace. C'est à première vue ce qui a lieu : le XVIIIᵉ siècle n'est pas seulement une grande époque de voyages, celle où le capitalisme moderne, alors de prépondé-

4

rance anglaise, organise définitivement son marché mondial, de la Chine à l'Amérique du Sud; c'est surtout le siècle où le voyage accède à la littérature et emporte une philosophie. On connaît le rôle des jésuites, par leurs *Lettres édifiantes et curieuses,* dans la naissance de l'exotisme. Dès le début du siècle, ces matériaux sont transformés et ils aboutissent rapidement à une véritable typologie de l'homme exotique : il y a le Sage égyptien, l'Arabe mahométan, le Turc, le Chinois, le Siamois, et le plus prestigieux de tous, le Persan. Tous ces orientaux sont maîtres de philosophie; mais avant de dire laquelle, il faut noter qu'au moment où Voltaire commence à écrire ses Contes, qui doivent beaucoup au folklore oriental, le siècle a déjà élaboré une véritable rhétorique de l'exotisme, une sorte de *digest* dont les figures sont si bien formées et si bien connues, qu'on peut désormais y puiser rapidement, comme dans une réserve algébrique, sans plus s'embarrasser de descriptions et d'étonnements; Voltaire n'y manquera pas, car il ne s'est jamais soucié d'être « original » (notion d'ailleurs toute moderne); l'oriental n'est pour lui, comme pour aucun de ses contemporains, l'objet, le terme d'un regard véritable; c'est simplement un chiffre usuel, un signe commode de communication.

Le résultat de cette conceptualisation, c'est que le voyage voltairien n'a aucune épaisseur; l'espace que Voltaire parcourt d'une marche forcenée (car on ne fait que voyager dans ses Contes) n'est pas un espace d'explorateur, c'est un espace d'arpenteur, et ce que Voltaire emprunte à l'humanité allogène des Chinois et des Persans, c'est une nouvelle limite, non une nouvelle substance; de nouveaux habitacles sont attribués à l'essence humaine, elle prospère, de la Seine au Gange, et les romans de Voltaire sont moins des enquêtes que des tours de propriétaire, que l'on oriente sans grand ordre parce qu'il s'agit toujours du même enclos, et que l'on interrompt capricieusement par des haltes incessantes où l'on discute, non de ce que l'on voit, mais de ce que l'on est. C'est ce qui explique que le voyage voltairien n'est ni réaliste ni baroque (la veine picaresque des premiers récits du siècle s'est complètement tarie); il n'est même pas une opération de connaissance, mais seulement d'affirmation; c'est l'élément d'une logique, le chiffre d'une équation; ces pays d'Orient, qui ont aujourd'hui un poids si lourd, une individuation si prononcée dans la politique mondiale, ce sont pour Voltaire des sortes de cases vides, des signes mobiles sans contenu propre, des degrés zéros de l'humanité, dont on se saisit prestement pour se signifier soi-même.

Car tel est le paradoxe du voyage voltairien : manifester une immobilité. Il y a certes d'autres mœurs, d'autres lois, d'autres morales que les nôtres, et c'est ce que le voyage enseigne; mais cette diversité fait partie de l'essence humaine et trouve par conséquent très vite son point d'équilibre; il suffit donc de la reconnaître pour en être quitte avec elle : que l'homme (c'est-à-dire l'homme occidental) se multiplie un peu, que le philosophe européen se dédouble en sage chinois, en Huron ingénu, et l'homme universel sera créé. S'agrandir pour se confirmer, non pour se transformer, tel est le sens du voyage voltairien.

Ce fut sans doute le second bonheur de Voltaire que de pouvoir s'appuyer sur une immobilité du monde. La bourgeoisie était si près du pouvoir qu'elle pouvait déjà commencer à ne pas croire à l'Histoire. Elle pouvait aussi commencer à refuser tout système, suspecter toute philosophie organisée, c'est-à-dire poser sa propre pensée, son propre bon sens comme une Nature à laquelle toute doctrine, tout système intellectuel ferait offense. C'est ce que fit Voltaire avec éclat, et ce fut son troisième bonheur : il dissocia sans cesse intelligence et intellectualité, posant que le monde est ordre si l'on ne cherche pas abusivement à l'ordonner, qu'il est système, à condition que l'on renonce à le systématiser : c'est là une conduite d'esprit qui a eu une grande fortune par la suite : on l'appelle aujourd'hui anti-intellectualisme.

Fait notable, tous les ennemis de Voltaire pouvaient être *nommés,* c'est-à-dire qu'ils tenaient leur être de leur certitude : jésuites, jansénistes, sociniens, protestants, athées, tous ennemis entre eux, mais réunis sous les coups de Voltaire par leur aptitude à être définis d'un mot. Inversement, sur le plan du système dénominatif, Voltaire échappe. Doctrinalement, était-il déiste? leibnizien? rationaliste? à chaque fois, oui et non. Il n'a d'autre système que la haine du système (et l'on sait qu'il n'y a rien de plus âpre que ce système-là); ses ennemis seraient aujourd'hui les doctrinaires de l'Histoire, de la Science (voir ses railleries à l'égard de la haute science dans l'*Homme aux quarante écus*), ou de l'Existence; marxistes, progressistes, existentialistes, intellectuels de gauche,

Voltaire les aurait haïs, couverts de lazzi incessants, comme il a fait, de son temps, pour les jésuites. En opposant continûment intelligence et intellectualité, en se servant de l'une pour ruiner l'autre, en réduisant les conflits d'idées à une sorte de lutte manichéenne entre la Bêtise et l'Intelligence, en assimilant tout système à la Bêtise et toute liberté d'esprit à l'Intelligence, Voltaire a fondé le libéralisme dans sa contradiction. Comme système du non-système, l'anti-intellectualisme élude et gagne sur les deux tableaux, joue à un perpétuel tourniquet entre la mauvaise foi et la bonne conscience, le pessimisme du fond et l'allégresse de la forme, le scepticisme proclamé et le doute terroriste.

La fête voltairienne est constituée par cet alibi incessant. Voltaire bâtonne et esquive à la fois. Le monde est simple pour qui termine toutes ses lettres, en guise de salutations cordiales, par : *Écrasons l'infâme* (c'est-à-dire le dogmatisme). On sait que cette simplicité et ce bonheur furent achetés au prix d'une ablation de l'Histoire et d'une immobilisation du monde. De plus, c'est un bonheur qui, malgré son triomphe éclatant sur l'obscurantisme, laissait beaucoup de personnes à sa porte. Aussi, conformément à la légende, l'anti-Voltaire, c'est bien Rousseau. En posant avec force l'idée d'une corruption de l'homme par la société, Rousseau remettait l'Histoire en mouvement, établissait le principe d'un dépassement permanent de l'Histoire. Mais par là même, il faisait à la littérature un cadeau empoisonné. Désormais, sans cesse assoiffé et blessé d'une responsabilité qu'il ne pourra plus ni complètement honorer, ni complètement éluder, l'intellectuel va se définir par sa mauvaise conscience : Voltaire fut un écrivain heureux, mais ce fut sans doute le dernier.

1958, *Préface.*

IL N'Y A PAS D'ÉCOLE
ROBBE-GRILLET

Il paraît que Butor est le disciple de Robbe-Grillet, et qu'à eux deux, augmentés épisodiquement de quelques autres (Nathalie Sarraute, Marguerite Duras et Claude Simon; mais pourquoi pas Cayrol, dont la technique romanesque est souvent très hardie?), ils forment une nouvelle École du Roman. Et lorsqu'on a quelque peine — et pour cause — à préciser le lien doctrinal ou simplement empirique qui les unit, on les verse pêle-mêle dans l'*avant-garde*. Car on a besoin d'avant-garde : rien ne rassure plus qu'une révolte *nommée*. Le moment est sans doute venu où le groupement arbitraire de romanciers comme Butor et Robbe-Grillet — pour ne parler que de ceux qu'on a le plus communément associés — commence à devenir gênant, et pour l'un et pour l'autre. Butor ne fait pas partie de l'École Robbe-Grillet, pour la raison première que cette École n'existe pas. Quant aux œuvres elles-mêmes, elles sont antinomiques.

La tentative de Robbe-Grillet n'est pas humaniste, son monde n'est pas en accord avec le monde. Ce qu'il recherche, c'est l'expression d'une négativité, c'est-à-dire la quadrature du cercle en littérature. Il n'est pas le premier. Nous connaissons aujourd'hui des œuvres importantes — rares, il est vrai — qui ont été ou sont délibérément le résidu glorieux de l'impossible : celle de Mallarmé, celle de Blanchot, par exemple. La nouveauté, chez Robbe-Grillet, c'est d'essayer de maintenir la négation au niveau des techniques romanesques (ce qui est bien voir qu'il y a une responsabilité de la forme, chose dont nos anti-formalistes n'ont aucune idée). Il y a donc, tout au moins tendanciellement, dans l'œuvre de Robbe-Grillet, à la fois refus de l'histoire, de l'anecdote, de la psychologie des motivations, et refus de la signification des objets. D'où l'importance de la description optique chez cet écrivain :

si Robbe-Grillet décrit quasi-géométriquement les objets, c'est pour les dégager de la signification humaine, les *corriger* de la métaphore et de l'anthropomorphisme. La minutie du regard chez Robbe-Grillet (il s'agit d'ailleurs bien plus d'un dérèglement que d'une minutie) est donc purement négative, elle n'institue rien, ou plutôt elle institue précisément le *rien* humain de l'objet, elle est comme le nuage glacé qui cache le néant, et par conséquent le désigne. Le regard est essentiellement chez Robbe-Grillet une conduite purificatrice, la rupture d'une solidarité, fût-elle douloureuse, entre l'homme et les objets. Donc, ce regard ne peut en rien *donner à réfléchir* : il ne peut rien récupérer de l'homme, de sa solitude, de sa métaphysique. L'idée la plus étrangère, la plus antipathique à l'art de Robbe-Grillet, est sans doute l'idée de tragédie, puisque ici rien de l'homme n'est donné en spectacle, pas même son abandon. Or c'est ce refus radical de la tragédie qui, à mon sens, donne à la tentative de Robbe-Grillet une valeur prééminente. La tragédie n'est qu'un moyen de recueillir le malheur humain, de le subsumer, donc de le justifier sous la forme d'une nécessité, d'une sagesse ou d'une purification : refuser cette récupération, et rechercher les moyens techniques de ne pas y succomber traîtreusement (rien n'est plus insidieux que la tragédie) est aujourd'hui une entreprise singulière, et, quels qu'en soient les détours « formalistes », importante. Il n'est pas sûr que Robbe-Grillet ait accompli son projet : d'abord parce que l'échec est dans la nature même de ce projet (il n'y a pas de *degré zéro* de la forme, la négativité *tourne* toujours en positivité); et puis, parce qu'une œuvre n'est jamais tout uniment l'expression retardée d'un projet initial : le projet est *aussi* une inférence de l'œuvre.

Le dernier roman de Butor, *La Modification* semble point par point à l'opposé de l'œuvre de Robbe-Grillet. Qu'est-ce que *La Modification* ? Essentiellement le contrepoint de plusieurs mondes dont la correspondance même est destinée à faire signifier les les objets et les événements. Il y a le monde de la lettre : un voyage en train de Paris à Rome. Il y a le monde du sens : une conscience modifie son projet. Quelles que soient l'élégance et la discrétion du procédé, l'art de Butor est symbolique : le voyage *signifie* quelque chose, l'itinéraire spatial, l'itinéraire temporel et l'itinéraire spirituel (ou mémorial) échangent leur littéralité, et c'est cet échange qui est signification. Donc, tout ce que Robbe-Grillet veut chasser du roman (*La Jalousie* est à cet égard la meilleure de ses œuvres), le symbole, c'est-à-dire la destinée, Butor le veut expressément. Bien plus : chacun des trois romans de Robbe-Grillet que nous connaissons, forme une dérision déclarée de l'idée d'itinéraire (dérision fort cohérente, puisque l'itinéraire, le dévoilement, est une notion tragique) : chaque fois, le roman se boucle sur son identité initiale : le temps et le lieu ont changé, et pourtant aucune conscience nouvelle n'a surgi. Pour Butor, au contraire, le cheminement est créateur, et créateur de conscience : un homme nouveau naît sans cesse : le temps sert à quelque chose.

Il semble que cette positivité aille très loin dans l'ordre spirituel. Le symbole est une voie essentielle de réconciliation entre l'homme et l'univers; ou plus exactement, il postule la notion même d'univers, c'est-à-dire de création. Or *La Modification* n'est pas seulement un roman symbolique, c'est aussi un roman de la créature, au sens pleinement *agi* du terme. Je ne crois nullement, pour ma part, que le vouvoiement employé par Butor dans *La Modification* soit un artifice de forme, une variation astucieuse sur la troisième personne du roman, dont on doive créditer « l'avant-garde »; ce vouvoiement me paraît littéral : il est celui du créateur à la créature, nommée, constituée, créée dans tous ses actes par un juge et générateur. Cette interpellation est capitale, car elle institue la conscience du héros : c'est à force de s'entendre décrite par un regard que la personne du héros se modifie, et qu'il renonce à consacrer l'adultère dont il avait initialement le ferme projet. La description des objets a donc chez Butor un sens absolument antinomique à celui qu'elle a chez Robbe-Grillet. Robbe-Grillet décrit les objets pour en expulser l'homme. Butor en fait au contraire des attributs révélateurs de la conscience humaine, des pans d'espace et de temps où s'accrochent des particules, des rémanences de la personne : l'objet est donné dans son intimité douloureuse avec l'homme, il fait partie d'un homme, il dialogue avec lui, il l'amène à penser sa propre durée, à l'accoucher d'une lucidité, d'un dégoût, c'est-à-dire d'une rédemption. Les objets de Butor font dire : *comme c'est cela !* ils visent à la révélation d'une essence, ils sont *analogiques*. Au contraire, ceux de Robbe-Grillet sont littéraux; ils n'utilisent aucune complicité avec le lecteur :

ni excentriques, ni familiers, ils se veulent dans une solitude inouïe, puisque cette solitude ne doit jamais renvoyer à une solitude de l'homme, ce qui serait encore un moyen de récupérer l'humain : que l'objet soit seul, sans que pourtant soit posé le problème de la solitude humaine. L'objet de Butor, au contraire, pose la solitude de l'homme (il n'y a qu'à penser au compartiment de *La Modification*), mais c'est pour mieux la lui retirer, puisque cette solitude accouche d'une conscience, et plus encore, d'une conscience regardée, c'est-à-dire d'une conscience morale. Aussi, le héros de *La Modification* atteint-il à la forme superlative du personnage, qui est la personne : les valeurs séculaires de notre civilisation s'investissent en lui, à commencer par l'ordre tragique, qui existe partout où la souffrance se recueille comme spectacle et se rachète par sa « modification ».

On ne peut donc, semble-t-il, imaginer deux arts plus opposés que ceux de Robbe-Grillet et de Butor. L'un vise à déconditionner le roman de ses réflexes traditionnels, à lui faire exprimer un monde sans qualités ; il est l'exercice d'une liberté absolue (étant bien entendu que l'exercice n'est pas forcément une performance) ; d'où son formalisme déclaré. L'autre, au contraire, est plein à craquer, si l'on peut dire, de positivité : il est comme le versant visible d'une vérité cachée, c'est-à-dire qu'une fois de plus la littérature s'y définit par l'illusion d'être plus qu'elle-même, l'œuvre étant destinée à *illustrer* un ordre translittéraire.

Naturellement, la confusion établie par la grande critique entre ces deux arts n'est pas tout à fait innocente. L'apparition de Butor dans le ciel raréfié de la jeune littérature a permis de reprocher ouvertement à Robbe-Grillet sa « sécheresse », son « formalisme », son « manque d'humanité », comme s'il s'agissait là de véritables lacunes, alors que cette négativité, technique et non morale (mais il est constant et constamment intéressé que l'on confonde la valeur et le fait), est précisément ce que Robbe-Grillet recherche le plus durement, ce pour quoi, visiblement, il écrit. Et symétriquement, le parrainage truqué de Robbe-Grillet permet de faire de Butor un Robbe-Grillet « réussi », qui ajouterait gracieusement à l'audace des recherches formelles, un vieux fonds bien classique de sagesse, de sensibilité et de spiritualité humaines. C'est un vieux truc de notre critique, que d'attester sa largeur de vues, son modernisme, en baptisant du nom d'avant-garde ce qu'elle peut assimiler, joignant ainsi économiquement la sécurité de la tradition au frisson de la nouveauté.

Et naturellement, cette confusion ne peut que gêner nos deux auteurs : Butor, dont on formalise indûment la recherche, beaucoup moins formelle qu'on ne croit; et Robbe-Grillet, dont on sous-estime le formalisme même, dans la mesure où l'on en fait une carence et non, comme il se veut, un traitement réfléchi du réel. Peut-être, au lieu de s'essayer (mais d'ailleurs toujours en passant) à des tableaux arbitraires du jeune roman, vaudrait-il mieux s'interroger sur la discontinuité radicale des recherches actuelles, sur les causes de ce fractionnisme intense qui règne aussi bien dans nos lettres en particulier, que dans notre intellectualité en général, au moment même où tout semblerait imposer l'exigence d'un combat commun.

1958, *Arguments*.

LITTÉRATURE ET MÉTA-LANGAGE

La logique nous apprend à distinguer heureusement le *langage-objet* du *méta-langage*. Le langage-objet, c'est la matière même qui est soumise à l'investigation logique; le méta-langage, c'est le langage, forcément artificiel, dans lequel on mène cette investigation. Ainsi — et c'est là le rôle de la réflexion logique — je puis exprimer dans un langage symbolique (méta-langage) les relations, la structure d'une langue réelle (langage-objet).

Pendant des siècles, nos écrivains n'imaginaient pas qu'il fût possible de considérer la littérature (le mot lui-même est récent) comme un langage, soumis, comme tout autre langage, à la distinction logique : la littérature ne réfléchissait jamais sur elle-même (parfois sur ses figures, mais jamais sur son être), elle ne se divisait jamais en objet à la fois regardant et regardé; bref, elle parlait mais ne se parlait pas. Et puis, probablement avec les premiers ébranlements de la bonne conscience bourgeoise, la littérature s'est mise à se sentir double : à la fois objet et regard sur cet objet, parole et parole de cette parole, littérature-objet et méta-littérature. Voici quelles ont été, grosso modo, les phases de ce développement : d'abord une conscience artisanale de la fabrication littéraire, poussée jusqu'au scrupule douloureux, au tourment de l'impossible (Flaubert); puis, la volonté héroïque de confondre dans une même substance écrite la littérature et la pensée de la littérature (Mallarmé); puis, l'espoir de parvenir à éluder la tautologie littéraire en remettant sans cesse, pour ainsi dire, la littérature au lendemain, en déclarant longuement qu'on *va* écrire, et en faisant de cette déclaration la littérature même (Proust); puis, le procès de la bonne foi littéraire en multipliant volontairement, systématiquement, à l'infini, les sens du mot-objet sans jamais s'arrêter à un signifié univoque (surréalisme); à l'inverse enfin, en raréfiant ces sens, au point d'espérer obtenir un *être-là* du langage littéraire, une sorte de blancheur de l'écriture (mais non pas une innocence) : je pense ici à l'œuvre de Robbe-Grillet.

Toutes ces tentatives permettront peut-être un jour de définir notre siècle (j'entends depuis cent ans) comme celui des : *Qu'est-ce que la Littérature ?* (Sartre y a répondu de l'extérieur, ce qui lui donne une position littéraire ambiguë). Et précisément, comme cette interrogation se mène, non pas de l'extérieur, mais dans la littérature même, ou plus exactement à son extrême bord, dans cette zone asymptotique où la littérature fait mine de se détruire comme langage-objet sans se détruire comme méta-langage, et où la recherche d'un méta-langage se définit en dernier instant comme un nouveau langage-objet, il s'ensuit que notre littérature est depuis cent ans un jeu dangereux avec sa propre mort, c'est-à-dire une façon de la vivre : elle est comme cette héroïne racinienne qui meurt de se connaître mais vit de se chercher (Eriphile dans *Iphigénie*). Or ceci définit un statut proprement tragique : notre société, enfermée pour l'instant dans une sorte d'impasse historique, ne permet à sa littérature que la question œdipéenne par excellence : *qui suis-je ?* Elle lui interdit par le même mouvement la question dialectique : *que faire ?* La vérité de notre littérature n'est pas de l'ordre du faire, mais elle n'est déjà plus de l'ordre de la nature : elle est un masque qui se montre du doigt.

1959, *Phantomas.*

TACITE ET
LE BAROQUE FUNÈBRE

Si l'on compte les meurtres des *Annales*, le nombre en est relativement faible (une cinquantaine pour trois principats); mais si on les lit, l'effet est apocalyptique : de l'élément à la masse, une qualité nouvelle apparaît, le monde est converti [1]. C'est peut-être cela, le baroque : une contradiction progressive entre l'unité et la totalité, un art dans lequel l'étendue n'est pas sommative, mais multiplicative, bref l'épaisseur d'une accélération : dans Tacite, d'année en année, la mort *prend;* et plus les moments de cette solidification sont divisés, plus le total en est indivis : la Mort générique est massive, elle n'est pas conceptuelle; l'idée, ici, n'est pas le produit d'une réduction, mais d'une répétition. Sans doute, nous savons bien que la Terreur n'est pas un phénomène quantitatif; nous savons que pendant notre Révolution, le nombre des supplices a été dérisoire; mais aussi que pendant tout le siècle suivant, de Büchner à Jouve (je pense à sa préface aux pages choisies de Danton), on a vu dans la Terreur un Être, non un volume. Stoïcien, homme du despotisme éclairé, créature des Flaviens écrivant sous Trajan l'histoire de la tyrannie julio-claudienne, Tacite est dans la situation d'un libéral vivant les atrocités du sans-culottisme : le passé est ici fantasme, théâtre obsessionnel, scène plus encore que leçon : la mort est un protocole.

Et d'abord, pour détruire le nombre à partir du nombre, ce qu'il faut paradoxalement fonder, c'est l'unité. Dans Tacite, les grandes tueries anonymes ont à peine rang de faits, ce ne sont pas des valeurs; il s'agit toujours de massacres serviles : la mort col-

---

1. Tacite dit (IV, I) que sous Tibère, la Fortune entière a brusquement basculé vers le féroce.

lective n'est pas humaine, la mort ne commence qu'à l'individu, c'est-à-dire au patricien. La mort tacitéenne saisit toujours un état civil, la victime est fondée, elle est *une*, close sur son histoire, son caractère, sa fonction, son nom. La mort, elle-même, n'est pas algébrique : elle est toujours un mourir; c'est à peine un effet; si rapidement évoquée qu'elle soit, elle apparaît comme une durée, un acte processif, savouré : il n'y a aucune victime dont nous ne soyons sûrs, par une vibration infime de la phrase, qu'elle a su qu'elle mourait; cette conscience ultime de la mort, Tacite la donne toujours à ses suppliciés, et c'est probablement en cela qu'il fonde ces morts en Terreur : parce qu'il cite l'homme au plus pur moment de sa fin; c'est la contradiction de l'objet et du sujet, de la chose et de la conscience, c'est ce dernier suspens stoïcien qui fait du mourir un acte proprement humain : on tue comme des bêtes, on meurt comme des hommes : toutes les morts de Tacite sont des *instants*, à la fois immobilité et catastrophe, silence et vision.

L'acte brille au détriment de sa cause : il n'y a aucune distinction entre l'assassinat et le suicide, c'est le même mourir, tantôt administré, tantôt prescrit : c'est l'*envoi* de la mort qui la fonde; que le centurion donne le coup ou l'ordre, il suffit qu'il se présente, comme un ange, pour que l'irréversible s'accomplisse : l'*instant* est là, l'issue accède au présent. Tous ces meurtres ont à peine des causes : la délation suffit, elle est comme un rayon fatal, elle touche à distance : la faute est immédiatement absorbée dans sa dénomination magique : il suffit d'être nommé coupable, par qui que ce soit, pour être déjà condamné; l'innocence n'est pas un problème, il suffit d'être marqué. C'est d'ailleurs parce que la mort est un fait brut, et non l'élément d'une Raison, qu'elle est contagieuse : la femme suit son mari dans le suicide sans y être obligée, des parents meurent par grappe, dès lors qu'un d'eux est condamné [2]. Pour tous ceux qui s'y précipitent, comme Gribouille dans l'eau, la mort est une vie parce qu'elle fait cesser l'ambiguïté des signes, elle fait passer de l'innommé au nommé. L'acte se plie à son nom : on ne peut tuer une vierge? il suffira

---

2. Vétus, sa belle-mère et sa fille : « Alors tous trois, dans la même chambre, avec le même fer, s'ouvrent les veines, et en hâte couverts pour la décence d'un seul vêtement chacun, ils se font porter au bain » (XVI, II).

de la violer avant de l'étrangler : c'est le nom qui est rigide, c'est lui qui est l'ordre du monde. Pour accéder à la sécurité du nom fatal, l'absous, le gracié se suicide. Ne pas mourir, c'est non seulement un accident, mais même un état négatif, presque dérisoire : cela n'arrive que par *oubli*. Suprême raison de cet édifice absurde, Coceius Nerva énumère toutes les raisons qu'il a de vivre (il n'est ni pauvre, ni malade, ni suspect), et malgré les objurgations de l'empereur, il se tue. Enfin, dernière confusion, la Ratio, chassée au moment de l'irréparable, est ramenée *après coup* : morte, la victime est parodiquement extraite de l'univers funèbre, introduite dans celui d'un procès où la mort n'est pas sûre : Néron l'aurait graciée, dit-il, si elle avait vécu : ou bien encore, on lui donne le choix de son trépas; ou bien encore on étrangle le cadavre suicidé pour pouvoir confisquer ses biens.

Puisque mourir est un protocole, la victime est toujours saisie dans le décor de la vie : tel rêvait sur une pointe de rivage, tel autre était à table, tel autre dans ses jardins, tel autre au bain. La mort *présentée*, elle se suspend un moment : on fait sa toilette, on visite son bûcher, on récite des vers, on ajoute un codicille à son testament : c'est le temps gracieux de la dernière réplique, le temps où la mort s'enroule, se parle. Vient l'acte : cet acte est toujours absorbé dans un objet : c'est l'objet de la mort qui est *là*, la mort est *praxis*, *techné*, son mode est instrumental : poignard, épée, lacet, grattoir dont on coupe les veines, plume empoisonnée dont on chatouille le gosier, gaffe ou bâton dont on assomme, bourre dont se nourrit celui qui meurt de faim, couvertures dont on étouffe, roche dont on précipite, plafond de plomb qui s'écroule (Agrippine), chariot d'ordures sur lequel on fuit en vain (Messaline), la mort passe toujours ici par la douce matière de la vie, le bois, le métal, l'étoffe, les outils innocents. Pour se détruire, le corps entre en contact, s'offre, va chercher la fonction meurtrière de l'objet, enfouie sous sa surface instrumentale : ce monde de la Terreur est un monde qui n'a pas besoin d'échafaud : c'est l'objet qui se détourne un instant de sa vocation, se prête à la mort, la soutient.

Mourir, ici, c'est percevoir la vie. D'où « le moyen à la mode », comme dit Tacite : ouvrir ou s'ouvrir les veines, faire de la mort un liquide, c'est-à-dire la convertir en durée et en purification :

on asperge de sang les dieux, les proches, la mort est libation; on la suspend, on la reprend, on exerce sur elle une liberté capricieuse au sein même de sa fatalité finale, comme Pétrone s'ouvrant et se refermant les veines à volonté, comme Pauline, la femme de Sénèque, rescapée sur ordre de Néron et gardant ensuite pendant des années dans la pâleur de son visage vidé, le signe même d'une communication avec le néant. Car ce monde du mourir signifie que la mort est à la fois facile et résistante; elle est partout et fuit; nul n'y échappe et pourtant il faut lutter avec elle, additionner les moyens, joindre à l'exsangue, la ciguë et l'étuve, *reprendre* sans cesse l'acte, comme un dessin fait de plusieurs lignes et dont la beauté finale tient en même temps à la multiplication et à la rectitude du tracé essentiel.

Car c'est peut-être cela, le baroque : comme le tourment d'une finalité dans la profusion. La mort tacitéenne est un système ouvert, soumis à la fois à une structure et à un procès, à une répétition et à une direction; elle semble proliférer de tous côtés et reste pourtant captive d'un grand dessein existentiel et moral. Ici encore, c'est l'image végétale qui prouve le baroque : les morts se répondent, mais leur symétrie est fausse, étagée dans le temps, soumise à un mouvement, comme celle des pousses sur une même tige : la régularité est trompée, la vie dirige le système funèbre lui-même, la Terreur n'est pas comptabilité mais végétation : tout se reproduit et pourtant rien ne se répète, tel est peut-être le sens de cet univers tacitéen, où la description brillante de l'oiseau-Phœnix (VI, 34) semble ordonner symboliquement la mort comme le plus pur moment de la vie.

1959, *L'Arc.*

LA SORCIÈRE

La Sorcière [1] est, je crois, le livre de prédilection de tous ceux qui aiment Michelet. Pourquoi? Peut-être parce qu'il y a dans *La Sorcière* une audace particulière et que le livre, rassemblant sur un mode éperdu toutes les tentations de Michelet, s'installe délibérément dans l'ambiguïté, c'est-à-dire dans la totalité. Est-ce un livre d'histoire? Oui, puisque son mouvement est diachronique, qu'il suit le fil du temps, de la mort du paganisme à l'aube de la Révolution. Non, puisque ce fil est romanesque, attaché à une figure, nullement à une institution. Mais c'est précisément cette duplicité qui est féconde; à la fois Histoire et Roman, *La Sorcière* fait apparaître une nouvelle découpe du réel, fonde ce que l'on pourrait appeler une ethnologie ou une mythologie historique. Comme Roman, l'œuvre solidifie le temps, empêche la perception historique de se disperser, de se sublimer dans la vision d'idées distinctes : toute une *liaison* devient évidente, qui n'est rien d'autre que la tension d'une histoire faite par les hommes eux-mêmes. Comme Histoire, c'est le fantôme de l'explication psychologique qu'elle exorcise d'un coup : la sorcellerie n'est plus une défaillance de l'âme, mais le fruit d'une aliénation sociale. La sorcière est ainsi à la fois un produit et un objet, saisie dans le double mouvement d'une causalité et d'une création : née de la misère des serfs, elle n'en est pas moins une force qui agit sur cette misère : l'histoire roule perpétuellement la cause et l'effet. Au carrefour de l'une et de l'autre, une réalité nouvelle, qui est l'objet même du livre : le mythe. Michelet corrige sans cesse la psychologie par l'histoire, puis l'histoire par la psychologie : c'est de cette instabilité qu'est née *La Sorcière*.

---

1. Préface à *La Sorcière,* de Michelet. Copyright *Club Français du Livre,* 1959.

On sait que, pour Michelet, l'Histoire est orientée : elle va toujours vers une plus grande lumière. Non que son mouvement soit purement progressif; l'ascension de la liberté connaît des arrêts, des retours; selon la métaphore que Michelet a empruntée à Vico, l'histoire est une spirale : le temps ramène des états antérieurs, mais ces cercles sont de plus en plus larges, nul état ne reproduit exactement son homologue; l'histoire est ainsi comme une polyphonie de lueurs et d'obscurités qui se répondent sans cesse, entraînées pourtant vers un repos final où les temps doivent s'accomplir : la Révolution française.

Michelet prend notre Histoire à l'institution du servage : c'est ici que se forme l'idée de la Sorcière; isolée dans sa masure, la jeune femme du serf prête l'oreille à ces légers démons du foyer, restes des anciens dieux païens que l'Église a chassés : elle en fait ses confidents, pendant que le mari travaille au-dehors. Dans l'épouse du serf, la Sorcière n'est encore que virtuelle, il ne s'agit que d'une communication rêvée entre la Femme et la Surnature : Satan n'est pas encore conçu. Puis les temps se durcissent, la misère, l'humiliation s'accroissent; quelque chose apparaît dans l'Histoire, qui change les rapports des hommes, transforme la propriété en exploitation, vide de toute humanité le lien du serf et du seigneur : c'est l'Or. Lui-même abstraction des biens matériels, l'Or abstrait le rapport humain; le seigneur ne connaît plus ses paysans, mais seulement l'or impersonnel dont ils doivent lui faire tribut. C'est ici que très justement, par une sorte de prescience de tout ce qu'on a pu dire plus tard de l'aliénation, Michelet place la naissance de la Sorcière : c'est au moment où le rapport humain fondamental est détruit, que la femme du serf s'exclut du foyer, gagne la lande, fait pacte avec Satan, et recueille dans son désert, comme un dépôt précieux, la Nature chassée du monde; l'Église défaillante, aliénée aux grands, coupée du peuple, c'est la Sorcière qui exerce alors les magistratures de consolation, la communication avec les morts, la fraternité des grands sabbats collectifs, la guérison des maux physiques au long des trois siècles où elle triomphe : le siècle lépreux (XIVe), le siècle épileptique (XVe), le siècle syphilitique (XVIe). Autrement dit, le monde étant voué à l'inhumanité par la collusion terrible de l'or et du servage, c'est la Sorcière qui, en se retirant du monde, en devenant l'Exclue, recueille et préserve l'humanité. Ainsi, tout au long du moyen âge finissant, la Sorcière est une fonction : à peu près inutile lorsque les rapports sociaux comportent d'eux-mêmes une certaine solidarité, elle se développe dans la proportion où ces rapports s'appauvrissent : ces rapports nuls, la Sorcière triomphe.

On voit que jusqu'ici, comme figure mythique, la Sorcière ne fait que se confondre avec les forces progressistes de l'histoire ; de même que l'alchimie a été la matrice de la chimie, la sorcellerie n'est rien d'autre que la première médecine. Face à la stérilité de l'Église, symbolisée par la nuit des in-pace, la Sorcière représente la lumière, l'exploitation bénéfique de la Nature, l'usage audacieux des poisons comme remèdes, le rite magique étant ici la seule façon dont une technique de libération pouvait se faire reconnaître de toute une collectivité aliénée. Que se passe-t-il au XVIe siècle (moment d'autant plus significatif que c'est à Michelet que nous devons la notion même de Renaissance) ? La croûte obscurantiste éclate ; comme idéologies, l'Église et la féodalité reculent, l'exploration de la Nature passe aux mains des laïques, savants et médecins. Du coup, la Sorcière n'est plus nécessaire, elle entre en décadence ; non qu'elle disparaisse (les nombreux procès de sorcellerie attestent assez sa vitalité) ; mais, comme dit Michelet, elle devient professionnelle ; privée pour une bonne part de sa vocation curative, elle ne participe plus qu'à des affaires de pure magie (envoûtements, charmes), comme confidente douteuse de la *dame*. Et Michelet cesse de s'y intéresser.

Le livre est-il pour autant fini ? Nullement. La Sorcière évanouie, cela ne veut pas dire que la Nature a triomphé. Dévoilé par le retrait de la magicienne, le médecin devient la figure progressiste des deux siècles suivants (XVIIe et XVIIIe), mais l'Église est toujours là ; le conflit se poursuit entre la nuit et le jour, le Prêtre et le Médecin. Par une série de revirements audacieux, Michelet retourne les fonctions : bénéfique parce que médecin lui-même pendant le moyen âge, Satan passe maintenant à l'ennemi du médecin, au Prêtre ; et la Femme, d'abord épouse de Satan, devient, aux temps monarchiques, sa victime. C'est le sens des quatre grands procès de sorcellerie que Michelet romance longuement, dans la seconde moitié de son livre (Gauffridi, les Possédées de Loudun, celles de Louviers, l'affaire La Cadière). Ici, d'un côté, de malheureuses victimes, confiantes et fragiles, les nonnes possédées; de l'autre, le Prêtre suborneur, léger ou machiavélique; derrière ces figures, l'Église, qui les fait bouger, les livre aux bûchers, aux in-pace, par intérêt obscurantiste ou par guerre intestine entre ses clans, moines et prêtres; plus loin encore, le Médecin, le laïque, juge impuissant de ces crimes, dont seule la voix, malheureusement étouffée, aurait pu ramener toute cette démonomanie à sa nature physique (la pléthore sanguine ou nerveuse de filles vouées à l'ennui et au célibat).

Telle est la suite des formes, ou si l'on veut bien accepter un terme plus ethnologique, des hypostases, par laquelle passe la double figure du Bien et du Mal. Le Mal, c'est le servage et l'or, la misère et l'humiliation de l'esclave, en un mot l'aliénation qui fait l'homme exclu de la Nature, c'est-à-dire pour Michelet de l'humanité. Le Bien, c'est le contre-courant même de cette aliénation, Satan, la Sorcière, les figures qui recueillent la lumière d'un monde expirant, plongé aux in-pace de l'Église. A l'exclusion de l'homme hors de la Nature, s'oppose l'exil de la Sorcière hors du monde habité. Car la Sorcière est essentiellement travail, effort de l'homme pour faire le monde en dépit du monde : c'est pour mieux agir que la Sorcière s'exile. Face à la sécheresse de l'histoire médiévale (à partir du XIIIᵉ siècle), définie par Michelet sous les espèces des deux grands thèmes de stérilité, l'Imitation et l'Ennui, la Sorcière, dans son âge triomphant, recueille toute la *praxis* humaine : elle est à la fois conscience de l'aliénation, mouvement pour la briser, ébranlement de l'histoire figée, en un mot fécondité du temps. *Satan*, dit Michelet, *est l'un des aspects de Dieu*.

Ce mouvement de libération est une forme générale de l'histoire. Mais le point spécifique de Satan, Michelet a beaucoup insisté là-dessus, c'est que par rapport à la servitude originelle, il accomplit une subversion exacte et comme mesurée : la sorcellerie est un *à-rebours*. Ceci est connu : les rites démoniaques renversent la liturgie chrétienne, Satan est l'envers de Dieu. Mais Michelet a joué bien davantage de cette inversion, l'étendant poétiquement, en faisant véritablement une forme totale du monde médiéval : par exemple, le serf aliéné vit la nuit, non le jour, les plantes véné-neuses sont des Consolantes, etc. On plonge ici au cœur de la vision micheletiste : toute substance est double, vivre n'est rien d'autre que prendre violemment parti pour l'un des deux contraires, c'est douer de signification la grande dualité des formes. La séparation des substances entraîne une hiérarchie interne de chacune des parties. Par exemple, le sec, qui est la marque du moyen âge finissant, n'est qu'un état du stérile; le stérile lui-même, c'est le divisé, le morcelé, le séparé, l'anéantissement de la communication humaine; Michelet opposera donc au sec toutes les substances indivises comme des substances de vie : l'humide, le chaud définiront la Nature parce que la Nature est homogène. Cette chimie prend évidemment une signification historique : comme forme mythique de la Nature, la Sorcière représente un état indivis du travail humain : c'est le moment, plus ou moins rêvé, où l'homme est heureux parce qu'il n'a pas encore divisé ses tâches et ses techniques. C'est ce communisme des fonctions que la Sorcière exprime : transcendante à l'histoire, elle atteste le bonheur de la société primitive et préfigure celui de la société future; traversant le temps à la manière d'une essence plus ou moins occulte, elle brille seulement dans les moments théophaniques de l'histoire : dans Jeanne d'Arc (figure sublimée de la Sorcière), dans la Révolution.

Tels sont les trois grands états historiques de la Sorcière : un état latent (la petite femme du serf), un état triomphant (la sorcière prêtresse), un état décadent (la sorcière professionnelle, la douteuse confidente de la grande dame). Après quoi, Michelet passe à la figure du Satan-Prêtre. Dans cet état de l'analyse, il ne s'agit en somme que des phases d'une même institution, c'est-à-dire d'histoire. Où le Roman apparaît, c'est lorsque Michelet épaissit pour ainsi dire le fil historique, le transforme résolument en fil biographique : la Fonction s'incarne dans une personne véritable, la maturation organique se substitue à l'évolution historique, en sorte que la Sorcière réunit en elle le général et le particulier, le modèle et la créature : elle est à la fois *une* sorcière et *la* Sorcière. Cette visée romanesque est très audacieuse parce que, chez Michelet, elle n'est nullement métaphorique : Michelet suit son parti rigoureusement, il tient sa gageure à la lettre, il parle des sorcières, pendant trois cents ans, comme d'une seule et même femme.

L'existence romanesque est fondée, très exactement à partir du moment où la Sorcière est pourvue d'un corps, soigneusement situé, abondamment décrit. Prenez la Sorcière en ses débuts, lorsqu'elle n'est que l'épouse du serf : c'est alors une femme mince, faible, apeurée, marquée de la qualité physique qui pouvait le plus toucher Michelet, la petitesse, c'est-à-dire, pensait-il, la fragilité ; son mode d'existence corporel est le glissement menu, une sorte d'oisiveté ménagère qui lui fait prêter l'oreille aux esprits du foyer, ces anciens dieux païens, que l'Église a condamnés à l'exil et qui se sont réfugiés dans la masure du serf : elle n'existe que par une certaine passivité de l'oreille : voilà le corps et son atmosphère. Puis, nourrie de la misère même des temps et cette misère étant énorme, la seconde Sorcière est une femme grande, épanouie ; du corps humilié, elle est passée au corps triomphant, expansif. Les lieux érotiques eux-mêmes se modifient : c'était d'abord la taille fine, la pâleur de la carnation, une nervosité passive, le corps étant réduit à tout ce qu'on peut briser en lui ; ce sont maintenant les yeux, d'un jaune mauvais, sulfureux, armés de regards offensifs, ce que Michelet appelle la *lueur*, qui est toujours chez lui une valeur sinistre ; c'est surtout la chevelure, noire, serpentine, comme celle de la Médée antique ; bref, tout ce qui est trop immatériel ou trop souple pour être défait. La troisième Sorcière est un état combiné des deux corps antérieurs ; la gracilité du premier est corrigée par la combativité du second : la Sorcière professionnelle est une femme petite mais malicieuse, fine et oblique, délicate et sournoise ; son totem n'est plus la biche apeurée ou la Médée fulgurante, c'est le Chat, gracieux et méchant (c'est aussi l'animal totémique du sinistre Robespierre). Si l'on se reporte à la thématique générale de Michelet, la troisième Sorcière procède de la Petite Fille avertie (poupée, bijou pervers), image pernicieuse puisqu'elle est double, divisée, contradictoire, réunissant dans l'équivoque l'innocence de l'âge et la science de l'adulte. La transformation de la Sorcière à travers ses trois âges est d'ailleurs elle-même magique, contradictoire : il s'agit d'un vieillissement, et pourtant la Sorcière est toujours une femme jeune (voir en particulier tout le développement sur les jeunes sorcières basques, la Murgui, la Lisalda, que Michelet condamne tout en y étant visiblement attiré). Ensuite, et c'est là un signe romanesque important, la Sorcière est toujours *logée*, elle participe substantiellement à un lieu physique, décor (objets) ou paysage. C'est d'abord le *foyer*, substitut spatial de l'intime; le foyer est un lieu éminemment bénéfique dans la mesure où il est le repos terminal du rapt, le lieu où l'homme dispose de la femme faible en propriétaire absolu, retrouve avec elle l'état naturel par excellence, l'indivision du couple (Michelet précise que le foyer a constitué un grand progrès sur le communisme érotique de la villa primitive). De plus, ce foyer, défini par quelques objets contigus, le lit, le coffre, la table, l'escabeau, est l'expression architecturale d'une valeur privilégiée (déjà notée à propos du corps même de la pré-sorcière) : la petitesse. Tout autre est l'habitat de la magicienne adulte : forêt de ronces, landes épineuses, places hérissées de vieux dolmens, le thème est ici l'échevelé, l'emmêlé, l'état d'une Nature qui a absorbé la Sorcière, s'est refermée sur elle. Au cloisonnement affreux de la société médiévale (dans sa phase dégradée) correspond ce paradoxe : l'enfermement de la Sorcière dans le lieu ouvert par excellence : la Nature. La Nature devient tout d'un coup un lieu *impossible :* l'humain se réfugie dans l'inhumain. Quant à la troisième Sorcière — dont Michelet parle d'ailleurs beaucoup moins —, comme confidente douteuse de la grande dame, son logis mythique (nous le savons par d'autres livres), c'est le cabinet, l'alcôve, l'espace professionnel de la Femme de Chambre (personnage abhorré de Michelet comme rival insidieux du mari), bref la catégorie disgraciée de l'intime, l'*étouffé* (qui est à rattacher au thème maléfique de l'intrigue monarchique).

Cette Sorcière générale est donc une femme toute réelle, et Michelet entretient avec elle des rapports qu'il faut bien, qu'on le veuille ou non, qualifier d'érotiques. L'érotique de Michelet, naïvement exposée dans ses livres dits « naturels », apparaît par fragments dans tous ses livres historiques, surtout dans la seconde moitié de sa vie, après son second mariage (avec Athénaïs Mialaret). La figure centrale en est précisément cette Athénaïs, qui ressemblait beaucoup au portrait que Michelet nous donne de la première Sorcière. La qualité générale de l'objet érotique est pour Michelet la fragilité (ici, la petitesse), ce qui permet à l'homme à la fois de ravir et de protéger, de posséder et de respecter : il s'agit d'une érotique sublimée, mais dont la sublimation, par une sorte de retour proprement micheletiste, redevient elle-même érotique. La Sorcière, surtout dans son premier état, c'est bien l'Épouse de Michelet, frêle et sensible, nerveuse et abandonnée, la *pâle rose*, celle qui provoque le double mouvement érotique, de concupiscence et d'élévation. Mais ce n'est pas tout. On sait (par *la Femme*, *l'Amour*) que Michelet embellit cette figure fragile d'une photogénie très particulière : le Sang. Ce qui émeut Michelet, dans la Femme, c'est ce qu'elle cache : non point la nudité (ce qui serait un thème banal), mais la fonction sanguine, qui fait la Femme rythmée comme la Nature (comme l'Océan, soumis lui aussi au rythme lunaire). Le droit et la joie du mari, c'est d'accéder à ce *secret de nature*, c'est de posséder enfin dans la Femme, par cette confidence inouïe, une médiatrice entre l'homme et l'Univers. Ce privilège marital, Michelet l'a exalté dans ses livres sur la Femme, il l'a défendu contre le rival le plus dangereux, qui n'est pas l'amant, mais la Femme de chambre, la confidente du secret naturel. Tout ce thème est présent dans *La Sorcière* : constitutivement, pourrait-on dire, puisque la Sorcière est sibylle, accordée à la Nature par le rythme lunaire; puis lorsque la Sorcière fait place au Prêtre, le thème apparaît de nouveau indiscrètement : le rapport du Prêtre suborneur et de la nonne élue n'est pleinement érotique, dans le style de Michelet, que lorsqu'il comporte la confidence essentielle, la communication de *ces choses honteuses et ridicules, dont l'aveu est si cruel pour une fille.*

Car en somme, ce que Michelet a condamné dans la subornation sacerdotale ou satanique, c'est aussi ce qu'il a toujours décrit avec délice : la possession insidieuse, l'insertion progressive dans le secret de la Femme. Les images, dans ce livre même, sont innombrables : tantôt c'est le génie enfantin qui *glisse* dans l'épouse du serf, tantôt les esprits s'installant en elle *comme un ténia*, tantôt Satan *empalant* la Sorcière d'un trait de feu. Partout domine l'image, non d'une pénétration, métaphore banale de l'érotique ordinaire, mais d'une traversée et d'une installation. L'utopie micheletiste, c'est visiblement que l'homme soit parasite de la Femme, c'est le mariage océanique des requins, qui voguent dans la mer pendant des mois accouplés l'un à l'autre : aventure idyllique où la pénétration immobile des corps se double du glissement externe des eaux (Michelet a décrit ces mariages de poissons dans *La Mer*).

Au-delà de la Femme, c'est évidemment de toute une cénesthésie de l'homme dans la Nature qu'il s'agit, et l'on comprend pourquoi la Sorcière est une figure majeure du panthéon micheletiste : tout en elle la dispose à une grande fonction médiatrice : s'installant en elle, c'est dans la Nature entière que l'homme va baigner comme dans un milieu substantiel et vital.

On voit que la présence de Michelet dans *La Sorcière* est tout autre qu'une simple expansion romantique de la subjectivité. Il s'agit en somme pour Michelet de participer magiquement au mythe sans pourtant cesser de le décrire : le récit est ici à la fois narration et expérience, il a pour fonction de *compromettre* l'historien, de le tenir au bord de la substance magique, dans l'état d'un spectateur qui est sur le point de céder à la transe; d'où l'ambiguïté du jugement rationnel, Michelet à la fois croyant et ne croyant pas, selon la formule qu'il a lui-même employée au sujet de l'attitude religieuse des Grecs devant leurs fables. Une chose très remarquable dans *La Sorcière,* c'est en effet que Michelet ne conteste jamais l'efficacité de l'acte magique : il parle des rites de la Sorcière comme de techniques couronnées de succès, rationnellement accomplies bien qu'irrationnellement conçues. Cette contradiction, qui a gêné tant d'historiens positivistes, Michelet ne s'en embarrasse jamais : il parle des effets magiques comme de faits réels : ce que le récit lui permet d'omettre, c'est précisément la causalité, puisque dans la narration romanesque, la liaison temporelle se substitue toujours à la liaison logique. Il faut voir comment il traite par exemple, la transformation de la dame en louve : au soir, la Sorcière lui fait boire le philtre. Un historien rationnel eût disposé ici un recensement des témoignages, une explication de l'illusion. Ce n'est pas la méthode de Michelet. *Cela se fait,* dit-il, *et la dame, au matin, se trouve excédée, abattue... elle a chassé, tué, etc.* Cette distorsion entre le réel et le rationnel, cette primauté de l'événement sur sa cause matérielle *(cela se fait),* c'est précisément la fonction du récit que de l'afficher; aussi rien de plus près du récit mythique que le roman micheletiste, la *légende* (c'est-à-dire le continu de la narration) fondant ici et là, à elle seule, une nouvelle rationalité.

Au lieu de l'éloigner de la vérité, le Roman a aidé Michelet à comprendre la sorcellerie dans sa structure objective. Face à la magie, ce n'est pas des historiens positivistes que Michelet se rapproche : c'est de savants tout aussi rigoureux mais dont le travail a été infiniment mieux adapté à son objet : je pense à des ethnologues comme Mauss (notamment dans son essai sur la Magie). Par exemple, en faisant l'histoire de la Sorcière (et non de la sorcellerie), Michelet annonce le choix fondamental de l'ethnologie moderne : partir des fonctions, non des institutions; Mauss ramène la magie au magicien, c'est-à-dire à toute personne qui fait de la magie. C'est ce que fait Michelet : il décrit très peu les rites, il n'analyse jamais le contenu des croyances (des représentations); ce qui le retient dans la sorcellerie, c'est une *fonction personnalisée*.

Le bénéfice de cette méthode est très grand, donne à *La Sorcière*, en dépit de quelques dialogues démodés, un accent tout moderne. D'abord, ce que Michelet affirme de la Sibylle, dans son féminisme maniaque, c'est ce que l'ethnologie la plus raisonnable dit aussi : qu'il y a une affinité de la Femme et de la magie. Pour Michelet, cette affinité est physique, la Femme s'accordant à la Nature par le rythme sanguin; pour Mauss, elle est sociale, leur particularité physique fondant une véritable classe des Femmes. Il n'empêche que le postulat est le même : ce thème érotique, loin d'être une manie indécente du vieil historien amoureux, c'est une vérité ethnologique dont s'éclaire le statut de la Femme dans les sociétés à magie.

Autre vérité : j'ai dit que Michelet s'était peu préoccupé de décrire les rites eux-mêmes; il a retenu en eux la destination, l'effet (rappel des morts, guérison des malades). C'était suggérer qu'il les séparait fort peu des techniques, confrontation que l'ethnologie a reprise à son compte, puisqu'elle pose que les gestes magiques sont toujours des ébauches de techniques. Michelet ne distingue jamais la Sorcière de son activité : elle n'existe que dans la mesure où elle participe à une *praxis*, et c'est même expressément cela qui en fait, selon Michelet, une figure progressiste : face à l'Église, posée dans le monde comme une essence immobile, éternelle, elle est le monde qui se fait. Conséquence paradoxale (mais correcte) de cette intuition, c'est dans la Sorcière de Michelet qu'il y a le moins de sacré. Certes, il y a entre la magie et la religion un rapport étroit, que Mauss a bien analysé et que Michelet lui-même définit comme un *à-rebours ;* mais c'est précisément un rapport complémentaire, donc exclusif; la magie est *en marge* de la religion; elle lui abandonne l'être des choses, elle prend en charge leur transformation : c'est ce que fait la Sorcière micheletiste, bien plus ouvrière que prêtresse.

Enfin, annonçant le principe de toute sociologie, Michelet n'a nullement compris la Sorcière comme un Autre, il n'en a pas fait la figure sacrée du Singulier, comme le romantisme a pu concevoir le Poète ou le Mage. Sa Sorcière est physiquement solitaire (dans les landes, les forêts), elle n'est pas socialement seule : toute une collectivité la rejoint, s'exprime en elle, se sert d'elle. Loin de s'opposer noblement à la société (comme le fait le pur Révolté), la Sorcière micheletiste participe fondamentalement à son économie. Le paradoxe qui oppose dans d'autres lyriques l'individu à la société, Michelet l'a résolu de la façon la plus moderne qui soit; il a très bien compris qu'entre la singularité de la Sorcière et la société dont elle se détache, il n'y avait pas rapport d'opposition mais de complémentarité : c'est le groupe entier qui fonde la particularité de la fonction magique; si les hommes repoussent la Sorcière, c'est qu'ils la reconnaissent, projettent en elle une part d'eux-mêmes, à la fois légitime et intolérable; par la Sorcière, ils légalisent une économie complexe, une tension utile, puisque, dans certains moments déshérités de l'histoire, elle leur permet de vivre. Sans doute, emporté subjectivement par la positivité du rôle, Michelet a peu ou mal décrit le comportement de la société « normale », face à la Sorcière; il n'a pas dit qu'en termes de structure totale, par exemple, l'Inquisition a pu avoir une fonction, non certes positive, mais signifiante, en un mot qu'elle a *exploité* les grands procès de sorcellerie en vue d'une économie générale de la société. Du moins a-t-il plusieurs fois indiqué qu'il y avait, de la société « normale » à la Sorcière qui en était exclue, un rapport de sadisme, et non seulement d'éviction, et que par conséquent cette société *consommait,* si l'on peut dire, la Sorcière, bien plus qu'elle ne cherchait à l'annuler. Michelet ne dit-il pas quelque part cette chose surprenante, *qu'on faisait périr les sorcières à cause de leur beauté ?* C'est en un sens faire participer toutes les masses de la société à cette structure complémentaire que Lévi-Strauss a analysée à propos précisément des sociétés shamaniques, l'*aberration* n'étant ici qu'un moyen, pour la société, de vivre ses contradictions. Et ce qui, dans notre société actuelle, prolongerait le mieux ce rôle complémentaire de la Sorcière micheletiste, ce serait peut-être la figure mythique de l'intellectuel, de celui qu'on a appelé le traître, suffisamment détaché de la société pour la regarder dans son aliénation, tendu vers une correction du réel et pourtant impuissant à l'accomplir : exclu du monde et nécessaire au monde, dirigé vers la *praxis*, mais n'y participant qu'à travers le relais immobile d'un langage, tout comme la Sorcière médiévale ne soulageait le malheur humain qu'à travers un rite et au prix d'une illusion.

Si l'on peut ainsi retrouver dans *La Sorcière* les éclats d'une description toute moderne du mythe magique, c'est parce que Michelet a eu l'audace d'aller jusqu'au bout de lui-même, de préserver cette ambiguïté redoutable qui le faisait à la fois narrateur (au sens mythique) et analyste (au sens rationnel) de l'histoire. Sa sympathie pour la Sorcière n'était pas du tout celle d'un auteur libéral qui s'efforce à la compréhension de ce qui lui est étranger : il a participé au mythe de la Sorcière exactement comme la Sorcière elle-même participait, selon ses vues, au mythe de la *praxis* magique : à la fois volontairement et involontairement. Ce qu'il a exercé une fois de plus, en écrivant *La Sorcière*, ce n'est ni une profession (celle d'historien), ni une prêtrise (celle de poète), c'est, comme il l'a dit ailleurs, une *magistrature*. Il se sentait obligé par la société à gérer son intelligence, à narrer toutes ses fonctions, même et surtout ses fonctions aberrantes, dont il a ici pressenti qu'elles étaient vitales. Voyant sa propre société déchirée entre deux postulations qu'il estimait également impossibles, la postulation chrétienne et la postulation matérialiste, il a lui-même esquissé le compromis magique, il s'est fait Sorcier, rassembleur d'os, ressusciteur de morts, il a pris sur lui de dire non, éperdument, à l'Église et à la science, de remplacer le dogme ou le fait brut par le mythe.

C'est pourquoi aujourd'hui, où l'histoire mythologique est beaucoup plus importante que du temps où Michelet publiait

La Sorcière (1862), son livre retrouve une actualité, il redevient sérieux. Les ennemis de Michelet, nombreux, de Sainte-Beuve à Mathiez, croyaient se débarrasser de lui en l'enfermant dans une poétique de la pure intuition; mais sa subjectivité, on l'a vu, n'était que la première forme de cette exigence de totalité, de cette vérité des rapprochements, de cette attention au concret le plus insignifiant, qui marquent aujourd'hui la méthode même de nos sciences humaines. Ce qu'on appelait dédaigneusement chez lui Poésie, nous commençons à savoir que c'était l'esquisse exacte d'une science nouvelle du social : c'est parce que Michelet a été un historien discrédité (au sens scientiste du terme), qu'il a pu être à la fois un sociologue, un ethnologue, un psychanalyste, un historien social; quoique sa pensée, sa forme même, comportent d'importants déchets (toute une part de lui-même n'a pu s'arracher au fond petit-bourgeois dont il était issu), on peut dire qu'il a vraiment pressenti la fondation d'une science générale de l'homme.

1959, *Préface.*

ZAZIE ET
LA LITTÉRATURE

Queneau n'est pas le premier écrivain à lutter avec la Littérature[1]. Depuis que la « Littérature » existe (c'est-à-dire, si l'on en juge d'après la date du mot, depuis fort peu de temps), on peut dire que c'est la fonction de l'écrivain que de la combattre. La spécialité de Queneau, c'est que son combat est un corps-à-corps : toute son œuvre *colle* au mythe littéraire, sa contestation est aliénée, elle se nourrit de son objet, lui laisse toujours assez de consistance pour de nouveaux repas : le noble édifice de la forme écrite tient toujours debout, mais vermoulu, piqué de mille écaillements ; dans cette destruction retenue, quelque chose de nouveau, d'ambigu est élaboré, une sorte de suspens des valeurs de la forme : c'est comme la beauté des ruines. Rien de vengeur dans ce mouvement, l'activité de Queneau n'est pas à proprement parler *sarcastique*, elle n'émane pas d'une bonne conscience, mais plutôt d'une complicité.

Cette contiguïté surprenante (cette identité ?) de la littérature et de son ennemi se voit très bien dans *Zazie*. Du point de vue de l'architecture littéraire, *Zazie* est un roman *bien fait*. On y trouve toutes les « qualités » que la critique aime à recenser et à louer : la construction, de type classique, puisqu'il s'agit d'un épisode temporel limité (une grève) ; la durée, de type épique, puisqu'il s'agit d'un itinéraire, d'une suite de stations ; l'objectivité (l'histoire est racontée du point de vue de Queneau) ; la distribution des personnages (en héros, personnages secondaires et comparses) ; l'unité du milieu social et du décor (Paris) ; la variété et l'équilibre des procédés de narration (récit et dialogue). Il y a là toute la technique du roman français, de Stendhal à Zola. D'où la *familiarité* de l'œuvre, qui n'est peut-être pas étrangère à son succès, car il n'est pas sûr que tous ses lecteurs aient consommé ce bon

---

1. A propos de *Zazie dans le métro* (Gallimard, 1959).

roman d'une façon purement distante : il y a dans *Zazie* un plaisir de la lecture cursive, et non seulement du trait.

Seulement, toute la positivité du roman mise en place, avec un zèle retors, Queneau, sans la détruire directement, la double d'un néant insidieux. Chaque élément de l'univers traditionnel une fois *pris* (comme on dit d'un liquide qui s'épaissit), Queneau le déprend, il soumet la sécurité du roman à une déception : l'être de la Littérature *tourne* sans cesse, à la façon d'un lait qui se décompose; toute chose est ici pourvue d'une double face, irréalisée, blanchie de cette lumière lunaire, qui est thème essentiel de la déception et thème propre à Queneau. L'événement n'est jamais nié, c'est-à-dire posé puis démenti; il est toujours *partagé*, à la façon du disque sélénien, mythiquement pourvu de deux figures antagonistes.

Les points de déception sont ceux-là même qui faisaient la gloire de la rhétorique traditionnelle. D'abord les figures de pensée : les formes de duplicité sont ici innombrables : l'antiphrase (le titre même du livre en est une, puisque Zazie ne prendra jamais le métro), l'incertitude (s'agit-il du Panthéon ou de la Gare de Lyon, des Invalides ou de la Caserne de Reuilly, de la Sainte-Chapelle ou du Tribunal de Commerce ?), la confusion des rôles contraires (Pédro-Surplus est à la fois satyre et flic), celle des âges (Zazie *vieillit*, mot de vieux), celle des sexes, doublée à son tour d'une énigme supplémentaire puisque l'inversion de Gabriel n'est même pas sûre, le lapsus qui est vérité (Marceline devient finalement Marcel), la définition négative (le tabac qui n'est pas celui du coin), la tautologie (le flic embarqué par d'autres flics), la dérision (la gosse qui brutalise l'adulte, la dame qui intervient), etc.

Toutes ces figures sont inscrites dans la trame du récit, elles ne sont pas signalées. Les figures de mots opèrent évidemment une destruction bien plus spectaculaire, que les lecteurs de Queneau connaissent bien. Ce sont d'abord les figures de construction, qui attaquent le drapé littéraire par un feu roulant de parodies. Toutes les écritures y passent : l'épique *(Gibraltar aux anciens parapets)*, l'homérique *(les mots ailés)*, la latine *(la présentation d'un fromage morose par la servante revenue)*, la médiévale *(à l'étage second parvenue, sonne à la porte la neuve fiancée)*, la psychologique *(l'ému patron)*, la narrative *(on, dit Gabriel, pourrait lui donner)* ; les temps grammaticaux aussi, véhicules préférés du mythe romanesque, le présent épique *(elle se tire)* et le passé simple des grand romans *(Gabriel extirpa de sa manche une pochette de soie couleur mauve et s'en tamponna le tarin)*. Ces mêmes exemples montrent assez que, chez Queneau, la parodie a une structure bien particulière; elle n'affiche pas une *connaissance* du modèle parodié; il n'y a en elle aucune trace de cette complicité normalienne avec la grande Culture, qui marque par exemple les parodies de Giraudoux, et n'est qu'une façon faussement désinvolte de témoigner d'un profond respect pour les valeurs latino-nationales; l'expression parodique est ici *légère*, elle désarticule en passant, ce n'est qu'une écaille que l'on fait sauter à la vieille peau littéraire; c'est une parodie minée de l'intérieur, recélant dans sa structure même une incongruité scandaleuse; elle n'est pas imitation (fût-elle de la plus grande finesse), mais malformation, équilibre dangereux entre la vraisemblance et l'aberration, thème verbal d'une culture dont les formes sont mises en état de perpétuelle déception.

Quant aux figures de « diction » *(Lagoçamilébou)*, elles vont évidemment bien plus loin qu'une simple naturalisation de l'orthographe française. Parcimonieusement distribuée, la transcription phonétique a toujours un caractère d'agression, elle ne surgit qu'assurée d'un certain effet baroque *(Skeutadittaleur)*; elle est avant tout envahissement de l'enceinte sacrée par excellence : le rituel orthographique (dont on connaît l'origine sociale, la clôture de classe). Mais ce qui est démontré et raillé, ce n'est nullement l'irrationnel du code graphique; les réductions de Queneau ont à peu près toutes le même sens : faire surgir à la place du mot pompeusement enveloppé dans sa robe orthographique, un mot nouveau, indiscret, naturel, c'est-à-dire barbare : c'est ici la francité de l'écriture qui est mise en doute, la noble langue françouèze, le doux parler de France se disloquant tout à coup en une série de vocables apatrides, en sorte que notre Grande Littérature, la détonation passée, pourrait bien n'être plus qu'une collection de débris vaguement russiens ou kwakiutl (et si elle ne l'est pas, ce n'est que par pure bonté de Queneau). Il n'est pas dit, d'ailleurs, que le phonétisme quenalien soit purement destructeur (y a-t-il jamais, en littérature, de destruction univoque?) : tout le travail de Queneau sur notre langue est animé d'un mouvement obsessionnel, celui du *découpage;* c'est une technique dont la mise en rébus est l'ébauche première *(le vulgue homme Pécusse)*, mais dont la fonction est d'exploration des structures, chiffrer et déchiffrer étant les deux versants d'un même acte de pénétration, comme en a témoigné, avant Queneau, toute la philosophie rabelaisienne, par exemple.

Tout cela fait partie d'un arsenal bien connu des lecteurs de Queneau. Un procédé nouveau de dérision, qu'on a beaucoup remarqué, c'est cette clausule vigoureuse dont la jeune Zazie affecte gracieusement (c'est-à-dire tyranniquement) la plupart des affirmations proférées par les grandes personnes qui l'entourent *(Napoléon mon cul)* ; la phrase du Perroquet *(Tu causes, tu causes, c'est tout ce que tu sais faire)* appartient à peu près à la même technique du dégonflage. Mais ce qui est ici dégonflé, ce n'est pas *tout* le langage; se conformant aux plus savantes définitions de la logistique, Zazie distingue très bien le langage-objet du méta-langage. Le langage-objet, c'est le langage qui se fonde dans l'action même, qui *agit* les choses, c'est le premier langage transitif, celui dont on peut parler mais qui lui-même transforme plus qu'il ne parle. C'est exactement dans ce langage-objet que vit Zazie, ce n'est donc jamais lui qu'elle distance ou détruit. Ce que Zazie parle, c'est le contact transitif du réel : Zazie *veut* son cola-cola, son blue-jean, son métro, elle ne parle que l'impératif ou l'optatif, et c'est pour cela que son langage est à l'abri de toute dérision.

Et c'est de ce langage-objet que Zazie émerge, de temps à autre, pour fixer de sa clausule assassine le méta-langage des grandes personnes. Ce méta-langage est celui dont on parle, non pas les choses, mais *à propos* des choses (ou *à propos* du premier langage). C'est un langage parasite, immobile, de fond sentencieux, qui double l'acte comme la mouche accompagne le coche; face à l'impératif et à l'optatif du langage-objet, son mode principiel est l'indicatif, sorte de degré zéro de l'acte destiné à *représenter* le réel, non à le modifier. Ce méta-langage développe autour de la lettre du discours un sens complémentaire, éthique, ou plaintif, ou sentimental, ou magistral, etc.; bref, c'est un *chant* : on reconnaît en lui l'être même de la Littérature.

La clausule zazique vise donc très exactement ce méta-langage littéraire. Pour Queneau, la Littérature est une catégorie de parole, donc d'existence, qui concerne toute l'humanité. Sans doute, on l'a vu, une bonne part du roman est jeu de spécialiste. Pourtant, ce ne sont pas les fabricateurs de romans qui sont en cause; le chauffeur de taxi, le danseur de charme, le bistrot, le cordonnier, le peuple des attroupements de rue, tout ce monde *réel* (la réalité d'un langage emporte une socialité exacte) plonge sa parole dans les grandes formes littéraires, vit ses rapports et ses fins par la procuration même de la Littérature. Ce n'est pas le « peuple », aux yeux de Queneau, qui possède la littéralité utopique du langage; c'est Zazie (d'où probablement le sens profond du rôle), c'est-à-dire un être irréel, magique, faustien, puisqu'il est contraction surhumaine de l'enfance et de la maturité, du « Je suis jeune, hors du monde des adultes » et du « J'ai énormément vécu ». L'innocence de Zazie n'est pas fraîcheur, virginité fragile, valeurs qui ne pourraient appartenir qu'au méta-langage romantique ou édifiant : elle est refus du langage chanté, science du langage transitif; Zazie circule dans son roman à la façon d'un génie ménager, sa fonction est hygiénique, contre-mythique : elle rappelle à l'ordre.

Cette clausule zazique résume tous les procédés du contre-mythe, dès lors qu'il renonce à l'explication directe et se veut lui-même traîtreusement littérature. Elle est comme une détonation finale qui surprend la phrase mythique *(Zazie, si ça te plaît de voir vraiment les Invalides et le tombeau véritable du vrai Napoléon, je t'y conduirai. — Napoléon mon cul),* la dépouille rétroactivement, en un tour de main, de sa *bonne conscience.* Il est facile de rendre compte d'une telle opération en termes sémiologiques : la phrase dégonflée est elle-même composée de *deux* langages : le sens littéral (visiter le tombeau de Napoléon) et le sens mythique (le ton noble); Zazie opère brusquement la dissociation des deux paroles, elle dégage dans la ligne mythique l'évidence d'une *connotation.* Mais son arme n'est rien d'autre que ce même déboîtement que la littérature fait subir à la lettre dont elle s'empare; par sa clausule irrespectueuse, Zazie ne fait que connoter ce qui était déjà connotation; elle *possède* la Littérature (au sens argotique) exactement comme la Littérature *possède* le réel qu'elle chante.

On touche ici à ce que l'on pourrait appeler la mauvaise foi de la dérision, qui n'est elle-même que réponse à la mauvaise foi du sérieux : tour à tour, l'un immobilise l'autre, le *possède,* sans qu'il y ait jamais de victoire décisive : la dérision vide le sérieux, mais le sérieux *comprend* la dérision. Face à ce dilemme, *Zazie dans le Métro* est vraiment une œuvre-témoin : par vocation, elle renvoie le sérieux et le comique dos à dos. C'est ce qui explique la confusion des critiques devant l'œuvre : les uns y ont vu sérieusement une œuvre sérieuse, destinée au déchiffrement exégétique ; d'autres, jugeant grotesques les premiers, ont décrété le roman absolument futile (« il n'y a rien à en dire ») ; d'autres enfin, ne voyant dans l'œuvre ni comique ni sérieux, ont déclaré *ne pas comprendre*. Mais c'était précisément la fin de l'œuvre que de ruiner tout dialogue à son sujet, en représentant par l'absurde la nature insaisissable du langage. Il y a entre Queneau, le sérieux et la dérision du sérieux le même mouvement d'emprise et d'échappée qui règle ce jeu bien connu, modèle de toute dialectique parlée, où la feuille enveloppe la pierre, la pierre résiste aux ciseaux, les ciseaux coupent la feuille : quelqu'un a toujours barre sur l'autre — à condition que l'un et l'autre soient des termes mobiles, des formes. L'anti-langage n'est jamais péremptoire.

Zazie est vraiment un personnage utopique, dans la mesure où elle représente, elle, un anti-langage triomphant : *personne ne lui répond*. Mais par là-même, Zazie est hors de l'humanité (le personnage développe un certain « malaise ») : elle n'est en rien une « petite fille », sa jeunesse est plutôt une forme d'abstraction qui lui permet de juger tout langage sans avoir à masquer sa propre psyché [2] ; elle est un point tendanciel, l'horizon d'un anti-langage qui pourrait rappeler à l'ordre sans mauvaise foi : hors du méta-langage, sa fonction est de nous en représenter à la fois le danger et la fatalité. Cette abstraction du personnage est capitale : le rôle est irréel, d'une positivité incertaine, il est l'expression d'une référence plus que la voix d'une sagesse. Cela veut dire que pour Queneau, le procès du langage est toujours ambigu, jamais clos, et que lui-même n'y est pas juge mais partie : il n'y a pas une bonne conscience de Queneau [3] : il ne s'agit pas de faire la

---

2. Zazie n'a qu'un mot mythique : « J'ai vieilli. » C'est le mot de la fin.

3. Le comique d'Ionesco pose un problème du même genre. Jusqu'à *L'Impromptu de l'Alma* compris, l'œuvre d'Ionesco est de bonne foi, puisque l'auteur lui-même ne s'exclut pas de ce terrorisme du langage qu'il met en branle. *Tueur sans gages* marque une régression, le retour à une bonne conscience, c'est-à-dire à une mauvaise foi, puisque l'auteur *se plaint* du langage d'autrui.

leçon à la Littérature, mais de vivre avec elle en état d'insécurité.

C'est en cela que Queneau est du côté de la modernité : sa Littérature n'est pas une littérature de l'avoir et du plein; il sait qu'on ne peut « démystifier » de l'extérieur, au nom d'une Propriété, mais qu'il faut soi-même tremper tout entier dans le vide que l'on démontre; mais il sait aussi que cette compromission perdrait toute sa vertu si elle était *dite*, récupérée par un langage direct : la Littérature est le mode même de l'impossible, puisqu'elle seule peut dire son vide, et que le disant, elle fonde de nouveau une plénitude. A sa manière, Queneau s'installe au cœur de cette contradiction, qui définit peut-être notre littérature d'aujourd'hui : il assume le masque littéraire, mais en même temps il le montre du doigt. C'est là une opération très difficile, qu'on envie; c'est peut-être parce qu'elle est réussie, qu'il y a dans *Zazie* ce dernier et précieux paradoxe : un comique éclatant, et pourtant purifié de toute agressivité. On dirait que Queneau se psychanalyse lui-même dans le temps où il psychanalyse la littérature : toute l'œuvre de Queneau implique une Imago assez terrible de la Littérature.

1959, *Critique.*

OUVRIERS ET PASTEURS

Les Français étant catholiques, toute figure de pasteur protestant les intéresse peu : le Pasteur ne recueille en lui aucun sacré; bien installé dans sa condition civile, pourvu d'habits ordinaires, d'épouse et d'enfants, retiré par sa confession même de l'absolu théologique, avocat plus que témoin puisque son ministère est de parole, non de sacrement, tout en lui échappe à l'élection et à la malédiction, ces deux pourvoyeuses de littérature; ne pouvant être maudit ni saint, à la façon des prêtres de Barbey ou de Bernanos, c'est du point de vue français, un mauvais personnage de roman : *la Symphonie Pastorale* (œuvre d'ailleurs piteuse) est toujours restée un roman exotique [1].

Cette mythologie, sur laquelle il y aurait beaucoup à dire (que ne découvrirait-on pas si l'on se mettait à tirer *toutes* les conséquences mondaines de la catholicité générale de la France?), cette mythologie change, sans doute, dès qu'on passe dans un pays protestant. En France, le Pasteur n'intéresse pas dans la mesure où il appartient à un milieu doublement insignifiant, à la fois minoritaire et assimilé, qui est le protestantisme français. Ailleurs le Pasteur devient un rôle social, il participe à une économie générale des classes et des idéologies; il est vivant dans la mesure où il est responsable; complice ou victime, en tout cas témoin et témoin actif d'un certain déchirement politique, le voilà figure adulte nationale : ce n'est plus la fade copie, sans soutane et sans chasteté, du Prêtre français.

C'est d'abord ce qu'il faut voir dans le roman d'Yves Velan : qu'il s'agit d'un roman suisse. Curieusement, c'est en rendant à cette œuvre sa nationalité (qui n'est pas la nôtre), qu'on la débar-

1. A propos du roman d'Yves Velan : *Je* (Éd. du Seuil, 1959).

rasse de son exotisme. On dit que l'œuvre a eu jusqu'ici plus de
retentissement en Suisse qu'en France. C'est une preuve de son
réalisme : si elle touche les Suisses (et certains, sans doute, fort
désagréablement), c'est qu'elle les concerne, et si elle les concerne,
c'est précisément par ce qui les fait Suisses. Or ce réalisme, il est
capital de le saisir, dans la mesure où il est tout entier dans la
situation, nullement dans l'anecdote; on approche ici du paradoxe
qui fait tout le prix de ce roman : ce n'est pas un roman « socialiste », dont l'objet déclaré, à l'exemple des grandes sommes
réalistes, serait de décrire les rapports historiques de l'Église et
du Prolétariat suisses; et pourtant ces rapports, la réalité de ces
rapports forment la structure de l'œuvre, et même, à ce que je
crois, sa justification, son mouvement éthique le plus profond.

Que se passe-t-il? Toute littérature sait bien que, tel Orphée,
elle ne peut, sous peine de mort, se retourner sur ce qu'elle voit :
elle est condamnée à la médiation, c'est-à-dire en un sens, au
mensonge. Balzac n'a pu décrire la société de son temps, avec ce
réalisme qu'admirait tant Marx, qu'éloigné d'elle par toute une
idéologie passéiste : c'est en somme sa foi, et ce que l'on pourrait
appeler du point de vue de l'histoire son erreur, qui lui ont tenu
lieu de médiation : Balzac n'a pas été réaliste *malgré* son théocra-
tisme, mais bien *à cause* de lui; inversement, c'est parce qu'il se
prive, dans son projet même, de toute médiation, que le réalisme
socialiste (du moins dans notre Occident) s'asphyxie et meurt :
il meurt d'être immédiat, il meurt de refuser ce quelque chose qui
cache la réalité pour la rendre plus réelle, et qui est la littérature.

Or dans le *Je* d'Yves Velan, la médiation, c'est précisément *Je*,
la subjectivité, qui est à la fois masque et affiche de ces rapports
sociaux, que jamais aucun roman n'a pu décrire directement, sauf
à sombrer dans ce que Marx ou Engels appelait dédaigneusement
la littérature de tendance : dans le *Je* d'Yves Velan, ce qu'on
appelle les rapports de classes sont donnés, mais ils ne sont pas
traités; ou s'ils le sont, c'est du moins au prix d'une déformation
en apparence énorme, puisqu'elle consiste à disposer sur la réalité
de ces rapports la parole la plus antipathique qui soit à tout réalisme traditionnel, et qui est la parole d'un certain délire. Tout le
paradoxe, toute la vérité de ce livre tient ainsi à ce qu'il est à la fois
et par le projet même qui le fonde, roman politique et langage

d'une subjectivité éperdue; partant d'une situation qui relève du langage marxiste et vivant de page en page avec elle, s'en nourrissant et la nourrissant, à savoir le déchirement d'une certaine société, la collusion de l'Ordre et du pastorat, l'ostracisme dont est frappé le mouvement ouvrier, la bonne conscience dont s'enveloppe ici peut-être plus naïvement qu'ailleurs la morale des propriétaires, le langage du narrateur n'est pourtant jamais celui d'une analyse politique; mais c'est précisément parce que le Pasteur d'Yves Velan vit le déchirement social dans le langage d'un Pasteur et non dans celui d'un homme abstrait, et c'est parce que son langage est fait de tous les fantasmes métaphysiques de sa condition, de son éducation et de sa foi [2], que la médiation nécessaire à toute littérature est trouvée, et que ce livre, à mon sens, fait enfin un peu bouger ce vieux problème immobile depuis des années (à vrai dire depuis les romans de Sartre) : comment, du sein même de la littérature, c'est-à-dire d'un ordre d'action privé de toute sanction pratique, comment décrire le fait politique sans mauvaise foi? Comment produire une littérature « engagée » (un mot démodé mais dont on ne peut se débarrasser si facilement) sans recourir, si je puis dire, au dieu de l'engagement? Bref, comment vivre l'engagement, ne serait-ce qu'à l'état de lucidité, autrement que comme une évidence ou un devoir?

La découverte d'Yves Velan, découverte, il faut bien le dire : esthétique, puisqu'il s'agit d'une certaine manière de fonder à neuf la littérature (comme tout auteur devrait l'exiger de soi-même) en conjoignant la matière politique et le monologue joycien, c'est d'avoir donné au déchirement *des* hommes (et non de l'homme), le langage d'une libido, armée de toutes ses impulsions, ses résistances, ses alibis. Même s'il n'était que ce flux oral, tantôt éperdu, tantôt contraint, prolixe et inachevé tout à la fois, le livre serait éblouissant; mais il est plus : son dérèglement est dialectique, il enferme le réel et son langage dans un tourniquet fou : toute donnée « politique » n'est ici perçue qu'à travers un

---

2. La façon dont le Pasteur affecte tout objet spirituel d'une majuscule, est, en langage sémiologique, ce que l'on pourrait appeler un *connotation,* un sens complémentaire imposé à un sens littéral; mais la mauvaise foi ordinaire des majuscules devient, en littérature, vérité, puisqu'elle affiche la situation de celui qui les parle.

ébranlement effréné de la *psyché ;* et inversement, tout fantasme n'est que le langage d'une situation réelle : et c'est en cela que le Pasteur d'Yves Velan ne constitue nullement un « cas » : les situations qu'il parle, les blessures qu'il reçoit, les fautes qu'il croit commettre, ses désirs même, tout cela, qui est de forme métaphysique, vient pourtant d'une réalité expressément socialisée : la subjectivité du narrateur ne s'oppose pas aux autres hommes d'une façon indéfinie, elle n'est pas malade d'un autrui universel et innommé : elle souffre, réfléchit, se cherche face à un monde minutieusement défini, spécifié, dont le réel est déjà pensé, les hommes répartis et divisés selon la loi politique; et cette angoisse ne nous semble insensée qu'à proportion de notre mauvaise foi, qui ne veut jamais poser les problèmes d'engagement qu'en termes de conscience pacifiée, intellectualisée, comme si la moralité politique était fatalement le fruit d'une Raison, comme si le prolétariat (encore un mot, paraît-il, qui n'existe plus) ne pouvait intéresser qu'une minorité d'intellectuels *éduqués,* mais jamais une conscience encore affolée. Pourtant le monde ne se donne pas fatalement en fragments sélectionnés, le prolétariat aux intellectuels et « autrui » aux consciences névrotiques; on nous a trop longtemps persuadé qu'il fallait un roman pour parler de soi et un autre pour parler des ouvriers, des bourgeois, des prêtres, etc.; le Pasteur de Velan, lui, reçoit le monde dans son entier, à la fois comme peur, comme faute et comme structure sociale; pour nous, il y a « les ouvriers » et puis il y a « les autres »; pour lui au contraire, les ouvriers sont précisément les autres : l'aliénation sociale se confond avec l'aliénation névrotique : c'est là ce qui le rend singulier; c'est peut-être aussi — tout faible qu'il est — ce qui le rend exemplaire.

Car le courage n'est jamais qu'une distance, celle qui sépare un acte de la peur originelle dont il se détache. La peur est l'état fondamental du Pasteur de Velan, et c'est pour cela que le moindre de ses actes (d'assimilation, de complicité avec le monde) est courageux [3]; pour mesurer la plénitude d'un engagement, il faut savoir de quel trouble il part; le Pasteur de Velan part de très loin : c'est une conscience affolée [4], soumise sans relâche à la pression

3. Tel est le sens objectif de l'épisode où le Pasteur assiste à une réunion politique d'ouvriers.
4. Le narrateur lui-même ébauche une théorie de cet « affolement de l'être » (p. 302).

d'une culpabilité énorme, que lui envoient non seulement Dieu (cela va de soi), mais bien plus encore le monde; ou plus exactement, c'est le monde même qui détient la fonction divine par excellence, celle du regard : le Pasteur est *regardé*, et ce Regard dont il est l'objet, le constitue en spectacle disgrâcié : il se sent et devient laid, nu. Etant d'essence et de la pire, celle du corps même, la faute dessine en face d'elle une innocence qui ne peut être que celle de la virilité, définie moins comme une puissance sexuelle que comme une domination correcte de la réalité. Le monde prolétarien est ainsi senti comme un monde fort et juste, c'est-à-dire à peine accessible; naturellement, le caractère fantasmatique de cette projection n'est jamais masqué; c'est pourtant ce fantasme même qui donne le branle à une conscience correcte des rapports sociaux; car ces ouvriers, ces « gens du peuple » dont le Pasteur est exclu par fonction et par style et qui pourtant le fascinent, forment à ses yeux une humanité très justement ambiguë : d'une part ils sont des Juges, puisqu'ils regardent, affirment sans cesse une race qui est refusée au narrateur; et d'autre part, il y a entre eux et le Pasteur une complicité profonde, qui n'est plus d'essence, qui n'est pas encore de faire, qui est déjà de situation : ils sont ensemble regardés par les gens de l'Ordre, unis dans la même réprobation, la même exclusion : la misère éthique rejoint la misère politique; on pourrait dire que tout le prix de ce livre est de nous montrer la naissance éthique d'un sentiment politique; et toute sa rigueur, c'est d'avoir osé prendre ce départ au plus loin, dans la zone quasi-névrotique de la moralité, là où le sens du bien, échappant à l'hypothèque de la mauvaise foi, n'est encore que le sens de l'issue.

Voilà, je pense, quel est l'enjeu du livre, voilà ce qui justifie sa technique, ses détours, la manière profondément déroutante dont il fait surgir d'une névrose un sens politique, dont il parle du prolétariat dans ce langage mi-métaphysique, mi-érotique qui a tout pour irriter à la fois les marxistes, les croyants et les réalistes [5] : il retire à son héros le bénéfice de toute bonne conscience. Car le Pasteur de Velan n'est nullement un pasteur « rouge »; il n'y postule

5. On dirait que le livre étant monologue, par un projet de culpabilité supplémentaire, va de lui-même au-devant des malentendus.

même pas; lui-même nomme le rôle, c'est-à-dire que d'avance il le démystifie. En un sens, le livre ne finit pas, il ne constitue pas à proprement parler un itinéraire, c'est-à-dire une libération ou une tragédie : il décrit une contradiction profonde, mêlée de lueurs, c'est tout; son héros n'est pas « positif », il n'entraîne pas; sans doute le prolétariat se laisse-t-il deviner comme une valeur; mais son représentant si l'on peut dire apologétique, Victor, l'ami du Pasteur, qui détient, lui, toutes les forces qu'il n'a pas (l'athéisme et le Parti, c'est-à-dire l'absence de peur), reste un personnage périphérique : c'est une fonction, dépourvue de langage propre, comme si précisément la faute était dans le langage. Quant au Pasteur lui-même, sa parole, bien qu'elle emplisse et soutienne le roman n'est pas tout à fait naturelle : elle ne sonne pas comme une confession transposée de l'auteur, elle ne provoque pas à l'identification : je ne sais quoi d'ingrat et de légèrement emphatique éloigne le narrateur, le détache un peu de nous, comme si la vérité était entre ces deux hommes, le militant et l'exclu, comme si seule une sorte de tension insatisfaite devait unir l'homme de la praxis et l'homme de la faute, comme s'il ne pouvait y avoir de regard juste sur le monde que perpétuellement recommencé, comme si tout engagement ne pouvait être qu'inachevé.

Voilà ce qu'à mon sens, ce livre apporte à la littérature présente : un effort pour dialectiser l'engagement même, mettre l'intellectuel (dont le Pasteur n'est en somme qu'une figure primitive) *à la fois* en face de lui-même et du monde. C'est, je crois, cette coïncidence des deux postulations qui fait la nouveauté du livre. Pour Velan, une conscience progressant dans le monde n'y est pas introduite en deux temps successifs, y faisant d'abord l'expérience de sa liberté, puis cherchant à l'y user; sa liberté et sa complicité [6] se font d'un même mouvement, même si ce mouvement reste tragiquement embarrassé. C'est cet *embarras* qui est nouveau; et c'est parce qu'il l'éclaire, parce qu'il en fait un nouvel objet romanesque, que ce livre est l'un de ceux qui contribuent à mettre en question toutes nos valeurs des dix dernières années.

1960, *Critique.*

---

6. Au sens brechtien d'*Einverstandnis,* c'est-à-dire d'intelligence du réel et d'intelligence *avec* le réel.

LA RÉPONSE DE KAFKA

*« Dans le combat entre toi et
le monde, seconde le monde. »*

Nous sortons d'un moment, celui de la littérature engagée. La fin
du roman sartrien, l'indigence imperturbable du roman socialiste,
le défaut d'un théâtre politique, tout cela, comme une vague qui se
retire, laisse à découvert un objet singulier et singulièrement résis-
tant : la littérature. Déjà, d'ailleurs, une vague contraire la recouvre, celle du dégagement déclaré : retour à l'histoire d'amour,
guerre aux « idées », culte du *bien écrire,* refus de se soucier des significations du monde, toute une éthique nouvelle de l'art se propose,
faite d'un tourniquet commode entre le romantisme et la désinvolture, les risques (minimes) de la poésie et la protection (efficace)
de l'intelligence.

Notre littérature serait-elle donc toujours condamnée à ce va-et-
vient épuisant entre le réalisme politique et l'art-pour-l'art, entre
une morale de l'engagement et un purisme esthétique, entre la
compromission et l'asepsie? Ne peut-elle jamais être que pauvre
(si elle n'est qu'elle-même) ou confuse (si elle est autre chose
qu'elle-même)? Ne peut-elle donc tenir une place juste dans
ce monde-ci?

A cette question, aujourd'hui, une réponse précise : le *Kafka*
de Marthe Robert [1]. Est-ce Kafka qui nous répond? Oui, bien sûr
(car il est difficile d'imaginer une exégèse plus scrupuleuse que celle
de Marthe Robert), mais il faut s'entendre. Kafka n'est pas le
kafkaïsme. Depuis vingt ans, le kafkaïsme alimente les littératures
les plus contraires, de Camus à Ionesco. S'agit-il de décrire la
terreur bureaucratique du moment moderne? *Le Procès, le Château,*

---

1. Marthe Robert : *Kafka*, Gallimard, 1960, coll. Bibliothèque idéale.

la Colonie pénitentiaire forment des modèles exténués. S'agit-il d'exposer les revendications de l'individualisme face à l'envahissement des objets? *La Métamorphose* est un truc profitable. A la fois réaliste et subjective, l'œuvre de Kafka se prête à tout le monde mais ne répond à personne. Il est vrai qu'on l'interroge peu; car ce n'est pas interroger Kafka que d'écrire à l'ombre de ses thèmes; comme le dit très bien Marthe Robert, la solitude, le dépaysement, la quête, la familiarité de l'absurde, bref les constantes de ce qu'on appelle l'univers kafkaïen, cela n'appartient-il pas à tous nos écrivains, dès lors qu'ils refusent d'écrire au service du monde de l'avoir? A la vérité, la réponse de Kafka s'adresse à celui qui l'a le moins interrogé, à *l'artiste*.

Voilà ce que nous dit Marthe Robert : que le sens de Kafka est dans sa *technique*. C'est là un propos très nouveau, non seulement par rapport à Kafka, mais par rapport à toute notre littérature, en sorte que le commentaire de Marthe Robert, d'apparence modeste (n'est-ce pas un livre de plus sur Kafka, paru dans une agréable collection de vulgarisation?) forme un essai profondément original, apportant cette bonne, cette précieuse nourriture de l'esprit qui naît de la conformité d'une intelligence et d'une interrogation.

Car en somme, si paradoxal que cela paraisse, nous ne possédons à peu près rien sur la technique littéraire. Lorsqu'un écrivain réfléchit sur son art (chose rare et abhorrée de la plupart), c'est pour nous dire comment il conçoit le monde, quels rapports il entretient avec lui, ce qu'est à ses yeux l'homme ; bref, chacun dit qu'il est réaliste, jamais comment. Or la littérature n'est que moyen, dépourvu de cause et de fin : c'est même sans doute ce qui la définit. Vous pouvez certes tenter une sociologie de l'institution littéraire; mais l'acte d'écriture, vous ne pouvez le limiter ni par un *pourquoi* ni par un *vers quoi*. L'écrivain est comme un artisan qui fabriquerait sérieusement un objet compliqué sans savoir selon quel modèle ni à quel usage, analogue à l'homéostat d'Ashby. Se demander pourquoi on écrit, c'est déjà un progrès sur la bienheureuse inconscience des « inspirés »; mais c'est un progrès désespéré, il n'y a pas de réponse. Mis à part la demande et le succès, qui sont des alibis empiriques bien plus que des mobiles véritables, l'acte littéraire est sans cause et sans fin parce que très précisément il est privé de toute sanction : il se propose au monde sans que nulle *praxis*

vienne le fonder ou le justifier : c'est un acte absolument intrans-
sitif, il ne modifie rien, rien ne le *rassure*.

Alors ? Eh bien, c'est là son paradoxe, cet acte s'épuise dans sa
technique, il n'existe qu'à l'état de manière. A la vieille question
(stérile) : *pourquoi écrire ?* le *Kafka* de Marthe Robert substitue une
question neuve : *comment écrire ?* Et ce *comment* épuise le *pourquoi* :
tout d'un coup l'impasse s'ouvre, une vérité apparaît. Cette vérité,
cette réponse de Kafka (à tous ceux qui veulent écrire), c'est celle-
ci : *l'être de la littérature n'est rien d'autre que sa technique.*

En somme, si l'on transcrit cette vérité en termes sémantiques,
cela veut dire que la spécialité de l'œuvre ne tient pas aux signifiés
qu'elle recèle (adieu à la critique des « sources » et des « idées »),
mais seulement à la forme des significations. La vérité de Kafka,
ce n'est pas le monde de Kafka (adieu au kafkaïsme), ce sont les
signes de ce monde. Ainsi l'œuvre n'est jamais réponse au mystère
du monde, la littérature n'est jamais dogmatique. En imitant le
monde et ses légendes (Marthe Robert a bien raison de consacrer
un chapitre de son essai à l'*imitation*, fonction cruciale de toute
grande littérature), l'écrivain ne peut mettre à jour que des signes
sans signifiés : le monde est une place toujours ouverte à la signification mais sans cesse déçue par elle. Pour l'écrivain, la littérature est cette parole qui dit jusqu'à la mort : je ne commencerai
pas à vivre avant de savoir quel est le sens de la vie.

Mais dire que la Littérature n'est qu'interrogation au monde,
n'a de poids que si l'on propose une véritable technique de l'interrogation, puisque cette interrogation doit durer à travers un récit
d'apparence assertive. Marthe Robert montre très bien que le récit
de Kafka n'est pas tissé de symboles, comme on l'a dit cent fois,
mais qu'il est le fruit d'une technique toute différente, celle de
l'allusion. La différence engage tout Kafka. Le symbole (la croix du
christianisme, par exemple) est un signe *sûr,* il affirme une analogie
(partielle) entre une forme et une idée, il implique une certitude.
Si les figures et les événements du récit kafkaïen étaient symboliques, ils renverraient à une philosophie positive (même déses-
pérée), à un Homme universel : on ne peut diverger sur le sens
d'un symbole, faute de quoi le symbole est manqué. Or le récit de
Kafka autorise mille clefs également plausibles, c'est-à-dire qu'il
n'en valide aucune.

Tout autre est l'allusion. Elle renvoie l'événement romanesque à autre chose que lui-même, mais à quoi ? L'allusion est une force défective, elle défait l'analogie sitôt qu'elle l'a posée. K. est arrêté sur l'ordre d'un Tribunal : voilà une image familière de la Justice. Mais nous apprenons que ce Tribunal ne conçoit pas du tout les délits comme notre Justice : la ressemblance est déçue, sans cependant s'effacer. En somme, comme l'explique bien Marthe Robert, tout procède d'une sorte de contraction sémantique : K. se sent arrêté, et tout se passe *comme si* K. était réellement arrêté *(le Procès)* ; le père de Kafka le traite de parasite, et tout se passe *comme si* Kafka était métamorphosé en parasite *(La Métamorphose).* Kafka fonde son œuvre en en supprimant systématiquement les *comme si :* mais c'est l'événement intérieur qui devient le terme obscur de l'allusion.

On le voit, l'allusion, qui est une pure technique de signification, engage en fait le monde entier, puisqu'elle exprime le rapport d'un homme singulier et d'un langage commun : un *système* (fantôme abhoré de tous les anti-intellectualismes) produit l'une des littératures les plus brûlantes que nous ayons connues. Par exemple (rappelle Marthe Robert), on dit couramment : *comme un chien, une vie de chien, chien de Juif ;* il suffit de faire du terme métaphorique l'objet plein du récit, renvoyant la subjectivité dans le domaine allusif, pour que l'homme insulté soit vraiment un chien : l'homme traité comme un chien *est* un chien. La technique de Kafka implique donc d'abord un accord au monde, une soumission au langage courant, mais aussitôt après, une réserve, un doute, un effroi devant la lettre des signes proposés par le monde. Marthe Robert dit excellemment que les rapports de Kafka et du monde sont réglés par un perpétuel : *oui, mais...* Au succès près, on peut le dire de toute notre littérature moderne (et c'est en cela que Kafka l'a vraiment fondée), puisqu'elle confond d'une façon inimitable le projet réaliste *(oui* au monde) et le projet éthique *(mais...).*

Le trajet qui sépare le *oui* du *mais,* c'est toute l'incertitude des signes, et c'est parce que les signes sont incertains qu'il y a une littérature. La technique de Kafka dit que le sens du monde n'est pas énonçable, que la seule tâche de l'artiste, c'est d'explorer des significations possibles, dont chacune prise à part ne sera que mensonge (nécessaire) mais dont la multiplicité sera la vérité même de l'écrivain. Voilà le paradoxe de Kafka : l'art dépend de la vérité, mais la vérité, étant indivisible, ne peut se connaître elle-même : *dire* la vérité, c'est mentir. Ainsi l'écrivain *est* la vérité, et pourtant quand il parle, il ment : l'autorité d'une œuvre ne se situe jamais au niveau de son esthétique, mais seulement au niveau de l'expérience morale qui en fait un mensonge assumé; ou plutôt, comme dit Kafka corrigeant Kierkegaard : *on ne parvient à la jouissance esthétique de l'être qu'à travers une expérience morale et sans orgueil.*

Le système allusif de Kafka fonctionne comme un signe immense qui interrogerait d'autres signes. Or l'exercice d'un système signifiant (les mathématiques, pour prendre un exemple trés éloigné de la littérature) ne connaît qu'une seule exigence, qui sera donc l'exigence esthétique elle-même : la rigueur. Toute défaillance, tout flottement dans la construction du système allusif produirait paradoxalement des symboles, substituerait un langage assertif à la fonction essentiellement interrogative de la littérature. C'est là encore une réponse de Kafka à tout ce qui se cherche actuellement autour du roman : que c'est finalement la précision d'une écriture (précision structurale, et non pas rhétorique, bien sûr : il ne s'agit pas de « bien écrire ») qui engage l'écrivain dans le monde : non pas dans l'une ou l'autre de ses options, mais dans sa défection même : c'est parce que le monde n'est pas *fait,* que la littérature est possible.

1960, *France-Observateur.*

SUR *LA MÈRE* DE BRECHT

Il a fallu au Tout-Paris beaucoup d'aveuglement pour voir dans *La Mère* une pièce de propagande : le choix marxiste de Brecht n'épuise pas plus son œuvre que le choix catholique n'épuise celle de Claudel. Naturellement, le marxisme est indissolublement lié à *La Mère ;* le marxisme est l'*objet* de *La Mère,* ce n'en est pas le sujet; le sujet de *La Mère,* c'est tout simplement, comme son titre le dit, la maternité [1].

C'est précisément la force de Brecht, de ne jamais donner une idée qu'elle ne soit vécue à travers un rapport humain réel et (ceci est plus original) de ne jamais créer de personnages hors des « idées » qui les font exister (personne ne vit sans idéologie : l'absence d'idéologie est elle-même une idéologie : c'est là le sujet de *Mère Courage*). Il a suffi à Brecht de conjoindre ces deux exigences pour reproduire un théâtre surprenant, qui déroute à la fois deux images : celle du marxisme et celle de la Mère. Par sa seule condition de mère révolutionnaire, Pélagie Vlassova ne satisfait aucun stéréo-type : elle ne prêche pas le marxisme, elle n'émet pas de tirades désincarnées sur l'exploitation de l'homme par l'homme; et d'autre part, elle n'est pas la figure attendue de l'Instinct Maternel, elle n'est pas la Mère essentielle : son être n'est pas au niveau de ses entrailles.

Du côté marxiste, le problème posé par *La Mère* est réel. On peut dire que c'est, amené à l'échelle de la personne, un problème général (et capital), valable pour la société entière, au niveau de l'histoire la plus large : celui de la conscience politique. Si le marxisme enseigne que le pourrissement du capitalisme est inscrit dans sa nature même, l'avènement de la société communiste n'en

---

1. A propos des représentations de *La Mère* de Gorki-Brecht, par le Berliner Ensemble, au Théâtre des Nations.

dépend pas moins de la conscience historique des hommes : c'est cette conscience qui porte la liberté de l'histoire, l'alternative célèbre qui promet au monde le socialisme *ou* la barbarie. Le savoir politique est donc le premier objet de l'action politique.

Ce principe fonde la fin même de tout le théâtre brechtien : ce n'est ni un théâtre critique, ni un théâtre héroïque, c'est un théâtre de la conscience, ou mieux encore : de la conscience naissante. D'où sa grande richesse « esthétique », propre à toucher, me semble-t-il, un public très large (et le succès croissant de Brecht en Occident le confirme). D'abord parce que la conscience est une réalité ambiguë, à la fois sociale et individuelle; et comme il n'y a de théâtre que des personnes, la conscience est précisément ce qui peut être saisi de l'histoire à travers l'individu. Ensuite parce que l'inconscience est un bon spectacle (le comique, par exemple); ou plus exactement, le spectacle de l'inconscience est le commencement de la conscience. Ensuite parce que l'éveil d'un savoir est par définition un mouvement, en sorte que la durée de l'action peut rejoindre la durée même du spectacle. Enfin parce que l'accouchement d'une conscience est un sujet adulte, c'est-à-dire proprement humain; montrer cet accouchement, c'est rejoindre l'effort des grandes philosophies, l'histoire même de l'esprit.

Et c'est d'ailleurs ici, dans cette fonction spectaculaire de l'éveil, que *La Mère* livre son véritable sujet, j'entends de structure et non pas seulement d'opinion, qui est la maternité.

Quelle maternité? D'ordinaire, nous n'en connaissons qu'une, celle de la Genitrix. Non seulement, dans notre culture, la Mère est un être de pur instinct, mais encore lorsque sa fonction se socialise, c'est toujours dans un seul sens : c'est elle qui forme l'enfant; ayant accouché une première fois de son fils, elle accouche une seconde fois son esprit : elle est éducatrice, institutrice, elle ouvre à l'enfant la conscience du monde moral. Toute la vision chrétienne de la famille repose ainsi sur un rapport unilatéral qui part de la Mère et va à l'enfant : même si elle ne parvient pas à diriger l'enfant, la Mère est toujours celle qui prie pour lui, pleure pour lui, comme Monique pour son fils Augustin.

Dans *La Mère*, le rapport est inversé : c'est le fils qui accouche spirituellement la Mère. Cette réversion de la nature est un grand thème brechtien : réversion et non destruction : l'œuvre de Brecht n'est pas une leçon de *relativité*, de style voltairien : Pavel éveille Pélagie Vlassova à la conscience sociale (d'ailleurs à travers une praxis et non à travers une parole : Pavel est essentiellement *silencieux*), mais c'est là un accouchement qui ne répond au premier qu'en l'élargissant. La vieille image païenne (on la trouve dans Homère), celle des fils succédant aux parents comme les feuilles sur l'arbre, la nouvelle pousse chassant l'ancienne, cette image, sinon immobile, du moins mécanique, fait place à l'idée qu'en se répétant, les situations changent, les objets se transforment, le monde progresse par qualités : non seulement, dans le mouvement fatal des générations, la mère brechtienne n'est pas abandonnée, non seulement elle reçoit après avoir donné, mais ce qu'elle reçoit est autre chose que ce qu'elle a donné : qui a produit la vie reçoit la conscience.

Dans l'ordre bourgeois, la transmission se fait toujours de l'ascendant au rejeton : c'est la définition même de l'*héritage,* mot dont la fortune dépasse de beaucoup les limites du code civil (on hérite d'idées, de valeurs, etc.). Dans l'ordre brechtien, il n'y a pas d'héritage, sinon inversé : le fils mort, c'est la mère qui le reprend, le continue, comme si c'était elle la jeune pousse, la nouvelle feuille appelée à s'épanouir. Ainsi ce vieux thème de la relève, qui a alimenté tant de pièce héroïco-bourgeoises, n'a plus rien d'anthropologique; il n'illustre pas une loi fatale de la nature : dans *La Mère,* la liberté circule au cœur même du rapport humain le plus « naturel » : celui d'une mère et de son fils.

Et pourtant, toute l' « émotion » est là, sans quoi il n'y a pas de théâtre brechtien. Voyez le jeu de Hélène Weigel, qu'on a eu le front de trouver trop discret, comme si la maternité n'était qu'un ordre d'expression : pour recevoir de Pavel la conscience même du monde, elle se fait d'abord « autre »; au début, elle est la mère traditionnelle, celle qui ne comprend pas, réprouve un peu, mais sert obstinément la soupe, reprise les vêtements; elle est la Mère-Enfant, c'est-à-dire que toute l'épaisseur affective du rapport est préservée. Sa conscience n'éclôt vraiment que lorsque son fils est mort : elle ne le rejoint jamais. Ainsi, tout au long de ce mûrissement, une distance sépare la mère du fils, nous rappelant que cet itinéraire juste est un itinéraire atroce : l'amour n'est pas ici effusion, il est cette force qui transforme le fait en conscience, puis en action : c'est l'amour qui ouvre les yeux. Faut-il donc être « fanatique » de Brecht, pour reconnaître que ce théâtre brûle?

1960, *Théâtre populaire.*

ÉCRIVAINS ET ÉCRIVANTS

Qui parle? Qui écrit? Il nous manque encore une sociologie de la parole. Ce que nous savons, c'est que la parole est un pouvoir, et que, entre la corporation et la classe sociale, un groupe d'hommes se définit assez bien en ceci, qu'il détient, à des degrés divers, le langage de la nation. Or pendant très longtemps, probablement pendant toute l'ère capitaliste classique, c'est-à-dire du XVIe au XIXe siècle, en France, les propriétaires incontestés du langage, c'étaient les écrivains et eux seuls; si l'on excepte les prédicateurs et les juristes, enfermés d'ailleurs dans des langages fonctionnels, personne d'autre ne parlait; et cette sorte de monopole du langage produisait curieusement un ordre rigide, moins des producteurs que de la production : ce n'était pas la profession littéraire qui était structurée (elle a beaucoup évolué pendant trois siècles, du poète domestique à l'écrivain-homme d'affaires), c'était la matière même de ce discours littéraire, soumis à des règles d'emploi, de genre et de composition, à peu près immuable de Marot à Verlaine, de Montaigne à Gide (c'est la langue qui a bougé, ce n'est pas le discours). Contrairement aux sociétés dites primitives, dans lesquelles il n'y a de sorcellerie qu'à travers le sorcier, comme l'a montré Mauss, l'*institution* littéraire était de beaucoup transcendante aux *fonctions* littéraires, et dans cette institution, son matériau essentiel, la parole. Institutionnellement, la littérature de la France, c'est son langage, système mi-linguistique, mi-esthétique, auquel n'a même pas manqué une dimension mythique, celle de sa *clarté*.

Depuis quand, en France, l'écrivain n'est-il plus seul à parler? Depuis sans doute la Révolution; on voit alors apparaître (je m'en assurais en lisant ces jours-ci un texte de Barnave) [1] des hommes qui

---

1. Barnave, *Introduction à la Révolution française.* Texte présenté par F. Rude, *Cahiers des Annales*, nº 15, Armand Colin, 1960.

s'approprient la langue des écrivains à des fins politiques. L'institution reste en place : il s'agit toujours de cette grande langue française, dont le lexique et l'euphonie sont respectueusement préservés à travers la plus grande secousse de l'histoire de France; mais les fonctions changent, le personnel va s'augmentant tout le long du siècle; les écrivains eux-mêmes, de Chateaubriand ou Maistre à Hugo ou à Zola, contribuent à élargir la fonction littéraire, à faire de cette parole institutionnalisée dont ils sont encore les propriétaires reconnus, l'instrument d'une action nouvelle; et à côté des écrivains proprement dits, il se constitue et se développe un groupe nouveau, détenteur du langage public. Intellectuels ? Le mot est de résonance complexe [2], je préfère les appeler ici des *écrivants*. Et comme nous sommes peut-être aujourd'hui dans ce moment fragile de l'histoire où les deux fonctions coexistent, c'est une typologie comparée de l'écrivain et de l'écrivant que je voudrais esquisser, quitte à ne retenir pour cette comparaison qu'une seule référence : celle du matériau qu'ils ont en commun, la parole.

L'écrivain accomplit une fonction, l'écrivant une activité, voilà ce que la grammaire nous apprend déjà, elle qui oppose justement le substantif de l'un au verbe (transitif) de l'autre [3]. Ce n'est pas que l'écrivain soit une pure essence : il agit, mais son action est immanente à son objet, elle s'exerce paradoxalement sur son propre instrument : le langage; l'écrivain est celui qui *travaille* sa parole (fût-il inspiré) et s'absorbe fonctionnellement dans ce travail. L'activité de l'écrivain comporte deux types de normes : des normes techniques (de composition, de genre, d'écriture) et des normes artisanales (de labeur, de patience, de correction, de perfection). Le paradoxe c'est que, le matériau devenant en quelque sorte sa propre fin, la littérature est au fond une activité tautologique, comme celle de ces machines cybernétiques construites *pour elles-mêmes* (l'homéostat d'Ashby) : l'écrivain est un homme qui absorbe radicalement le *pourquoi* du monde dans un *comment écrire*.

---

2. On dit qu'au sens où nous l'entendons aujourd'hui, *intellectuel* est né au moment de l'affaire Dreyfus, appliqué évidemment par les anti-dreyfusards aux dreyfusards.

3. A l'origine, l'écrivain est celui qui écrit à la place des autres. Le sens actuel (auteur de livres) date du XVIe siècle.

Et le miracle, si l'on peut dire, c'est que cette activité narcissique ne cesse de provoquer, au long d'une littérature séculaire, une interrogation au monde : en s'enfermant dans le *comment écrire*, l'écrivain finit par retrouver la question ouverte par excellence : pourquoi le monde ? Quel est le sens des choses ? En somme, c'est au moment même où le travail de l'écrivain devient sa propre fin, qu'il retrouve un caractère médiateur : l'écrivain conçoit la littérature comme fin, le monde la lui renvoie comme moyen : et c'est dans cette *déception* infinie, que l'écrivain retrouve le monde, un monde étrange d'ailleurs, puisque la littérature le représente comme une question, jamais, *en définitive,* comme une réponse.

La parole n'est ni un instrument, ni un véhicule : c'est une structure, on s'en doute de plus en plus ; mais l'écrivain est le seul, par définition, à perdre sa propre structure et celle du monde dans la structure de la parole. Or cette parole est une matière (infiniment) travaillée ; elle est un peu comme une sur-parole, le réel ne lui est jamais qu'un prétexte (pour l'écrivain, *écrire* est un verbe intransitif) ; il s'ensuit qu'elle ne peut jamais expliquer le monde, ou du moins, lorsqu'elle feint de l'expliquer, ce n'est jamais que pour mieux en reculer l'ambiguïté : l'explication fixée dans une *œuvre* (travaillée), elle devient immédiatement un produit ambigu du réel, auquel elle est liée *avec distance ;* en somme la littérature est toujours irréaliste, mais c'est son irréalisme même qui lui permet de poser souvent de bonnes questions au monde — sans que ces questions puissent jamais être directes : parti d'une explication théocratique du monde, Balzac n'a finalement rien fait d'autre que de l'interroger. Il s'ensuit que l'écrivain s'interdit existentiellement deux modes de parole, quelle que soit l'intelligence ou la sincérité de son entreprise : d'abord *la doctrine,* puisqu'il convertit malgré lui, par son projet même, toute explication en spectacle : il n'est jamais qu'un inducteur d'ambiguïté [4] ; ensuite *le témoignage :* puisqu'il s'est donné à la parole, l'écrivain ne peut avoir de conscience naïve : on ne peut travailler un cri, sans que le message porte finalement beaucoup plus sur le travail que sur le cri : en

4. Un écrivain peut produire un système, mais qui ne sera jamais consommé comme tel. Je tiens Fourier pour un grand écrivain, à proportion du spectacle prodigieux que me donne sa description du monde.

s'identifiant à une parole, l'écrivain perd tout droit de reprise sur la vérité, car le langage est précisément cette structure dont la fin même (du moins historiquement, depuis le Sophisme), dès lors qu'il n'est plus rigoureuseent transitif, est de neutraliser le vrai et le faux [5]. Mais ce qu'il gagne évidemment, c'est le pouvoir d'ébranler le monde, en lui donnant le spectacle vertigineux d'une *praxis* sans sanction. C'est pourquoi il est dérisoire de demander à un écrivain d'*engager* son œuvre : un écrivain qui « s'engage » prétend jouer simultanément de deux structures, et ce ne peut être sans tricher, sans se prêter à ce tourniquet astucieux qui faisait maître Jacques tantôt cuisinier tantôt cocher, mais jamais les deux ensemble (inutile de revenir une fois de plus sur tous les exemples de grands écrivains inengagés ou « mal » engagés, et de grands engagés mauvais écrivains). Ce qu'on peut demander à l'écrivain, c'est d'être responsable; encore faut-il s'entendre : que l'écrivain soit responsable de ses opinions est insignifiant; qu'il assume plus ou moins intelligemment les implications idéologiques de son œuvre, cela même est secondaire; pour l'écrivain, la responsabilité véritable, c'est de supporter la littérature comme *un engagement manqué,* comme un regard moïséen sur la Terre Promise du réel (c'est la responsabilité de Kafka, par exemple).

Naturellement, la littérature n'est pas une grâce, c'est le corps des projets et des décisions qui conduisent un homme à s'accomplir (c'est-à-dire d'une certaine façon à s'essentialiser) dans la seule parole : est écrivain, celui qui veut l'être. Naturellement aussi, la société, qui consomme l'écrivain, transforme le projet en vocation, le travail du langage en don d'écrire, et la technique en art : c'est ainsi qu'est né le mythe du *bien-écrire* : l'écrivain est un prêtre appointé, il est le gardien, mi-respectable, mi-dérisoire, du sanctuaire de la grande Parole française, sorte de Bien national, marchandise sacrée, produite, enseignée, consommée et exportée dans le cadre d'une économie sublime des valeurs. Cette sacralisation

5. Structure du réel et structure du langage : rien n'alerte mieux sur la difficulté de coïncidence, que l'échec constant de la dialectique, lorsqu'elle devient discours : car le langage n'est pas dialectique : la dialectique *parlée* est un vœu pieux; le langage ne peut dire que : *il faut* être dialectique, mais il ne peut l'être lui-même : le langage est une représentation sans perspective, sauf précisément celui de l'écrivain; mais l'écrivain se dialectise, il ne dialectise pas le monde.

du travail de l'écrivain sur sa forme a de grandes conséquences, et qui ne sont pas formelles : elle permet à la (bonne) société de distancer le contenu de l'œuvre elle-même quand ce contenu risque de la gêner, de le convertir en pur spectacle, auquel elle est en droit d'appliquer un jugement libéral (c'est-à-dire indifférent), de neutraliser la révolte des passions, la subversion des critiques (ce qui oblige l'écrivain « engagé » à une provocation incessante et impuissante), bref de récupérer l'écrivain : il n'y a aucun écrivain qui ne soit un jour digéré par les institutions littéraires, sauf à se saborder, c'est-à-dire sauf à cesser de confondre son être avec celui de la parole : c'est pourquoi si peu d'écrivains renoncent à écrire, car c'est à la lettre se tuer, mourir à l'être qu'ils ont choisi; et s'il s'en trouve, leur silence résonne comme une conversion inexplicable (Rimbaud) [6].

Les écrivants, eux, sont des hommes « transitifs »; ils posent une fin (témoigner, expliquer, enseigner) dont la parole n'est qu'un moyen; pour eux, la parole supporte un faire, elle ne le constitue pas. Voilà donc le langage ramené à la nature d'un instrument de communication, d'un véhicule de la « pensée ». Même si l'écrivant apporte quelque attention à l'écriture, ce soin n'est jamais ontologique : il n'est pas souci. L'écrivant n'exerce aucune action technique essentielle sur la parole; il dispose d'une écriture commune à tous les écrivants, sorte de *koïnè*, dans laquelle on peut certes, distinguer des dialectes (par exemple marxiste, chrétien, existentialiste), mais très rarement des styles. Car ce qui définit l'écrivant, c'est que son projet de communication est *naïf* : il n'admet pas que son message se retourne et se ferme sur lui-même, et qu'on puisse y lire, d'une façon diacritique, autre chose que ce qu'il veut dire : quel écrivant supporterait que l'on psychanalyse son écriture? Il considère que sa parole met fin à une ambiguïté du monde, institue une explication irréversible (même s'il l'admet provisoire), ou une information incontestable (même s'il se veut modeste enseignant); alors que pour l'écrivain, on l'a vu, c'est tout le contraire : il sait bien que sa parole, intransitive par choix et par labeur, inaugure une ambiguïté, même si elle se donne pour

6. Ce sont là les données modernes du problème. On sait qu'au contraire les contemporains de Racine ne se sont nullement étonnés de le voir cesser brusquement d'écrire des tragédies pour devenir fonctionnaire royal.

péremptoire, qu'elle s'offre paradoxalement comme un silence monumental à déchiffrer, qu'elle ne peut avoir d'autre devise que le mot profond de Jacques Rigaut : *Et même quand j'affirme, j'interroge encore.*

L'écrivain participe du prêtre, l'écrivant du clerc; la parole de l'un est un acte intransitif (donc, d'une certaine façon, un geste), la parole de l'autre est une activité. Le paradoxe, c'est que la société consomme avec beaucoup plus de réserve une parole transitive qu'une parole intransitive : le statut de l'écrivant est, même aujourd'hui où les écrivants foisonnent, beaucoup plus embarrassé que celui de l'écrivain. Cela tient d'abord à une donnée matérielle : la parole de l'écrivain est une marchandise livrée selon des circuits séculaires, elle est l'unique objet d'une institution qui n'est faite que pour elle, la littérature; la parole de l'écrivant, au contraire, ne peut être produite et consommée qu'à l'ombre d'institutions qui ont, à l'origine, une tout autre fonction que de faire valoir le langage : l'Université, et accessoirement, la Recherche, la Politique, etc. Et puis la parole de l'écrivant est en porte-à-faux d'une autre manière : du fait qu'elle n'est (ou ne se croit) qu'un simple véhicule, sa nature marchande est reportée sur le projet dont elle est l'instrument : on est censé vendre de la pensée, hors de tout art; or le principal attribut mythique de la pensée « pure » (il vaudrait mieux dire « inappliquée »), c'est précisément d'être produite hors du circuit de l'argent : contrairement à la forme (qui coûte cher, disait Valéry), la pensée ne coûte rien, mais aussi elle ne se vend pas, elle se donne généreusement. Ceci accuse au moins deux nouvelles différences entre l'écrivain et l'écrivant. D'abord la production de l'écrivant a toujours un caractère libre, mais aussi quelque peu « insistant » : l'écrivant propose à la société ce que la société ne lui demande pas toujours : située en marge des institutions et des transactions, sa parole apparaît paradoxalement bien plus individuelle, du moins dans ses motifs, que celle de l'écrivain : *le fonction de l'écrivant, c'est de dire en toute occasion et sans retard ce qu'il pense* [7] ; et cette fonction suffit,

---

7. Cette fonction de *manifestation immédiate* est le contraire même de celle de l'écrivain : 1º l'écrivain engrange, il publie à un rythme qui n'est pas celui de sa conscience; 2º il médiatise ce qu'il pense par une forme laborieuse et « régulière »; 3º il s'offre à une interrogation libre sur son œuvre, c'est le contraire d'un dogmatique.

pense-t-il, à le justifier; d'où l'aspect critique, urgent, de la parole
écrivante : elle semble toujours signaler un conflit entre le caractère irrépressible de la pensée et l'inertie d'une société qui répugne
à consommer une marchandise qu'aucune institution spécifique
ne vient normaliser. On voit ainsi *a contrario* — et c'est la seconde
différence — que la fonction sociale de la parole littéraire (celle
de l'écrivain), c'est précisément de *transformer la pensée* (ou la
conscience, ou le cri) *en marchandise;* la société mène une sorte de
combat vital pour s'approprier, acclimater, institutionnaliser le
hasard de la pensée, et c'est le langage, modèle des institutions,
qui lui en donne le moyen : le paradoxe, c'est ici qu'une parole
« provocante » tombe sans peine sous la coupe de l'institution
littéraire : les scandales du langage, de Rimbaud à Ionesco, sont
rapidement et parfaitement intégrés; et une pensée provocante,
dans la mesure où on la veut immédiate (sans médiation), ne peut
que s'exténuer dans un *no man's land* de la forme : il n'y a jamais de
scandale complet.

Je décris là une contradiction qui, en fait, est rarement pure :
chacun aujourd'hui, se meut plus ou moins ouvertement entre les
deux postulations, celle de l'écrivain et celle de l'écrivant; l'histoire sans doute le veut ainsi, qui nous a fait naître trop tard pour
être des écrivains superbes (de bonne conscience) et trop tôt (?)
pour être des écrivants écoutés. Aujourd'hui, chaque participant
de l'intelligentsia tient en lui les deux rôles, dont il « rentre » plus
ou moins bien l'un ou l'autre : des écrivains ont brusquement des
comportements, des impatiences d'écrivants; des écrivants se
haussent parfois jusqu'au théâtre du langage. Nous voulons
écrire quelque chose, et en même temps, *nous écrivons* tout court.
Bref notre époque accoucherait d'un type bâtard : l'écrivain-écrivant. Sa fonction ne peut être elle-même que paradoxale : il provoque et conjure à la fois; formellement, sa parole est libre, soustraite
à l'institution du langage littéraire, et cependant, enfermée dans
cette liberté même, elle secrète ses propres règles, sous forme d'une
écriture commune; sorti du club des gens de lettres, l'écrivain-
écrivant retrouve un autre club, celui de l'intelligentsia. A l'échelle
de la société entière, ce nouveau groupement a une fonction
complémentaire : l'écriture de l'intellectuel fonctionne comme le
signe paradoxal d'un non-langage, elle permet à la société de

vivre le rêve d'une communication sans système (sans institution) :
écrire sans écrire, communiquer de la pensée pure sans que cette
communication développe aucun message parasite, voilà le modèle
que l'écrivain-écrivant accomplit pour la société. C'est un modèle
à la fois distant et nécessaire, avec lequel la société joue un peu au
chat et à la souris : elle reconnaît l'écrivain-écrivant en achetant
(un peu) ses œuvres, en admettant leur caractère public; et en
même temps, elle le tient à distance, en l'obligeant à prendre
appui sur des institutions annexes qu'elle contrôle (l'Université,
par exemple), en l'accusant sans cesse d'intellectualisme, c'est-
à-dire, mythiquement, de stérilité (reproche que n'encourt jamais
l'écrivain). Bref, d'un point de vue anthropologique, l'écrivain-
écrivant est un exclu intégré par son exclusion même, un héritier
lointain du Maudit : sa fonction dans la société globale n'est peut-
être pas sans rapport avec celle que Cl. Lévi-Strauss attribue
au Sorcier [8] : fonction de complémentarité, le sorcier et l'intellectuel fixant en quelque sorte une maladie nécessaire à l'économie
collective de la santé. Et naturellement, il n'est pas étonnant qu'un
tel conflit (ou un tel contrat, comme on voudra) se noue au niveau
du langage; car le langage est ce paradoxe : l'institutionnalisation
de la subjectivité.

1960, *Arguments*.

---

8. Introduction à l'œuvre de Mauss, dans MAUSS : *Sociologie et Anthropologie*, P.U.F.

LA LITTÉRATURE, AUJOURD'HUI

I. Pouvez-vous nous dire quelles sont actuellement vos préoccupations et dans quelle mesure elles recoupent la littérature [1] ?

Je me suis toujours intéressé à ce que l'on pourrait appeler la responsabilité des formes. Mais c'est seulement à la fin des *Mythologies* que j'ai pensé qu'il fallait poser ce problème en termes de signification, et depuis, la signification est explicitement ma préoccupation essentielle. La signification, c'est-à-dire : l'union de ce qui signifie et de ce qui est signifié; c'est-à-dire encore : ni les formes ni les contenus, mais le procès qui va des uns aux autres. Autrement dit : depuis la post-face des *Mythologies*, les idées, les thèmes m'intéressent moins que la façon dont la société s'en empare pour en faire la substance d'un certain nombre de systèmes signifiants. Cela ne veut pas dire que cette substance est indifférente; cela veut dire qu'on ne peut la saisir, la manier, la juger, en faire la matière d'explications philosophiques, sociologiques ou politiques, sans avoir d'abord décrit et compris le système de signification dont elle n'est qu'un terme; et comme ce système est formel, je me suis trouvé engagé dans une série d'analyses structurales, qui visent toutes à définir un certain nombre de « langages » extra-linguistiques : autant de « langages », à vrai dire, qu'il y a d'objets culturels (quelle que soit leur origine réelle), que la société a dotés d'un pouvoir de signification : par exemple, la nourriture sert à manger; mais elle sert aussi à *signifier* (des conditions, des circonstances, des goûts); la nourriture est donc un système signifiant, et il faudra un jour la décrire comme telle. Comme systèmes signifiants (hormis la langue proprement dite), on peut citer : la nourriture, le vêtement, les images, le cinéma, la mode, la littérature. Naturellement, ces systèmes n'ont pas la même structure. On

1. Réponse à un questionnaire élaboré par la revue *Tel quel*.

peut prévoir que les systèmes les plus intéressants, ou les plus compliqués, sont ceux qui dérivent de systèmes eux-mêmes déjà signifiants : c'est par exemple le cas de la littérature, qui dérive du système signifiant par excellence, la langue. C'est aussi le cas de la mode, du moins telle qu'elle est *parlée* par le journal de mode; c'est pourquoi, sans m'attaquer directement à la littérature, système redoutable tant il est riche de valeurs historiques, j'ai récemment entrepris de décrire le système de signification constitué par le vêtement féminin de mode tel qu'il est *décrit* par les journaux spécialisés[2]. Ce mot de *description* dit assez qu'en m'installant dans la mode, j'étais déjà dans la littérature; en somme, la mode écrite n'est qu'une littérature particulière, exemplaire cependant, puisqu'en *décrivant* un vêtement, elle lui confère un sens (de mode) qui n'est pas le sens littéral de la phrase : n'est-ce pas la définition même de la littérature? L'analogie va plus loin : mode et littérature sont peut-être ce que j'appellerai des systèmes homéostatiques, c'est-à-dire des systèmes dont la fonction n'est pas de communiquer un signifié objectif, extérieur et préexistant au système, mais de créer seulement un équilibre de fonctionnement, une signification en mouvement : car la mode n'est rien d'autre que ce qu'on en dit, et le sens second d'un texte littéraire est peut-être évanescent, « vide », bien que ce texte ne cesse de fonctionner comme le signifiant de ce sens vide. La mode et la littérature signifient fortement, subtilement, avec tous les détours d'un art extrême, mais, si l'on veut, elles signifient « rien », leur être est dans la signification, non dans leurs signifiés.

S'il est vrai que mode et littérature sont des systèmes signifiants dont le signifié est par principe déçu, cela oblige fatalement à réviser les idées que l'on pourrait avoir sur l'histoire de la mode (mais heureusement on ne s'en est guère occupé) et que l'on a eues effectivement sur l'histoire de la littérature. Toutes deux sont comme le vaisseau Argo : les pièces, les substances, les matières de l'objet changent, au point que l'objet est périodiquement neuf, et cependant le nom, c'est-à-dire l'être de cet objet reste toujours le même; il s'agit donc plus de systèmes que d'objets : leur être est dans la forme, non dans le contenu ou la fonction; il y a par

---

2. *Système de la Mode*, à paraître aux éditions du Seuil.

conséquent une histoire formelle de ces systèmes, qui épuise peut-être beaucoup plus qu'on ne croit leur histoire tout court, dans la mesure où cette histoire est compliquée, annulée ou simplement dominée par un devenir endogène des formes; c'est évident pour la mode, où la rotation des formes est régulière, soit annuelle au niveau d'une microdiachronie, soit séculaire au niveau de la longue durée (voir les travaux très précieux de Kroeber et Richardson); pour la littérature, le problème est évidemment beaucoup plus complexe dans la mesure où la littérature est consommée par une société plus large, mieux intégrée que la société de mode; dans la mesure surtout où la littérature, purifiée du mythe de la *futilité,* propre à la mode, est censée incarner une certaine *conscience* de la société tout entière, et passe ainsi pour une valeur, si l'on peut dire, historiquement naturelle. En fait, l'histoire de la littérature comme système signifiant n'a jamais été faite; pendant longtemps, on a fait l'histoire des *genres* (ce qui a peu de rapport avec l'histoire des formes signifiantes), et c'est cette histoire qui prévaut encore dans les manuels scolaires et, plus strictement encore, dans nos tableaux de littérature contemporaine; puis, sous l'influence soit de Taine, soit de Marx, on a ici et là entrepris une histoire des *signifiés* littéraires; l'entreprise la plus remarquable sur ce plan est sans doute celle de Goldmann : Goldmann a été fort loin, puisqu'il a essayé de lier une forme (la tragédie) à un contenu (la vision d'une classe politique); mais à mon sens, l'explication est incomplète dans la mesure où la liaison elle-même, c'est-à-dire en somme la signification, n'est pas pensée : entre deux termes, l'un historique et l'autre littéraire, on postule un rapport *analogique* (la déception tragique de Pascal et Racine *reproduit* comme une copie la déception politique de l'aile droitière du jansénisme), en sorte que la *signification* dont se réclame avec beaucoup d'intuition Goldmann, reste, à mon sens, un déterminisme déguisé. Ce qu'il faudrait (mais c'est sans doute vite dit), c'est, non pas retracer l'histoire des signifiés littéraires, mais l'histoire des significations, c'est-à-dire en somme l'histoire des techniques sémantiques grâce auxquelles la littérature impose un sens (fût-il « vide ») à ce qu'elle dit; bref, il faudrait avoir le courage d'entrer dans « la cuisine du sens ».

II. *Vous avez écrit :* « *Chaque écrivain qui naît ouvre en lui le procès de la littérature.* »

Cette incessante, cette nécessaire remise en question ne risque-t-elle pas dans l'avenir d'exercer une influence redoutable sur certains écrivains pour qui la « *remise en question* » *ne serait plus qu'un nouveau* « *rituel* » *littéraire — donc sans portée réelle ?*

Ne pensez-vous pas d'autre part que la notion d'un « *échec* » *nécessaire à la* « *réussite* » *profonde d'une œuvre, soit, de même, en train de devenir trop souvent délibérée ?*

Il y a deux sortes d'échecs : l'échec historique d'une littérature qui ne peut répondre aux questions du monde sans altérer le caractère déceptif du système signifiant qui constitue cependant sa forme la plus adulte : la littérature, aujourd'hui, en est réduite à poser des questions au monde, alors que le monde, aliéné, a besoin de réponses; et l'échec mondain de l'œuvre devant un public qui la refuse. Le premier échec peut être vécu par chaque auteur, s'il est lucide, comme l'échec existentiel de son projet d'écrire ; il n'y a rien à en dire, on ne peut le soumettre à une morale, encore moins à une simple hygiène : que dire à une conscience malheureuse et qui a, historiquement, raison de l'être ? Cet échec-là appartient à cette « doctrine intérieure qu'il ne faut jamais communiquer » (Stendhal). Quant à l'échec mondain, il ne peut intéresser (en dehors de l'auteur lui-même, bien entendu!) que des sociologues ou des historiens, qui s'efforceront de lire le refus du public comme l'indice d'une attitude sociale ou historique; on peut remarquer que sur ce point, notre société refuse très peu d'œuvres et que « l'acculturation » des œuvres maudites (d'ailleurs rares), non-conformistes ou ascétiques, bref de ce que l'on pourrait appeler l'avant-garde, est particulièrement rapide; on ne voit nulle part cette culture de l'échec dont vous parlez : ni dans le public, ni dans l'édition (bien sûr), ni chez les jeunes auteurs, qui paraissent, pour la plupart, très assurés de ce qu'ils font; peut-être, d'ailleurs, le sentiment de la littérature comme échec ne peut-il venir qu'à ceux qui lui sont extérieurs.

III. *Dans* Le degré zéro de l'écriture *et à la fin des* Mythologies [3], *vous dites qu'il faut chercher « une réconciliation du réel et des hommes, de la description et de l'explication, de l'objet et du savoir ». Cette réconciliation rejoint-elle la position des Surréalistes, pour qui la « fracture » entre le monde et l'esprit humain n'est pas incurable ?*

Comment concilieriez-vous cette opinion avec votre apologie de « l'engagement manqué » (kafkéen) de l''écrivain ?

Pouvez-vous préciser cette dernière notion ?

Pour le surréalisme, en dépit des tentations politiques du mouvement, la coïncidence du réel et de l'esprit humain était possible *immédiatement*, c'est-à-dire en dehors de toute médiation, fût-elle révolutionnaire (et l'on pourrait même définir le surréalisme comme une technique d'immédiation). Mais dès le moment où l'on pense que la société ne peut se désaliéner en dehors d'un procès politique ou, plus largement, historique, cette même coïncidence (ou réconciliation), sans cesser d'être crédible, passe sur le plan de l'utopie; il y a donc, dès lors, une vision utopique (et médiate) et une vision réaliste (et immédiate) de la littérature; ces deux visions ne sont pas contradictoires, mais complémentaires.

Naturellement, la vision réaliste et immédiate, se rapportant à une réalité aliénée, ne peut être en aucune manière une « apologie » : dans une société aliénée, la littérature est aliénée : il n'y a donc aucune littérature réelle (fût-elle celle de Kafka) dont on puisse faire « l'apologie » : ce n'est pas la littérature qui va libérer le monde. Pourtant, dans cet état « réduit » où l'histoire nous place aujourd'hui, il y a plusieurs manières de faire de la littérature : il y a un choix possible, et par conséquent il y a, sinon une morale, du moins une responsabilité de l'écrivain. On peut faire de la littérature une valeur *assertive*, soit dans la réplétion, en l'accordant aux valeurs conservatrices de la société, soit dans la tension, en en faisant l'instrument d'un combat de libération; à l'inverse, on peut accorder à la littérature une valeur essentiellement *interrogative;* la littérature devient alors le signe (et peut-être le seul signe possible) de cette opacité historique dans laquelle nous vivons subjectivement; admirablement servi par ce

---

3. Éditions du Seuil, 1953 et 1957.

système signifiant déceptif qui, à mon sens, constitue la littérature, l'écrivain peut alors *à la fois* engager profondément son œuvre dans le monde, dans les questions du monde, mais suspendre cet engagement précisément là où les doctrines, les partis, les groupes et les cultures lui soufflent une réponse. L'interrogation de la littérature est alors, d'un seul et même mouvement, infime (par rapport aux besoins du monde) et essentielle (puisque c'est cette interrogation qui la constitue). Cette interrogation, ce n'est pas : *quel est le sens du monde ?* ni même peut-être : *le monde a-t-il un sens ?* mais seulement : *voici le monde : y a-t-il du sens en lui ?* La littérature est alors vérité, mais la vérité de la littérature est à la fois cette impuissance même à répondre aux questions que le monde se pose sur ses malheurs, et ce pouvoir de poser des questions réelles, des questions totales, dont la réponse ne soit pas présupposée, d'une façon ou d'une autre, dans la forme même de la question : entreprise qu'aucune philosophie, peut-être, n'a réussie, et qui appartiendrait alors, véritablement, à la littérature.

IV. *Que pensez-vous du lieu d'expérience littéraire que pourrait être aujourd'hui une revue comme la nôtre ?*

La notion d'un « achèvement » (cependant ouvert : il ne s'agit pas, en effet, de « bien écrire ») d'ordre esthétique, vous paraît-elle ou non la seule exigence qui puisse justifier cette expérience ?

Quels conseils aimeriez-vous nous donner ?

Je comprends votre projet : vous vous êtes trouvés d'une part devant des revues littéraires, mais dont la littérature était celle de vos aînés, et d'autre part devant des revues polygraphes, de plus en plus indifférentes à la littérature; vous vous êtes sentis insatisfaits, vous avez voulu réagir à la fois contre une certaine littérature et contre un certain mépris de la littérature. Cependant, l'objet que vous produisez est, à mon sens, paradoxal, et voici pourquoi : faire une revue, même littéraire, n'est pas un acte littéraire, c'est un acte entièrement social : c'est décider que l'on va, en quelque sorte, institutionnaliser l'actualité. Or la littérature, n'étant que forme, ne fournit aucune actualité (à moins de substantialiser ses formes et de faire de la littérature un monde suffisant); c'est le monde qui est actuel, ce n'est pas la littérature : la littérature n'est qu'une lumière indirecte. Peut-on faire une revue avec de l'indirect ? Je ne le crois pas : si vous traitez directement une structure indirecte, elle fuit, elle se vide, ou au contraire, elle se fige, s'essentialise ; de toute manière, une revue « littéraire » ne peut que manquer la littérature : depuis Orphée, nous savons bien qu'il ne faut jamais se retourner sur ce qu'on aime, sauf à le détruire ; et en n'étant que « littéraire », elle manque aussi le monde, ce qui n'est pas rien.

Alors, que faire ? avant tout, des œuvres, c'est-à-dire des objets inconnus. Vous parlez d'*achèvement* : seule, l'œuvre peut être achevée, c'est-à-dire se présenter comme une question entière : car achever une œuvre ne peut vouloir rien dire d'autre que de l'arrêter au moment où elle va signifier quelque chose, où, de question, elle va devenir réponse ; il faut construire l'œuvre comme un système complet de signification, et cependant que cette signification soit déçue. Cette sorte d'achèvement est évidemment impossible dans la revue, dont la fonction est de donner sans cesse des réponses à ce que le monde lui propose ; en ce sens, les revues dites « engagées » sont parfaitement justifiées, et tout aussi justifiées de réduire de plus en plus la place de la littérature : en tant que revues, elles ont raison contre vous ; car l'inengagement peut être la vérité de la littérature, mais il ne saurait être une règle générale de conduite, bien au contraire : pourquoi la revue ne s'engagerait-elle pas, puisque rien ne l'en empêche ? Naturellement, cela ne veut pas dire qu'une revue doive être nécessairement engagée « à gauche » ; vous pouvez par exemple professer un *tel quelisme* général, qui serait doctrinalement « suspension de jugement » ; mais outre que ce telquelisme ne pourrait que s'avouer profondément engagé dans l'histoire de notre temps (car aucune « suspension de jugement » n'est innocente), il n'aurait de sens achevé que s'il portait au jour le jour sur tout ce qui bouge dans le monde, du dernier poème de Ponge au dernier discours de Castro, des dernières amours de Soraya au dernier cosmonaute. La voie (étroite) pour une revue comme la vôtre, serait alors de voir le monde tel qu'il se fait à travers une conscience littéraire, de considérer périodiquement l'actualité comme le matériau d'une œuvre secrète, de vous situer à ce moment très fragile et assez obscur où la relation d'un événement réel va être saisie par le sens littéraire.

V. *Pensez-vous qu'il existe un critère de qualité d'une œuvre littéraire ? Ne serait-il pas le plus urgent à établir ? Estimez-vous que nous aurions raison de ne pas définir ce critère a priori ? de le laisser se dégager, s'il se peut, seul, d'un choix empirique ?*

Le recours à l'empirisme est peut-être une attitude de créateur, ce ne peut être une attitude critique; si l'on *regarde* la littérature, l'œuvre est toujours l'accomplissement d'un projet qui a été délibéré *à un certain niveau* de l'auteur (ce niveau n'est pas forcément celui de l'intellect pur), et vous vous rappelez peut-être que Valéry proposait de fonder toute critique sur l'évaluation de la distance qui sépare l'œuvre de son projet; on pourrait effectivement définir la « qualité » d'une œuvre comme sa plus courte distance à l'idée qui l'a fait naître; mais comme cette idée est insaisissable, puisque précisément l'auteur est condamné à ne la communiquer que dans l'œuvre, c'est-à-dire à travers la médiation même que l'on interroge, on ne peut définir la « qualité littéraire » que d'une façon indirecte : c'est une impression de rigueur, c'est le sentiment que l'auteur se soumet avec persistance à une seule et même valeur; cette valeur impérative, qui donne à l'œuvre son unité, peut varier selon les époques. On voit bien, par exemple, que dans le roman traditionnel, la description n'est soumise à aucune technique rigoureuse : le romancier mélange innocemment ce qu'il voit, ce qu'il sait, ce que son personnage voit et sait; une page de Stendhal (je pense à la description de Carville dans *Lamiel*) implique plusieurs consciences narratives; le système de vision du roman traditionnel était très impur, sans doute parce que la « qualité » était alors absorbée par d'autres valeurs et que la familiarité du romancier et de son lecteur ne faisait pas problème. Ce désordre a été traité pour la première fois d'une façon systématique (et non plus innocente), me semble-t-il, par Proust dont le narrateur dispose, si l'on peut dire, d'une seule voix et de plusieurs consciences; cela veut dire qu'à la rationalité traditionnelle se substitue une rationalité proprement romanesque; mais du même coup, c'est tout le roman classique qui va se trouver ébranlé; nous avons maintenant (pour parcourir cette histoire très vite) des romans d'un seul regard : la qualité de l'œuvre est alors constituée par la rigueur et la continuité de la vision : dans *la Jalousie,* dans *la Modification,* dans toutes les autres œuvres du jeune roman, je crois, la vision, une fois inaugurée sur un postulat précis, est comme tirée d'un seul trait sans aucune intervention de ces consciences parasites qui permettaient à la subjectivité du romancier d'intervenir dans son œuvre *déclarativement* (c'est là un pari : on ne peut jurer qu'il soit toujours tenu : il faudrait ici des explications de textes). Autrement dit, le monde est parlé d'*un seul point de vue,* ce qui modifie considérablement les « rôles » respectifs du personnage et du romancier. La qualité de l'œuvre, c'est alors la rigueur du pari, la pureté d'une vision *qui dure* et qui est pourtant en proie à toutes les contingences de l'anecdote; car l'anecdote, l' « histoire », est le premier ennemi du regard, et c'est peut-être pour cela que ces romans « de qualité » sont si peu anecdotiques : c'est là un conflit qu'il faudra tout de même résoudre, c'est-à-dire : ou déclarer l'anecdote nulle (mais alors, comment « intéresser »?) ou l'incorporer à un système de vision dont la pureté réduit considérablement le *savoir* du lecteur.

VI. « *On sait combien souvent notre littérature réaliste est mythique (ne serait-ce que comme mythe grossier du réalisme) et combien notre littérature irréaliste a au moins le mérite de l'être peu.* »
   Pouvez-vous distinguer concrètement ces œuvres, en donnant votre définition d'un vrai réalisme littéraire ?

Jusqu'à présent, le réalisme s'est défini beaucoup plus par son contenu que par sa technique (sinon celle des « petits carnets »); le *réel* a d'abord été le prosaïque, le trivial, le bas; puis, plus largement l'infra-structure supposée de la société, dégagée de ses sublimations et de ses alibis; on ne mettait pas en doute que la littérature ne *copiât* simplement quelque chose; selon le niveau de ce quelque chose, l'œuvre était réaliste ou irréaliste.
   Cependant, qu'est-ce que le *réel?* On ne le connaît jamais que sous forme d'effets (monde physique), de fonctions (monde social)

ou de fantasmes (monde culturel); bref, le *réel* n'est jamais lui-même qu'une inférence; lorsqu'on déclare copier le réel, cela veut dire que l'on choisit telle inférence et non telle autre : le réalisme est, à sa naissance même, soumis à la responsabilité d'un choix; c'est là une première maldonne, propre à tous les arts réalistes, dès lors qu'on leur suppose une vérité en quelque sorte plus brute et plus indiscutable que celle des autres arts, dits d'interprétation. Il y en a une seconde, propre à la littérature, et qui rend le réalisme littéraire encore plus mythique : la littérature n'est que du langage, son être est dans le langage; or le langage est *déjà,* antérieurement à tout traitement littéraire, un système de sens : avant même d'être littérature, il implique particularité des substances (les mots), discontinu, sélection, catégorisation, logique spéciale. Je suis dans ma chambre, je *vois* ma chambre; mais déjà, est-ce que *voir* ma chambre, ce n'est pas me la parler? Et même s'il n'en est pas ainsi, de ce que je *vois,* qu'est-ce que je vais *dire?* Un lit? Une fenêtre? Une couleur? Déjà je découpe furieusement ce continu qui est devant moi. De plus, ces simples mots sont eux-mêmes des valeurs, ils ont un passé, des entours, leur sens naît peut-être moins de leur rapport à l'objet qu'ils signifient que de leur rapport à d'autres mots, à la fois voisins et différents : et c'est précisément dans cette zone de sur-signification, de signification seconde, que va se loger et se développer la littérature. Autrement dit, par rapport aux objets eux-mêmes, la littérature est fondamentalement, constitutivement irréaliste; la littérature, c'est l'irréel même; ou plus exactement, bien loin d'être une copie analogique du réel, *la littérature est au contraire la conscience même de l'irréel du langage :* la littérature la plus « vraie », c'est celle qui se sait la plus irréelle, dans la mesure où elle se sait essentiellement langage, c'est cette recherche d'un état intermédiaire aux choses et aux mots, c'est cette tension d'une conscience qui est à la fois portée et limitée par les mots, qui dispose à travers eux d'un pouvoir *à la fois absolu et improbable.* Le réalisme, ici, ce ne peut donc être la copie des choses, mais la connaissance du langage; l'œuvre la plus « réaliste » ne sera pas celle qui « peint » la réalité, mais qui, se servant du monde comme contenu (ce contenu lui-même est d'ailleurs étranger à sa structure, c'est-à-dire à son être), explorera le plus profondément possible la *réalité irréelle* du langage.

Des exemples concrets? Le concret coûte cher, et ici, c'est toute une histoire de la littérature qu'il faudrait reconstruire de ce point de vue. Ce qu'on peut dire, je crois, c'est que l'exploration du langage en est à son début, elle constitue une réserve de création d'une richesse infinie; car il ne faut pas croire que cette exploration est un privilège poétique, la poésie étant réputée s'occuper des mots et le roman du « réel »; c'est toute la littérature qui est problématique du langage; par exemple, la littérature classique a été, assez génialement, à mon sens, exploration d'une certaine *rationalité arbitraire* du langage, la poésie moderne d'une certaine irrationalité, le nouveau roman d'une certaine *matité,* etc.; de ce point de vue, toutes les subversions du langage ne sont que des expériences très rudimentaires, elles ne vont pas loin; le nouveau, l'inconnu, l'infiniment riche de la littérature, c'est plutôt du côté des *fausses rationalités* du langage qu'on les trouvera.

VII. *Que pensez-vous de la littérature immédiatement contemporaine? Qu'en attendez-vous? A-t-elle un sens?*

On pourrait vous demander de définir vous-mêmes ce que vous entendez par *littérature immédiatement contemporaine,* et vous y auriez, je crois, beaucoup de mal; car si vous faites une liste d'auteurs, vous rendrez éclatantes des différences et il faudra vous expliquer sur chaque cas; et si vous établissez un corps de doctrine, vous définirez une littérature utopique (ou, en mettant les choses au mieux, votre littérature), mais alors, chaque auteur réel se définira surtout par son écart par rapport à cette doctrine. L'impossibilité d'une synthèse n'est pas contingente; elle exprime la difficulté où nous sommes de saisir nous-mêmes le sens historique du temps et de la société où nous vivons.

En dépit du sentiment que l'on peut avoir d'une certaine affinité entre les œuvres du Nouveau Roman, par exemple, et dont j'ai fait état ici même à propos de la vision romanesque, on peut hésiter à voir dans le Nouveau Roman autre chose qu'un phénomène sociologique, un mythe littéraire dont les sources et la fonction peuvent être aisément situées; une communauté d'amitiés, de voies de diffusion et de tables rondes ne suffit pas à autoriser une synthèse véritable des œuvres. Cette synthèse est-elle possible ? elle le sera peut-être un jour, mais tout bien pesé, il paraît aujourd'hui plus juste et plus fructueux de s'interroger sur chaque œuvre en particulier, de la considérer précisément comme une œuvre solitaire, c'est-à-dire comme un objet qui n'a pas réduit la tension entre le sujet et l'histoire et qui est même, en tant qu'œuvre achevée et cependant inclassable, constitué par cette tension. Bref, il vaudrait mieux s'interroger sur le sens de l'œuvre de Robbe-Grillet ou de Butor, que sur le sens du « Nouveau Roman »; en expliquant le Nouveau Roman, tel qu'il se donne, vous pouvez expliquer une petite fraction de notre société; mais en expliquant Robbe-Grillet, ou Butor tels qu'ils se font, vous avez peut-être chance, par-delà votre propre opacité historique, d'atteindre quelque chose de l'histoire profonde de votre temps : la littérature n'est-elle pas ce langage particulier qui fait du « sujet » le signe de l'histoire ?

1961, *Tel quel.*

DE PART ET D'AUTRE

Les mœurs humaines sont variables : c'est ce qu'une bonne partie de l'humanisme classique n'a cessé de dire, d'Hérodote à Montaigne et à Voltaire [1]. Mais précisément : les mœurs étaient alors soigneusement séparées de la nature humaine, comme les attributs épisodiques d'une substance éternelle : à l'une l'intemporalité, aux autres, la relativité, historique ou géographique; décrire les différentes façons d'être cruel ou d'être généreux, c'était reconnaître une certaine essence de la cruauté ou de la générosité, et par contre-coup en amoindrir les variations; en pays classique, la relativité n'est jamais vertigineuse parce qu'elle n'est pas infinie; elle s'arrête très vite au cœur inaltérable des choses : c'est une assurance, non un trouble.

Aujourd'hui, nous commençons à savoir, grâce à l'histoire (avec Febvre), grâce à l'ethnologie (avec Mauss), que non seulement les mœurs, mais aussi les actes fondamentaux de la vie humaine sont des objets historiques; et qu'il faut définir chaque fois à neuf, selon la société que l'on observe, des faits réputés naturels en raison de leur caractère physique. Cela a sans doute été une grande conquête (encore inexploitée), le jour où des historiens, des ethnologues se sont mis à décrire les comportements élémentaires de sociétés passées ou lointaines, tels que le manger, le dormir, le marcher, le voir, l'entendre ou le mourir, comme des actes non seulement variables dans leurs protocoles d'accomplissement, mais aussi dans le sens humain qui les constitue, et, pour certains même, dans leur nature biologique (je pense aux réflexions de Simmel et de Febvre sur les variations d'acuité du sens auditif et du sens visuel à travers l'histoire). Cette conquête

---

1. A propos de : Michel Foucault : *Folie et Déraison. Histoire de la Folie à l'âge classique.* Plon, 1961.

on pourrait la définir comme l'intrusion du regard ethnologique dans les sociétés civilisées; et naturellement, plus le regard s'applique à une société proche de l'observateur, plus il est difficile à conduire : car il n'est rien d'autre alors qu'une distance à soi-même.

L'*Histoire de la Folie*, de Michel Foucault, appartient pleinement à ce mouvement conquérant de l'ethnologie moderne, ou de l'histoire ethnologique, comme on voudra (mais il lui échappe aussi, et je dirai comment, à l'instant) : on imagine que Lucien Febvre eût aimé ce livre audacieux, puisqu'il rend à l'histoire un fragment de « nature » et transforme en fait de civilisation ce que nous prenions jusqu'alors pour un fait médical : la folie. Car si l'on nous obligeait à concevoir spontanément une histoire de la folie, nous le ferions sans doute comme s'il s'agissait d'une histoire du choléra ou de la peste; nous décririons les errements scientifiques des siècles passés, les balbutiements de la première science médicale, pour en arriver à la lumière de la psychiatrie actuelle; nous doublerions cette histoire médicale d'une idée de progrès éthique, dont nous rappellerions les étapes : les fous séparés des criminels, puis libérés de leurs chaînes par Pinel, les efforts du médecin moderne pour écouter et comprendre son malade. Cette vue mythique (puisqu'elle nous rassure) n'est nullement celle de Michel Foucault : l'histoire de la folie, il ne l'a pas faite, comme il le dit, *en style de positivité;* dès le départ, il s'est refusé à considérer la folie comme une réalité nosographique, qui aurait existé de tout temps et dont l'approche scientifique aurait seulement varié de siècle en siècle. En fait, Michel Foucault ne définit jamais la folie; la folie n'est pas l'*objet* d'une connaissance, dont il faut retrouver l'histoire; si l'on veut, *elle n'est rien d'autre que cette connaissance elle-même :* la folie n'est pas une maladie, c'est un *sens* variable, et peut-être hétérogène, selon les siècles; Michel Foucault ne traite jamais la folie que comme une réalité fonctionnelle : elle est pour lui la pure fonction d'un couple formé par la raison et la déraison, le regardant et le regardé. Et le regardant (les hommes raisonnables) n'ont aucun privilège *objectif* sur les regardés (les fous) : il serait donc vain de chercher à remettre les noms modernes de la démence sous ses noms anciens.

On voit ici un premier ébranlement de nos habitudes intellectuelles; la méthode de Michel Foucault participe à la fois d'une

extrême prudence scientifique et d'une extrême distance à l'égard
de la « science »; car d'une part, rien ne vient au livre qui ne soit
nominalement donné par les documents d'époque; à aucun moment
il n'y a projection d'une réalité actuelle sous des noms anciens;
si l'on décide que la folie n'est que ce que l'on en dit (et comment
décider autrement, puisque, répondant au discours de la raison
sur la folie, il n'y a pas de discours de la folie sur la raison), ce
dire doit être traité littéralement, et non comme la version démodée
d'un phénomène dont nous tiendrions enfin la vérité; et d'autre
part, l'historien étudie ici un objet dont il met volontairement
entre parenthèses le caractère objectif; non seulement il décrit des
représentations collectives (ce qui est encore rare en histoire),
mais bien plus, il prétend que, sans être mensongères, ces représentations épuisent en quelque sorte l'objet qu'elles se donnent;
nous ne pouvons atteindre la folie hors de l'idée des hommes
raisonnables (cela ne veut d'ailleurs pas dire que cette idée soit
illusoire); ce n'est donc ni du côté du réel (scientifique) ni du côté
de l'image (mythique) que nous trouverons la réalité historique
de la folie : c'est au niveau du dialogue inter-constituant de la
raison et de la déraison, sauf à se rappeler sans cesse que ce dialogue est truqué : il comporte un grand silence, celui des fous :
car les fous ne disposent d'aucun *méta-langage* pour parler de la
raison. En somme, Michel Foucault refuse également de constituer
la folie soit en objet médical, soit en fantasme collectif; sa méthode
n'est ni positiviste, ni mythologique; il ne déplace même pas, à
proprement parler, la réalité de la folie, de son contenu nosographique à la pure représentation que les hommes s'en sont fait;
il lui fait continûment réintégrer une réalité à la fois extensive et
homogène à la folie, et qui est le couple de la raison et de la déraison.
Or ce déplacement a des conséquences importantes, d'ordre à la
fois historique et épistémologique.

L'histoire de la folie comme fait médical n'aurait pu être que
nosographique : un simple chapitre dans l'histoire générale —
et triomphante — de la médecine. L'histoire du couple Raison-
Déraison se livre tout de suite comme une histoire complète, qui
met en jeu l'ensemble des données d'une société historique déter-

minée; paradoxalement, cette histoire « immatérielle » satisfait tout de suite à cette exigence moderne d'histoire totale, dont les historiens matérialistes ou les idéologues se réclament sans toujours parvenir à l'honorer. Car le regard constituant des hommes raisonnables sur la folie se découvre très vite comme un élément simple de leur *praxis* : le sort des insensés est étroitement lié aux besoins de la société en matière de travail, d'économie; ce lien n'est pas forcément causal, au sens grossier du terme : *en même temps* que ces besoins, naissent des représentations qui les fondent en nature, et parmi ces représentations, pendant longtemps morales, il y a l'image de la folie; l'histoire de la folie suit sans cesse une histoire des idées de travail, de pauvreté, d'oisiveté et d'improductivité. Michel Foucault a pris le plus grand soin de décrire *en même temps* les images de la folie et les conditions économiques d'une même société; ceci est sans doute dans la meilleure tradition matérialiste; mais où cette tradition est — heureusement — dépassée, c'est que la folie n'est jamais donnée comme un effet : les hommes produisent d'un même mouvement des solutions et des signes; les accidents économiques (le chômage, par exemple, et ses remèdes divers) prennent immédiatement place dans une structure de significations, qui peut très bien leur préexister; on ne peut dire que les besoins *créent* des valeurs, que le chômage *crée* l'image d'un travail-châtiment : les uns et les autres se rejoignent comme les unités profondes d'un vaste système de rapports signifiants : c'est ce que suggèrent sans cesse les analyses de Michel Foucault sur la société classique : le lien qui unit la fondation de l'Hôpital Général à la crise économique de l'Europe au début du XVIIe siècle, ou au contraire celui qui unit la récession de l'internement au sentiment plus moderne que l'enfermement massif ne peut résoudre les problèmes nouveaux du chômage (fin du XVIIIe siècle), ces liens sont essentiellement des liens signifiants.

C'est pourquoi l'histoire décrite par Michel Foucault est une histoire structurale (et je n'oublie pas l'abus que l'on fait de ce mot aujourd'hui). Cette histoire est structurale à deux niveaux, celui de l'analyse et celui du projet. Sans jamais couper le fil d'un exposé diachronique, Michel Foucault met à jour, pour chaque époque, ce que l'on appellerait ailleurs des *unités de sens,* dont la combinaison définit cette époque, et dont la translation trace le mouvement même de l'histoire; animalité, savoir, vice, oisiveté, sexualité, blasphème, libertinage, ces composants historiques de l'image démentielle forment ainsi des complexes signifiants, selon une sorte de syntaxe historique qui varie avec les âges; ce sont, si l'on veut, des classes de signifiés, de vastes « sémantèmes », dont les signifiants eux-mêmes sont transitoires, puisque le regard de la raison ne construit les marques de la folie qu'à partir de ses propres normes, et que ces normes sont elles-mêmes historiques. Un esprit plus formaliste aurait peut-être exploité davantage la mise à jour de ces unités de sens; dans la notion de structure, dont il se réclame explicitement, Michel Foucault met l'accent sur l'idée de totalité fonctionnelle, plus que sur celle d'unités constituantes; mais c'est là une question de discours; le sens de cette démarche est le même, que l'on tente une histoire (comme l'a fait Michel Foucault) ou une syntaxe de la folie (comme on peut l'imaginer) : il s'agit toujours de faire varier *en même temps* des formes et des contenus.

Peut-on imaginer qu'il y ait derrière toutes ces *formes* variées de la conscience démentielle, un signifié stable, unique, intemporel, et pour tout dire, « naturel »? Des fous du moyen âge aux insensés de l'âge classique, de ces insensés aux aliénés de Pinel, et de ces aliénés aux nouveaux malades de la psychopathologie moderne, toute l'histoire de Michel Foucault répond : non; la folie ne dispose d'aucun contenu transcendant. Mais ce que l'on peut inférer des analyses de Michel Foucault (et c'est le second point où son histoire est structurale), c'est que la folie (conçue toujours, bien entendu, comme une pure fonction de la raison) correspond à une *forme* permanente, pour ainsi dire trans-historique; cette forme ne peut se confondre avec les marques ou les signes de la folie (au sens scientifique du terme), c'est-à-dire avec les signifiants infiniment variés de ces signifiés eux-mêmes multiples que chaque société a investis dans la déraison, démence, folie ou aliénation; il s'agirait, si l'on peut dire, d'une *forme des formes,* autrement dit d'une structure spécifique; cette forme des formes, cette structure, le livre de Michel Foucault, me semble-t-il, la suggère à chaque page, ce serait une *complémentarité,* celle qui oppose et unit, *au niveau de la société globale,* l'exclu et l'inclus (Claude Lévi-Strauss a dit un mot de cette structure à propos des sorciers, dans son Introduction à l'œuvre de Marcel Mauss). Naturellement, il faut encore le répéter, chaque terme de la fonction se remplit différemment selon les âges, les lieux, les sociétés; l'exclusion (on dit aujourd'hui quelquefois : la déviance) a des contenus (des sens) variés, ici folie, là shamanisme, là encore criminalité, homosexualité, etc. Mais où un grave paradoxe commence, c'est que, dans nos sociétés du moins, le rapport d'exclusion est mené, et en quelque sorte objectivé par l'une seulement des deux humanités qui y participent; c'est donc l'humanité exclue qui est nommée (fous, insensés, aliénés, criminels, libertins, etc.), c'est l'acte d'exclusion, par sa nomination même, qui prend en charge positivement à la fois les exclus et les « inclus » (« exil » des fous au moyen âge, renfermement de l'âge classique, internement de l'âge moderne). C'est donc, semble-t-il, au niveau de cette forme générale que la folie peut, non se définir, mais se structurer; et si cette forme est présente dans n'importe quelle société (mais jamais hors d'une *société*), la seule discipline qui pourrait prendre en charge la folie (comme toutes les formes d'exclusion), ce serait l'anthropologie (au sens « culturel », et non plus « naturel », que nous donnons de plus en plus à ce mot). Selon cette perspective, Michel Foucault aurait eu peut-être intérêt à donner quelques références ethnographiques, à suggérer l'exemple de quelques sociétés « sans fous » (mais non sans « exclus »); mais aussi, sans doute, cette distance supplémentaire, ce surplomb serein de *toute l'humanité* lui est-il apparu comme un alibi rassurant qui l'aurait détourné de ce que son projet a de plus nouveau : son vertige.

Car ce livre, on le sent bien, est *autre chose* qu'un livre d'histoire, cette histoire fût-elle conçue audacieusement, ce livre fût-il, comme c'est le cas, écrit par un philosophe. Qu'est-il donc? Quelque chose comme une question cathartique posée au savoir, à tout le savoir, et non seulement à celui qui parle de la folie. *Savoir* n'est plus ici cet acte calme, superbe, rasséréniant, réconciliant, que Balzac opposait au vouloir qui brûle et au pouvoir qui détruit; dans le couple de la raison et de la folie, de l'inclus et de l'exclu, *savoir* est une partie engagée; l'acte même, qui saisit la folie non plus comme un objet mais comme l'*autre face* que la raison — les raisons — refuse, et de la sorte va jusqu'au bord extrême de l'intelligence, cet acte est lui aussi un acte sourd; en éclairant d'une lumière vive le couple de la folie et de la raison, *savoir* éclaire dans le même moment sa propre solitude et sa propre particularité : en manifestant l'histoire même du partage, il ne saurait lui échapper.

Cette inquiétude — qui n'a rien à voir avec le doute pirandellien que peut provoquer chez de bons esprits la confusion fréquente des conduites « raisonnables » et des conduites « démentes », car elle n'est pas agnostique —, cette inquiétude tient au projet même de Michel Foucault; à partir du moment où la folie n'est plus définie substantiellement (« *c'est une maladie* ») ou fonctionnellement (« *c'est une conduite anti-sociale* ») : mais structurellement au niveau de la société totale, *comme le discours de la raison sur la non-raison,* une dialectique implacable est mise en marche; son origine est un paradoxe évident : il y a longtemps que les hommes ont accepté l'idée d'une relativité historique de la raison; l'histoire de la philosophie se pense, s'écrit, s'enseigne, elle fait partie, si l'on peut dire, d'une bonne santé des sociétés; mais à cette histoire de la raison, n'a jamais encore répondu une histoire de la déraison; dans ce couple, hors duquel aucun des termes ne saurait être constitué, l'un des partenaires est historique, il participe aux biens de civilisation, il échappe à la fatalité de l'être, conquiert la liberté du faire; l'autre est exclu de l'histoire, rivé à une essence, soit surnaturelle, soit morale, soit médicale; sans doute, une fraction, d'ailleurs infime, de la culture reconnaît-elle la folie comme un objet respectable, ou même inspiré, du moins à travers certains de ses médiateurs, Hölderlin, Nietzsche, Van Gogh; mais ce regard est tout récent, et surtout, *il n'échange rien* : c'est en somme un regard libéral, un regard de bonne volonté, disposition, hélas, impuissante à lever la mauvaise foi. Car notre savoir, qui ne se départage jamais de notre culture, est essentiellement un savoir rationnel, même lorsque l'histoire amène la raison à s'élargir, se corriger ou se démentir : c'est un discours de la raison sur le monde : discourir sur la folie à partir du savoir, à quelque extrémité qu'on le porte, n'est donc nullement sortir d'une antinomie fonctionnelle dont la vérité est ainsi fatalement située dans un espace aussi inaccessible aux fous qu'aux hommes raisonnables; car *penser* cette antinomie, c'est toujours la penser à partir de l'un de ses termes : la distance n'est ici que la ruse ultime de la raison.

En somme, le savoir, quelles que soient ses conquêtes, ses audaces, ses générosités, ne peut échapper au rapport d'exclusion, et il ne peut s'empêcher de penser ce rapport en termes d'inclusion, même lorsqu'il le découvre dans sa réciprocité; la plupart du temps il le renforce, souvent au moment où il croit être le plus généreux. Michel Foucault montre très bien que le moyen âge s'est en somme ouvert à la folie bien plus et bien mieux que la modernité, car alors la folie, loin d'être objectivée sous forme d'une maladie, se définissait comme un grand passage vers la sur-nature, bref comme une *communication* (c'est le thème de *La nef des fous*); et c'est le progressisme même de l'âge moderne qui semble détenir ici la mauvaise foi la plus dense; en retirant leurs chaînes aux fous, en convertissant la dé-raison en aliénation, Pinel (ce n'est ici que la figure d'une époque) masquait l'antinomie fonctionnelle de deux humanités, il constituait la folie en objet, c'est-à-dire qu'il la privait de sa vérité; progressive sur le plan physique, la libération de Pinel était régressive sur le plan anthropologique.

L'histoire de la folie ne pourrait être « vraie » que si elle était *naïve*, c'est-à-dire écrite par un fou; mais elle ne saurait alors être écrite en termes d'histoire, et nous voici renvoyés à la mauvaise foi incoercible du savoir. C'est là une fatalité qui dépasse de beaucoup les simples rapports de la folie et de la déraison; en fait, elle frappe toute « pensée », ou pour être plus exact, tout recours à un méta-langage, quel qu'il soit : chaque fois que les hommes parlent *du* monde, ils entrent au cœur du rapport d'exclusion, lors même qu'ils parlent pour le dénoncer : le méta-langage est toujours terroriste. C'est là une dialectique infinie, qui ne saurait paraître sophistiquée qu'aux esprits bien nantis d'une raison substantielle comme une nature ou un droit; les autres la vivront dramatiquement, ou généreusement, ou stoïquement; de toutes manières, ils connaissent bien ce vertige du discours, que Michel Foucault vient de porter dans une lumière éblouissante, qui ne se lève pas seulement au contact de la folie, mais bien chaque fois que l'homme, prenant ses distances, regarde le monde comme *autre chose*, c'est-à-dire chaque fois qu'il écrit.

1961, *Critique.*

LITTÉRATURE ET DISCONTINU

Derrière tout refus collectif de la critique régulière à l'égard d'un livre, il faut chercher *ce qui a été blessé* [1]. Ce que *Mobile* a blessé, c'est l'idée même du Livre. Un recueil — et bien pire encore, car le recueil est un genre mineur mais reçu —, une suite de phrases, de citations, d'extraits de presse, d'alinéas, de mots, de grosses capitales dispersées à la surface, souvent peu remplie, de la page, tout cela concernant un objet (l'Amérique) dont les parties elles-mêmes (les États de l'Union) sont présentées dans le plus insipide des ordres, qui est l'ordre alphabétique, voilà une technique d'exposition indigne de la façon dont nos ancêtres nous ont appris à faire un livre.

Ce qui aggrave le cas de *Mobile,* c'est que la liberté que l'auteur prend à l'égard du Livre s'applique paradoxalement à un genre pour lequel la société montre le plus grand libéralisme, et qui est *l'impression de voyage.* Il est admis qu'un voyage se raconte librement, au jour le jour, en toute subjectivité, à la manière d'un journal intime, dont le tissu est sans cesse rompu par la pression des jours, des sensations et des idées : un voyage peut s'écrire en phrases elliptiques *(Hier, mangé une orange à Sibari),* le style télégraphique étant parfaitement sanctifié par le « naturel » du genre. Or la société tolère mal qu'on ajoute à la liberté qu'elle donne, une liberté que l'on prend. Dans une littérature où chaque chose est à sa place, et où il n'y a de sécurité, de morale, ou plus exactement encore, car elle est faite d'un mélange retors de l'une et de l'autre, d'*hygiène,* comme on a dit, que dans cet ordre, c'est la poésie et la poésie seule qui a pour fonction de recueillir tous les faits de subversion concernant la matérialité du Livre : depuis *Coup de dés,* et les *Calligrammes,* personne ne peut trouver à redire

1. A propos de : Michel Butor, *Mobile,* Gallimard, 1962.

175

à « l'excentricité » typographique ou au « désordre » rhétorique d'une « composition » poétique. On reconnaît ici une technique familière aux bonnes sociétés : *fixer* la liberté, à la façon d'un abcès; en conséquence, passé la poésie, nul attentat au Livre ne peut être toléré.

La blessure était d'autant plus aiguë, que l'infraction était volontaire. *Mobile* n'est pas un livre « naturel » ou « familier »; il ne s'agit pas de « notes de voyage », ni même d'un « dossier » constitué par des matériaux divers et dont la diversité peut être acceptée si l'on peut appeler le livre, par exemple, un *scraps-book* (car nommer exorcise). Il s'agit d'une composition pensée : d'abord dans son ampleur, qui l'apparenterait à ces grands poèmes dont nous n'avons plus aucune idée, et qui étaient l'épopée ou le poème didactique; ensuite dans sa structure, qui n'est ni récit ni addition de notes, mais combinatoire d'unités choisies (on y reviendra); enfin dans sa clôture même, puisque l'objet traité est défini par un nombre (les États de l'Union) et que le livre se termine lorsque ce nombre est honoré. Si donc *Mobile* manque à l'idée consacrée (c'est-à-dire sacrée) du Livre, ce n'est pas par négligence, c'est au nom d'une autre idée d'un autre Livre. Lequel ? Avant de le voir, il faut tirer de la querelle de *Mobile* deux enseignements concernant la nature traditionnelle du livre.

Le premier est que toute secousse imposée par un auteur aux normes typographiques d'un ouvrage constitue un ébranlement essentiel : échelonner des mots isolés sur une page, mêler l'italique, le romain et la capitale selon un projet qui n'est visiblement pas celui de la démonstration intellectuelle (car lorsqu'il s'agit d'*enseigner* l'anglais aux écoliers, on admet très bien la belle excentricité typographique du Carpentier-Fialip), rompre matériellement le fil de la phrase par des alinéas disparates, égaler en importance un mot et une phrase, toutes ces libertés concourent en somme à la destruction même du Livre : *le Livre-Objet se confond matériellement avec le Livre-Idée,* la technique d'impression avec l'institution littéraire, en sorte qu'attenter à la régularité matérielle de l'œuvre, c'est viser l'idée même de littérature. En somme, les formes typographiques sont une garantie du fond : l'impression normale atteste la normalité du discours; dire de *Mobile* que « *ce n'est pas un livre* », c'est évidemment enfermer l'être et le sens de la littérature dans un pur protocole, comme si cette même littérature était un rite qui perdrait toute efficacité du jour où l'on manquerait formellement à l'une de ses règles : le livre est une messe, dont il importe peu qu'elle soit dite avec piété, pourvu que tout s'y déroule *dans l'ordre*.

Si tout ce qui se passe à la surface de la page éveille une susceptibilité aussi vive, c'est évidemment que cette surface est dépositaire d'une valeur essentielle, qui est le *continu* du discours littéraire (et ce sera le second enseignement de notre querelle). Le Livre (traditionnel) est un objet qui *enchaîne, développe, file* et *coule,* bref a la plus profonde horreur du vide. Les métaphores bénéfiques du Livre sont l'étoffe que l'on tisse, l'eau qui coule, la farine que l'on moud, le chemin que l'on suit, le rideau qui dévoile, etc.; les métaphores antipathiques sont toutes celles d'un objet que l'on fabrique, c'est-à-dire que l'on bricole à partir de matériaux discontinus : ici, le « filé » des substances vivantes, organiques, l'imprévision charmante des enchaînements spontanés; là, l'ingrat, le stérile des constructions mécaniques, des machines grinçantes et froides (c'est le thème du *laborieux*). Car ce qui se cache derrière cette condamnation du discontinu, c'est évidemment le mythe de la Vie même : le Livre doit *couler,* parce qu'au fond, en dépit de siècles d'intellectualisme, la critique veut que la littérature soit toujours une activité spontanée, gracieuse, octroyée par un dieu, une muse, et si la muse ou le dieu sont un peu réticents, il faut au moins « cacher son travail » : écrire, c'est couler des mots à l'intérieur de cette grande catégorie du continu, qui est le récit; toute Littérature, même si elle est impressive ou intellectuelle (il faut bien tolérer quelques parents pauvres au roman), doit être un récit, une fluence de paroles au service d'un événement ou d'une idée qui « va son chemin » vers son dénouement ou sa conclusion : ne pas « réciter » son objet, c'est pour le Livre, se suicider.

C'est pour cela qu'aux yeux de notre critique régulière, gardienne du Livre sacré, toute explication analytique de l'œuvre est au fond mal vue. A l'œuvre continue doit correspondre une critique cosmétique, qui recouvre l'œuvre sans la diviser; les deux opérations recommandées sont : résumer et juger; mais il n'est pas bon de décomposer le livre en parties trop petites : cela est byzantin, cela détruit la vie ineffable de l'œuvre (entendez :

son *filé*, son bruit de source, garant de sa vie); toute la suspicion attachée à la critique thématique ou structurale vient de là : diviser, c'est disséquer, c'est détruire, c'est profaner le « mystère » du livre, c'est-à-dire son continu. Sans doute, notre critique a bien été à l'école, où on lui a enseigné à faire des « plans » et à retrouver le « plan » des autres; mais les divisions du « plan » (trois ou quatre au maximum) sont les grosses étapes du chemin, c'est tout; ce qui est au-dessous du plan, c'est le *détail* : le *détail* n'est pas un matériau fondamental, c'est une monnaie inessentielle : on monnaye les grosses idées en « détails », sans pouvoir imaginer un instant que les grosses idées puissent naître du seul agencement des « détails ». La paraphrase est donc l'opération raisonnable d'une critique qui exige du livre, avant tout, qu'il soit continu : on « caresse » le livre, tout comme on demande au livre de « caresser » de sa parole continue la vie, l'âme, le mal, etc. Ceci explique que le livre discontinu n'est toléré que dans des emplois bien réservés : soit comme recueil de fragments (Héraclite, Pascal), le caractère *inachevé* de l'œuvre (mais s'agit-il au fond d'œuvres inachevées?) corroborant en somme *a contrario* l'excellence du continu, hors duquel il y a quelquefois ébauche, mais jamais perfection; soit comme recueil d'aphorismes, car l'aphorisme est un petit continu tout plein, l'affirmation théâtrale que le vide est horrible. En somme, pour être Livre, pour satisfaire docilement à son essence de Livre, le livre doit ou couler à la façon d'un récit ou briller à la façon d'un éclat. En dehors de ces deux régimes, il y a atteinte au Livre, faute peu ragoûtante contre l'hygiène des Lettres.

Face à ce problème du continu, l'auteur de *Mobile* a procédé à une inversion rigoureuse des valeurs rhétoriques. Que dit la rhétorique traditionnelle? Qu'il faut construire une œuvre par grandes masses et laisser courir le détail : coup de chapeau au « plan général », négation dédaigneuse que l'idée puisse se morceler au delà de l'alinéa; c'est pourquoi tout notre art d'écrire est fondé sur la notion de *développement* : une idée « se développe », et ce développement fait une partie de plan; ainsi le livre est-il toujours composé d'une façon fort rassurante, d'*un petit nombre d'idées bien développées*. (On pourrait sans doute demander ce qu'est un « développement », contester la notion elle-même, reconnaître son caractère mythique et affirmer au contraire qu'il y a solitude pro-

fonde, matité de la véritable idée, ce pour quoi le livre essentiel
— si tant est qu'il y ait une essence du Livre — serait précisément
les *Pensées* de Pascal, qui ne « développent » rien du tout.) Or c'est
précisément cet ordre rhétorique que l'auteur de *Mobile* a renversé :
dans *Mobile,* le « plan général » est nul et le détail élevé au rang de
structure ; les idées ne sont pas « développées », mais distribuées.

Présenter l'Amérique sans aucun plan « rationnel », comme
d'ailleurs accomplir pour n'importe quel objet un plan nul est
une chose fort difficile, car tout ordre a un sens, fût-ce celui-là
même de l'absence d'ordre, qui a un nom, qui est le désordre. Dire
un objet sans ordre et sans désordre, c'est une gageure. Est-ce
donc nécessaire ? Cela peut l'être, dans la mesure où tout classement, quel qu'il soit, est responsable d'un sens. On commence
à savoir, un peu depuis Durkheim, beaucoup depuis Cl. Lévi-
Strauss, que la taxinomie peut être une part importante de l'étude
des sociétés : *dis-moi comment tu classes, je te dirai qui tu es ;* à une
certaine échelle, il n'y a de plans ni naturels, ni rationnels, mais
seulement des plans « culturels », dans lesquels s'investit, soit une
représentation collective du monde, soit une imagination individuelle, que l'on pourrait appeler imagination taxinomique, dont
l'étude reste à faire, mais dont un homme comme Fourier fourni-
rait un grand exemple.

Puisque donc *toute* classification engage, puisque les hommes
donnent fatalement un sens aux formes (et y a-t-il forme plus pure
qu'une classification ?), la *neutralité* d'un ordre devient non seulement un problème adulte, mais encore un problème esthétique
difficile à résoudre. Il paraîtra dérisoire (et provoquant) de suggérer que l'ordre alphabétique (dont l'auteur a usé en partie pour
présenter les États de l'Union, ce dont on lui a fait reproche) est
un ordre intelligent, c'est-à-dire un ordre attentif à une pensée
esthétique de l'intelligible. Cependant l'alphabet — sans parler
du sens de profonde circularité qu'on peut lui donner, ce dont
témoigne la métaphore mystique de l'alpha et de l'oméga —,
l'alphabet est un moyen d'institutionnaliser le degré zéro des classements ; nous nous en étonnons parce que notre société a toujours donné un privilège exorbitant aux signes pleins et confond
grossièrement le degré zéro des choses avec leur négation : chez
nous, il y a peu de place et de considération pour le *neutre,* qui est

toujours senti *moralement* comme une impuissance à être ou à détruire. On a pu cependant considérer la notion de *mana* comme un degré zéro de la signification, et c'est assez dire l'importance du *neutre* dans une partie de la pensée humaine.

Il va de soi que dans *Mobile* la présentation alphabétique des États de l'Union signifie à son tour, dans la mesure où elle refuse tous les autres classements, de type géographique ou pittoresque, par exemple; elle rappelle au lecteur la nature fédérale, donc arbitraire, du pays décrit, lui donne tout au long du livre cet air civique, qui vient de ce que les États-Unis sont un pays construit, une liste d'unités, dont aucune n'a de précellence sur les autres. Procédant en son temps, lui aussi, à un « essai de représentation » de la France, Michelet organisait notre pays comme un corps chimique, le négatif au centre, les parties actives au bord, s'équilibrant à travers ce vide central, *neutre* précisément (car Michelet, lui, ne craignait pas le neutre), dont était sortie la royauté; pour les États-Unis, rien de tel n'est possible : les États-Unis sont une addition d'étoiles : l'alphabet consacre ici une histoire, une pensée mythique, un sentiment civique; il est au fond le classement de l'appropriation, celui des encyclopédies, c'est-à-dire de tout savoir qui veut dominer le pluriel des choses sans cependant les confondre, et il est vrai que les États-Unis se sont conquis comme une matière encyclopédique, chose après chose, État après État.

Formellement, l'ordre alphabétique a une autre vertu : en brisant, en refusant les affinités « naturelles » des États, il oblige à leur découvrir d'autres rapports, tout aussi intelligents que les premiers, puisque le sens de tout ce combinat de territoires est venu *après*, une fois qu'ils ont été couchés sur la belle liste alphabétique de la Constitution. En somme, l'ordre des lettres dit qu'aux États-Unis, il n'y a de contiguïté des espaces qu'abstraits; regardez la carte des États (en tête de *Mobile*) : quel ordre suivre? à peine parti, le doigt s'embrouille, le décompte fuit : la contiguïté « naturelle » est nulle; mais par là-même, la contiguïté poétique naît, très forte, qui oblige une image à sauter de l'Alabama à l'Alaska, de Clinton (Kentucky) à Clinton (Indiana), etc., sous la pression de cette vérité des formes, des rapprochements littéraux, dont toute la poésie moderne nous a appris le pouvoir heuristique : si Alabama et Alaska n'étaient si proches parents alphabétiques, comment seraient-ils confondus dans cette nuit même et autre, simultanée et cependant divisée par tout un jour ?

Le classement alphabétique est parfois complété par d'autres associations d'espaces, tout aussi formelles. Il ne manque pas aux États-Unis de villes du même nom; par rapport au *vrai du cœur humain*, cette circonstance est bien futile; l'auteur de Mobile y a cependant prêté la plus grande attention; dans un continent marqué par une crise permanente d'identité, la pénurie des noms propres participe profondément au fait américain : un continent trop grand, un lexique trop petit, toute une part de l'Amérique est dans ce frottement étrange des choses et des mots. En enchaînant les villes homonymes, en soumettant la contiguïté spatiale à une pure identité phonique, l'auteur de *Mobile* ne fait que *rendre* un certain secret des choses; et c'est en cela qu'il est écrivain : l'écrivain n'est pas défini par l'emploi des outils spécialisés qui affichent la littérature (*discours, poème, concept, rythme, trait d'esprit, métaphore,* selon le catalogue péremptoire d'un de nos critiques), sauf si l'on tient la littérature pour un objet d'hygiène, mais par le pouvoir de *surprendre* au détour d'une forme, quelle qu'elle soit, une collusion particulière de l'homme et de la nature, c'est-à-dire un sens : et dans cette « surprise », la forme guide, la forme veille, elle instruit, elle sait, elle pense, elle engage; c'est pourquoi elle ne peut avoir d'autre juge que ce qu'elle trouve; et ici, ce qu'elle trouve, c'est un certain *savoir* concernant l'Amérique. Que ce savoir ne soit pas énoncé en termes intellectuels, mais selon une table particulière de signes, c'est précisément cela, la littérature : un code qu'il faut accepter de déchiffrer. Après tout, *Mobile* est-il plus difficile à comprendre, son savoir à reconstituer, que le code rhétorique ou précieux du XVIIᵉ siècle ? Il est vrai qu'à cette époque le lecteur acceptait d'apprendre à lire : il ne paraissait pas exorbitant de connaître la mythologie ou la rhétorique pour recevoir le sens d'un poème ou d'un discours.

L'ordre fragmentaire de *Mobile* a une autre portée. En détruisant dans le discours la notion de « partie », il renvoie à une mobilité infiniment sensible d'éléments clos. Quels sont ces éléments ? Ils n'ont pas de forme en soi; ce ne sont pas ou des idées, ou des images, ou des sensations, ou même des notations, car ils ne sortent pas d'un projet de restitution du vécu; c'est ici une énumération d'objets signalétiques, là un extrait de presse, là un paragraphe de livre, là une citation de prospectus, là enfin, moins que tout cela, le nom d'une glace, la couleur d'une auto ou d'une chemise, ou même un simple nom propre. On dirait que l'écrivain procède à des « prises », à des prélèvements variés, sans aucun égard à leur origine matérielle. Cependant ces prises sans forme stable, pour anarchiques qu'elles paraissent au niveau du *détail* (puisque, sans transcendance rhétorique, elles ne sont précisément que détails), retrouvent paradoxalement une unité d'objet au niveau le plus large qui soit, le plus intellectuel, pourrait-on dire, qui est celui de l'histoire. Les prélèvements d'unités se font toujours, avec une constance remarquable, dans trois « paquets » : les Indiens, 1890, aujourd'hui. La « représentation » que nous donne *Mobile* de l'Amérique n'est donc nullement moderniste; c'est une représentation profonde, dans laquelle la dimension perspective est constituée par le passé. Ce passé est sans doute court, ses moments principaux se touchent, il n'y a pas loin du peyotl aux glaces Howard Johnson. A vrai dire, d'ailleurs, la longueur de la diachronie américaine n'a pas d'importance; l'important, c'est qu'en mêlant sans cesse *ex abrupto* le récit d'Indien, le guide bleu de 1890 et les autos colorées d'aujourd'hui, l'auteur perçoit et donne à percevoir l'Amérique dans une perspective *rêveuse*, à cette réserve près, originale lorsqu'il s'agit de l'Amérique, que le rêve n'est pas ici exotique, mais historique : *Mobile* est une *anamnèse* profonde, d'autant plus singulière qu'elle provient d'un Français, c'est-à-dire d'un écrivain issu d'une nation qui a elle-même ample matière à se souvenir, et qu'elle s'applique à un pays mythologiquement « neuf »; *Mobile* défait ainsi la fonction traditionnelle de l'Européen en Amérique, qui consiste à s'étonner, au nom de son propre passé, de découvrir un pays sans enracinement, pour mieux pouvoir décrire les surprises d'une civilisation à la fois pourvue de technique et privée de culture.

Or *Mobile* donne à l'Amérique une culture. Sans doute ce discours arhétorique, brisé, énumératif, ne disserte pas sur des valeurs : c'est précisément parce que la culture américaine n'est ni moraliste, ni littéraire, mais paradoxalement, en dépit de l'état hautement

technique du pays, « naturelle », c'est-à-dire en somme naturaliste :
dans aucun pays du monde, peut-être, la nature, au sens quasi
romantique du terme, n'est aussi visible (il n'y a qu'en Amérique
qu'on entend chanter tant d'oiseaux); l'auteur de *Mobile* nous dit
bien que le premier monument de la culture américaine est précisément l'œuvre d'Audubon, c'est-à-dire une flore et une faune
représentées par la main d'un artiste, en dehors de toute signature
d'école. Ce fait est en quelque sorte symbolique : la culture ne
consiste pas forcément à parler la nature en métaphores ou en
styles, mais à soumettre la fraîcheur de ce qui est *tout de suite* donné,
à un ordre intelligible; peu importe que cet ordre soit celui d'une
recension minutieuse (Audubon), d'un récit mythique (celui du
jeune indien mangeur de peyotl), d'une chronique de quotidien
(le journaliste de *New York World*) ou d'un prospectus de confi-
ture : dans tous ces cas le langage américain constitue une première
transformation de la nature en culture, c'est-à-dire essentiellement
un acte d'institution. *Mobile* ne fait en somme que reprendre cette
institution de l'Amérique pour les Américains et la *représenter* :
le livre a pour sous-titre : étude pour une représentation des
États-Unis, et il a bien une finalité plastique : il vise à égaler un
grand tableau historique, (ou plus exactement : trans-historique),
dans lequel les objets, dans leur discontinu même, sont à la fois
des éclats du temps et des premières pensées.

Car il y a des objets dans *Mobile*, et ces objets assurent à l'œuvre
son degré de crédibilité, non point réaliste, mais onirique. Les
objets font *partir* : ce sont des médiateurs de culture infiniment
plus rapides que les idées, des producteurs de fantasmes tout aussi
actifs que les « situations »; ils sont le plus souvent au fond même
des situations et leur donnent ce caractère *excitant*, c'est-à-dire
proprement mobilisateur, qui fait une littérature véritablement
vivante. Dans le meurtre d'Agamemnon, il y a le voile obsessionnel qui a servi à l'aveugler; dans l'amour de Néron, il y a ces
flambeaux, ces armes qui ont éclairé les larmes de Junie; dans
l'humiliation de Boule de Suif, il y a ce panier de victuailles, au
détail consigné; dans *Najda*, il y a la Tour Saint-Jacques, l'Hôtel
des Grands Hommes; dans *la Jalousie*, il y a une jalousie, un insecte
écrasé sur le mur; dans *Mobile*, il y a le peyotl, les glaces aux
vingt-huit parfums, les automobiles aux dix couleurs (il y a aussi

la couleur des nègres). C'est cela qui fait d'une œuvre un événement *mémorable* : mémorable comme peut l'être un souvenir d'enfant, dans lequel, par-dessus toutes les hiérarchies apprises et les sens imposés (du genre « *vrai du cœur humain* »), brille l'éclat de l'accessoire essentiel.

Large unité d'horizon, sous forme d'une histoire mythique, saveur profonde des objets cités dans ce grand catalogue des États-Unis, telle est la perspective de *Mobile*, c'est-à-dire ce qui en fait en somme une œuvre de culture familière. Il faut croire que si ce classicisme de la substance a été mal perçu, c'est une fois de plus parce que l'auteur de *Mobile* a donné à son discours une forme discontinue (*de la pensée en miettes*, a-t-on dit dédaigneusement). On a vu combien toute atteinte au mythe du « développement » rhétorique passait pour subversive. Mais dans *Mobile*, c'est bien pire : le discontinu y est d'autant plus scandaleux que les « unités » du poème n'y sont pas « variées » (au sens que ce mot peut avoir en musique) mais seulement *répétées* : des cellules inaltérables sont infiniment combinées, sans qu'il y ait transformation interne des éléments. Qu'une œuvre soit en effet composée de quelques thèmes, c'est ce que l'on admet à la rigueur (bien que la critique thématique, si elle morcèle par trop le thème, soit vivement contestée) : malgré tout, le thème reste un objet littéraire dans la mesure où il s'offre, par statut, à la variation, c'est-à-dire au développement. Or, dans *Mobile*, il n'y a, de ce point de vue, aucun thème, et partant aucune obsession : la répétition des éléments n'y a manifestement aucune valeur psychologique, mais seulement structurale : elle ne « trahit » pas l'auteur, mais, tout entière intérieure à l'objet décrit, elle relève visiblement d'un art. Alors que dans l'esthétique traditionnelle, tout l'effort littéraire consiste à déguiser le thème, à lui donner des variations inattendues, dans *Mobile*, il n'y a pas variation, mais seulement variété, et cette variété est purement combinatoire. Les unités du discours sont en somme définies essentiellement par leur fonction (au sens mathématique du terme), non par leur nature rhétorique : une métaphore existe en soi; une unité structurale n'existe que par distribution, c'est-à-dire par rapport à d'autres unités. Ces unités sont — et doivent être — des êtres si parfaitement *mobiles*, qu'en les déplaçant tout au long de son poème, l'auteur engendre une sorte de grand corps animé, dont le mouvement est de translation perpétuelle, non de « croissance » interne : ainsi se trouve honoré le titre de l'objet : *Mobile*, c'est-à-dire armature minutieusement articulée, dont toutes les brisures, en se déplaçant de très peu (ce que permet la finesse du jeu combinatoire) produisent paradoxalement le plus lié des mouvements.

Car il y a en définitive dans *Mobile* un continu du discours qui est immédiatement perceptible, pour peu que l'on oublie le modèle rhétorique auquel nous sommes habitués de conformer notre lecture. Le continu rhétorique développe, amplifie; il n'admet de répéter qu'en transformant. Le continu de *Mobile* répète, mais combine différemment ce qu'il répète. Il s'ensuit que le premier ne revient jamais sur ce qu'il a exposé, tandis que le second revient, retourne, rappelle : le nouveau y est sans cesse accompagné par l'ancien : c'est, si l'on veut, un continu fugué, dans lequel des fragments identifiables rentrent sans cesse dans la course. L'exemple de la musique est sans doute bon, car le plus lié des arts ne dispose en fait que du plus discontinu des matériaux : en musique — du moins dans notre musique — il n'y a que des seuils, des rapports de différences, et des constellations de ces différences (des « routines » pourrait-on dire). La composition de *Mobile* procède de cette même dialectique de la différence, que l'on retrouve dans d'autres formes de continu : qui oserait pourtant dire que Webern ou Mondrian ont produit un art « en miettes » ? Tous ces artistes n'ont d'ailleurs nullement inventé le discontinu pour mieux en triompher : le discontinu est le statut fondamental de toute communication : il n'y a jamais de signes que discrets. Le problème esthétique est simplement de savoir comment mobiliser ce discontinu fatal, comment lui donner un souffle, un temps, une histoire. La rhétorique classique a donné sa réponse, magistrale pendant des siècles, en édifiant une esthétique de la *variation* (dont l'idée de « développement » n'est que le mythe grossier); mais il y a une autre rhétorique possible, celle de la *translation* : moderne, sans doute, puisqu'on ne la trouve que dans quelques œuvres d'avant-garde; et cependant, ailleurs, combien ancienne : tout récit mythique, selon l'hypothèse de Claude Lévi-Strauss, n'est-il pas produit par une *mobilisation* d'unités récurrentes, de *séries* autonomes (diraient les musiciens), dont les déplacements, *infiniment possibles*, assurent à l'œuvre la responsabilité de son choix, c'est-à-dire sa singularité, c'est-à-dire son sens ?

Car *Mobile* a un sens, et ce sens est parfaitement *humain* (puisque c'est de l'*humain* qu'on réclame), c'est-à-dire qu'il renvoie d'une part à l'histoire sérieuse d'un homme, qui est l'auteur, et d'autre part à la nature réelle d'un objet, qui est l'Amérique. *Mobile* occupe dans l'itinéraire de Michel Butor une place qui n'est évidemment pas gratuite. On sait par ce que l'auteur lui-même en a dit (notamment dans *Répertoire*), que son œuvre est *construite ;* ce terme banal recouvre ici un projet très précis et fort différent des « constructions » recommandées à l'école; si on le prend à la lettre, il implique que l'œuvre reproduit un modèle intérieur édifié par agencement méticuleux de parties : ce modèle est très exactement une *maquette :* l'auteur travaille sur maquette, et l'on voit tout de suite la signification structurale de cet art : la maquette n'est pas à proprement parler une structure toute faite, que l'œuvre aurait à charge de transformer en événement; elle est plutôt une structure qui se cherche à partir de morceaux d'événements, morceaux que l'on essaye de rapprocher, d'éloigner, d'agencer, sans altérer leur figure matérielle; c'est pourquoi la maquette participe à cet art du bricolage, auquel Claude Lévi-Strauss vient de donner sa dignité structurale (dans *La Pensée Sauvage*). Il est probable que parti de la poésie, art-modèle de la bricole littéraire (on devine que toute nuance péjorative est ici ôtée à ce mot), puisque des événements-mots y sont transformés par simple agencement en système de sens, Michel Butor a conçu ses romans comme une seule et même recherche structurale dont le principe pourrait être le suivant : c'est en *essayant* entre eux des fragments d'événements, que le sens naît, c'est en transformant inlassablement ces événements en fonctions que la structure s'édifie : comme le bricoleur, l'écrivain (poète, romancier ou chroniqueur) ne *voit* le sens des unités inertes qu'il a devant lui qu'en les *rapportant :* l'œuvre a donc ce caractère à la fois ludique et sérieux qui marque toute grande question : c'est un puzzle magistral, *le puzzle du meilleur possible*. On voit alors combien, dans cette voie, *Mobile* représente une recherche pressante (corroborée par *Votre Faust*, qui lui est immédiatement postérieur, et dans lequel le spectateur est invité à rapprocher lui-même les « routines » du puzzle et à se risquer dans la combinatoire structurale) : l'art sert ici une question sérieuse, que l'on retrouve dans toute l'œuvre de Michel Butor, et qui est celle de la *possibilité* du monde, ou pour parler d'une façon plus leibnitzienne, de sa *compossibilité*. Et si la méthode est explicite dans *Mobile*, c'est qu'elle a rencontré dans l'Amérique (on laisse ici volontairement aux États-Unis leur nom mythique) un objet privilégié, dont l'art ne peut rendre compte que par un essai incessant de contiguïtés, de déplacements, de retours, d'entrées portant sur des énumérations nominales, des fragments oniriques, des légendes, des saveurs, des couleurs ou de simples bruits toponymiques, dont l'ensemble *représente* cette compossibilité du nouveau continent. Et ici encore, *Mobile* est à la fois très neuf et très ancien : ce grand catalogue de l'Amérique a pour ancêtres lointains ces catalogues épiques, énumérations gigantesques et purement dénominatives, de vaisseaux, de régiments et de capitaines, qu'Homère et Eschyle ont disposées dans leur récit aux fins de témoigner de l'infinie « compossibilité » de la guerre et de la puissance.

1962, *Critique.*

STRUCTURE DU FAIT DIVERS

Voici un assassinat : s'il est politique, c'est une information, s'il ne l'est pas, c'est un fait divers. Pourquoi ? On pourrait croire que la différence est ici celle du particulier et du général, ou plus exactement, celle du nommé et de l'innommé : le fait divers (le mot semble du moins l'indiquer) procéderait d'un classement de l'inclassable, il serait le rebut inorganisé des nouvelles informes ; son essence serait privative, il ne commencerait d'exister que là où le monde cesse d'être nommé, soumis à un catalogue connu (politique, économie, guerres, spectacles, sciences, etc) ; en un mot, ce serait une information *monstrueuse*, analogue à tous les faits exceptionnels ou insignifiants, bref anomiques, que l'on classe d'ordinaire pudiquement sous la rubrique des *Varia*, tel l'ornithorynque qui donna tant de souci au malheureux Linné. Cette définition taxinomique n'est évidemment pas satisfaisante : elle ne rend pas compte de l'extraordinaire promotion du fait divers dans la presse d'aujourd'hui (on commence d'ailleurs à l'appeler plus noblement *information générale*) ; mieux vaut donc poser à égalité le fait divers et les autres types d'information, et essayer d'atteindre dans les uns et les autres une différence de structure, et non plus une différence de classement.

Cette différence apparaît tout de suite lorsque l'on compare nos deux assassinats ; dans le premier (l'assassinat politique), l'événement (le meurtre) renvoie nécessairement à une situation extensive qui existe en dehors de lui, avant lui et autour de lui : la « politique » ; l'information ne peut ici se comprendre immédiatement, elle ne peut être définie qu'à proportion d'une connaissance extérieure à l'événement, qui est la connaissance politique, si confuse soit-elle ; en somme, l'assassinat échappe au fait divers chaque fois qu'il est exogène, venu d'un monde déjà connu ; on peut dire alors qu'il n'a pas de structure propre, suffisante, car il n'est jamais que le terme manifeste d'une structure implicite qui lui préexiste : pas d'information politique sans durée, car la politique est une catégorie trans-temporelle; de même, d'ailleurs, pour toutes les nouvelles venues d'un horizon nommé, d'un temps antérieur : elles ne peuvent jamais constituer des faits divers [1]; littérairement ce sont des fragments de romans [2], dans la mesure où tout roman est lui-même un long savoir dont l'événement qui s'y produit n'est jamais qu'une simple variable.

L'assassinat politique est donc toujours, par définition, une information partielle; le fait divers, au contraire, est une information totale, ou plus exactement, *immanente;* il contient en soi tout son savoir : point besoin de connaître rien du monde pour consommer un fait divers; il ne renvoie formellement à rien d'autre qu'à lui-même; bien sûr, son contenu n'est pas étranger au monde : désastres, meurtres, enlèvements, agressions, accidents, vols, bizarreries, tout cela renvoie à l'homme, à son histoire, à son aliénation, à ses fantasmes, à ses rêves, à ses peurs : une idéologie et une psychanalyse du fait divers sont possibles; mais il s'agit là d'un monde dont la connaissance n'est jamais qu'intellectuelle, analytique, élaborée au second degré par celui qui parle du fait divers, non par celui qui le consomme; au niveau de la lecture, tout est donné dans un fait divers ; ses circonstances, ses causes, son passé, son issue; sans durée et sans contexte, il constitue un être immédiat, total, qui ne renvoie, du moins formellement, à rien d'implicite; c'est en cela qu'il s'apparente à la nouvelle et au conte, et non plus au roman. C'est son immanence qui définit le fait divers [3].

Voilà donc une structure fermée. Que se passe-t-il à l'intérieur de cette structure? Un exemple, aussi menu que possible, le dira peut-être. *On vient de nettoyer le Palais de Justice.* Cela est insignifiant. *On ne l'avait pas fait depuis cent ans.* Cela devient un

---

1. Les faits qui appartiennent à ce que l'on pourrait appeler les « gestes » de vedettes ou de personnalités ne sont jamais des faits divers, parce que précisément ils impliquent une structure à épisodes.

2. En un sens, il est juste de dire que la politique est un roman, c'est-à-dire un récit qui dure, à condition d'en personnaliser les acteurs.

3. Certains faits divers se développent sur plusieurs jours : cela ne rompt pas leur immanence constitutive, car ils impliquent toujours une mémoire extrêmement courte.

fait divers. Pourquoi ? Peu importe l'anecdote (on ne pourrait en trouver de plus mince) ; deux termes sont posés, qui appellent fatalement un certain rapport, et c'est la problématique de çe rapport qui va constituer le fait divers ; le nettoyage du Palais de Justice d'un côté, sa rareté de l'autre, sont comme les deux termes d'une fonction : c'est cette fonction qui est vivante, c'est elle qui est régulière, donc intelligible ; on peut présumer qu'il n'y a aucun fait divers simple, constitué par une seule notation : le simple n'est pas notable ; quelles que soient la densité du contenu, sa surprise, son horreur ou sa pauvreté, le fait divers ne commence que là où l'information se dédouble et comporte par là même la certitude d'un rapport ; la brièveté de l'énoncé ou l'importance de la nouvelle, ailleurs gages d'unité, ne peuvent jamais effacer le caractère articulé du fait divers : *cinq mille morts au Pérou ?* L'horreur est globale, la phrase est simple ; cependant, le notable, ici, c'est déjà le rapport de la mort et d'un nombre. Sans doute une structure est-elle toujours articulée ; mais ici l'articulation est intérieure au récit immédiat, tandis que dans l'information politique, par exemple, elle est déportée hors de l'énoncé, dans un contexte implicite.

Ainsi, tout fait divers comporte au moins deux termes, ou, si l'on préfère, deux notations. Et l'on peut très bien mener une première analyse du fait divers sans se référer à la forme et au contenu de ces deux termes : à leur forme, parce que la phraséologie du récit est étrangère à la structure du fait rapporté, ou, pour être plus précis, parce que cette structure ne coïncide pas fatalement avec la structure de la langue, bien qu'on ne puisse l'atteindre qu'à travers la langue du journal ; à leur contenu, parce que l'important, ce ne sont pas les termes eux-mêmes, la façon contingente dont ils sont saturés (par un meurtre, un incendie, un vol, etc.), mais la relation qui les unit. C'est cette relation qu'il faut d'abord interroger, si l'on veut saisir la structure du fait divers, c'est-à-dire son sens humain.

Il semble que toutes les relations immanentes au fait divers puissent se ramener à deux types. Le premier est la relation de causalité. C'est une relation extrêmement fréquente : un délit et son mobile, un accident et sa circonstance, et il y a bien entendu, de ce point de vue, des stéréotypes puissants : drame passionnel,

crime d'argent, etc. Mais dans tous les cas où la causalité est en
quelque sorte normale, attendue, l'emphase n'est pas mise sur la
relation elle-même, bien qu'elle continue à former la structure du
récit; elle se déplace vers ce que l'on pourrait appeler les *dramatis
personae* (enfant, vieillard, mère, etc.), sortes d'essences émotion-
nelles, chargées de vivifier le stéréotype [4]. Chaque fois donc que l'on
veut voir fonctionner à nu la causalité du fait divers, c'est une
causalité légèrement aberrante que l'on rencontre. Autrement
dit, les cas purs (et exemplaires) sont constitués par les troubles
de la causalité, comme si le spectacle (la « notabilité », devrait-on
dire) commençait là où la causalité, sans cesser d'être affirmée,
contient déjà un germe de dégradation, comme si la causalité ne
pouvait se consommer que lorsqu'elle commence à pourrir, à se
défaire. Il n'y a pas de fait divers sans *étonnement* (écrire, c'est
s'étonner); or, rapporté à une cause, l'étonnement implique toujours un trouble, puisque dans notre civilisation, tout *ailleurs* de
la cause semble se situer plus ou moins déclarativement en marge
de la nature, ou du moins du *naturel*. Quels sont donc ces troubles
de la causalité, sur lesquels s'articule le fait divers ?

C'est d'abord, bien entendu, le fait dont on ne peut dire la cause
tout de suite. Il faudra bien un jour dresser la carte de l'*inexplicable*
contemporain, telle que se la représente, non la science, mais le
sens commun; il semble qu'en fait divers, l'inexplicable soit reduit
à deux catégories de faits : les prodiges et les crimes. Ce qu'on
appelait autrefois le prodige, et qui aurait sans doute occupé
presque toute la place du fait divers, si la presse populaire avait
existé alors, a toujours le ciel pour espace, mais dans les toutes dernières années, on dirait qu'il n'y a plus qu'une sorte de prodige :
les soucoupes volantes; bien qu'un rapport récent de l'armée
américaine ait identifié sous forme d'objets naturels (avions, ballons,
oiseaux) toutes les soucoupes volantes repérées, l'objet continue
d'avoir une vie mythique : on l'assimile à un véhicule planétaire,
d'ordinaire envoyé par les Martiens : la causalité est ainsi reculée
dans l'espace, elle n'est pas abolie; au reste, le thème Martien a été

---

4. Au reste, de plus en plus, dans les faits divers stéréotypés (le crime passionnel,
par exemple), le récit met en valeur les circonstances aberrantes (*Tuée pour un éclat de
rire : son mari était derrière la porte; quand il l'entendit, il descendit à la cave et prit son
revolver...*).

considérablement étouffé par les vols réels dans le cosmos : il n'est plus besoin de Martien pour venir dans la couche terrestre, puisque Gagarine, Titov et Glenn en sortent : toute une surnature disparaît. Quant au crime mystérieux, on sait sa fortune dans le roman populaire; sa relation fondamentale est constituée par une causalité différée; le travail policier consiste à combler à rebours le temps fascinant et insupportable qui sépare l'événement de sa cause; le policier, émanation de la société tout entière sous sa forme bureaucratique, devient alors la figure moderne de l'antique déchiffreur d'énigme (Œdipe), qui fait cesser le terrible *pourquoi* des choses; son activité, patiente et acharnée, est le symbole d'un désir profond : l'homme colmate fébrilement la brèche causale, il s'emploie à faire cesser une frustration et une angoisse. Dans la presse, sans doute, les crimes mystérieux sont rares, le policier est peu personnalisé, l'énigme logique noyée dans le pathétique des acteurs; d'autre part, l'ignorance réelle de la cause oblige ici le fait divers à s'étirer sur plusieurs jours, à perdre ce caractère éphémère, si conforme à sa nature immanente; c'est pourquoi, en fait divers, contrairement au roman, un crime sans cause est plus inexpliqué qu'inexplicable : le « retard » causal n'y exaspère pas le crime, il le défait : un crime sans cause est un crime qui s'oublie : le fait divers disparaît alors, précisément parce que dans la réalité sa relation fondamentale s'exténue.

Naturellement, puisque c'est ici la causalité troublée qui est la plus notable, le fait divers est riche de déviations causales : en vertu de certains stéréotypes, on attend une cause, et c'est une autre qui apparaît : *une femme blesse d'un coup de couteau son amant :* crime passionnel? non, *ils ne s'entendaient pas en politique. Une jeune bonne kidnappe le bébé de ses patrons :* pour obtenir une rançon? non, *parce qu'elle adorait l'enfant. Un rôdeur attaque les femmes seules :* sadique? non, *simple voleur de sacs.* Dans tous ces exemples, on voit bien que la cause révélée est d'une certaine manière plus pauvre que la cause attendue; la crime passionnel, le chantage, l'agression sadique ont un long passé, ce sont des faits lourds d'émotion, par rapport à quoi la divergence politique, l'excès d'affection ou le simple vol sont des mobiles dérisoires; il y a en effet dans ce genre de relation causale, le spectacle d'une déception; paradoxalement, la causalité est d'autant plus notable qu'elle est déçue.

Carence ou déviation de la cause, il faut ajouter à ces troubles privilégiés ce que l'on pourrait appeler les surprises du nombre (ou plus largement, de la quantité). Ici encore, la plupart du temps, on retrouve cette causalité déçue qui est pour le fait divers un spectacle étonnant. *Un train déraille en Alaska : un cerf avait bloqué l'aiguillage. Un Anglais s'engage dans la Légion : il ne voulait pas passer Noël avec sa belle-mère. Une étudiante américaine doit abandonner ses études : son tour de poitrine (104 cm) provoque des chahuts.* Tous ces exemples illustrent la règle : petites causes, grands effets. Mais le fait divers ne voit nullement dans ces disproportions une invitation à philosopher sur la vanité des choses ou la pusillanimité des hommes; il ne dit pas comme Valéry : combien de gens périssent dans un accident, faute d'avoir voulu lâcher leur parapluie; il dit plutôt, et d'une façon en somme beaucoup plus intellectualiste : la relation causale est chose bizarre; le faible volume d'une cause n'amortit nullement l'ampleur de son effet; le *peu* égale le *beaucoup;* et par là même, cette causalité en quelque sorte détraquée, peut être partout : elle n'est pas constituée par une force quantitativement accumulée, mais plutôt par une énergie mobile, active à très faible dose.

Il faut inclure dans ces circuits de dérision tous les événements importants tributaires d'un objet prosaïque, humble, familier : *gangster mis en fuite par un tisonnier, assassin identifié par une simple pince de cycliste, vieillard étranglé par le cordon de son appareil acoustique.* Cette figure est bien connue du roman policier, très friand par nature de ce que l'on pourrait appeler le miracle de l'indice : c'est l'indice le plus discret qui finalement ouvre le mystère. Deux thèmes idéologiques sont ici impliqués : d'une part, le pouvoir infini des signes, le sentiment panique que les signes sont partout, que tout peut être signe; et d'autre part, la responsabilité des objets, aussi actifs en définitive que les personnes : il y a une fausse innocence de l'objet; l'objet s'abrite derrière son inertie de chose, mais c'est en réalité pour mieux émettre une force causale, dont on ne sait bien si elle lui vient de lui-même ou d'ailleurs.

Tous ces paradoxes de la causalité ont un double sens; d'une part l'idée de causalité en sort renforcée, puisque l'on constate que la cause est partout : en cela, le fait divers nous dit que l'homme est toujours relié à autre chose, que la nature est pleine d'échos, de rapports et de mouvements; mais d'autre part, cette même causalité est sans cesse minée par des forces qui lui échappent; troublée sans cependant disparaître, elle reste en quelque sorte suspendue entre le rationnel et l'inconnu, offerte à un *étonnement* fondamental; distante de son effet (et c'est là, en fait divers, l'essence même du *notable*), la cause apparaît fatalement pénétrée d'une force étrange : le hasard; en fait divers, toute causalité est suspecte de hasard.

On rencontre ici le second type de relation qui peut articuler la structure du fait divers : la relation de coïncidence. C'est d'abord la répétition d'un événement, si anodin soit-il, qui le désigne à la notation de coïncidence : *une même bijouterie a été cambriolée trois fois; une hôtelière gagne à la Loterie à chaque coup,* etc. : pourquoi? La répétition engage toujours, en effet, à imaginer une cause inconnue, tant il est vrai que dans la conscience populaire, l'aléatoire est toujours distributif, jamais répétitif : le hasard est censé *varier* les événements; s'il les répète, c'est qu'il veut signifier quelque chose à travers eux : répéter, c'est signifier, cette croyance [5] est à l'origine de toutes les anciennes mantiques; aujourd'hui, bien entendu, la répétition n'appelle pas ouvertement une interprétation surnaturelle; cependant, même ravalée au rang de « curiosité », il n'est pas possible que la répétition soit notée sans qu'on ait l'idée qu'elle détient un certain sens, même si ce sens reste suspendu : le « curieux » ne peut être une notion *mate* et pour ainsi dire innocente (sauf pour une conscience absurde, ce qui n'est pas le cas de la conscience populaire) : il institutionnalise fatalement une interrogation.

Autre relation de coïncidence : celle qui rapproche deux termes (deux contenus) qualitativement distants : *une femme met en déroute quatre gangsters, un juge disparaît à Pigalle, des pêcheurs islandais pêchent une vache,* etc; il y a une sorte de distance logique entre la faiblesse de la femme et le nombre des gangsters, la magistrature et Pigalle,

5. Croyance obscurément conforme à la nature formelle des systèmes de signification, puisque l'usage d'un code implique toujours la répétition d'un nombre limité de signes.

la pêche et la vache, et le fait divers se met tout à coup à supprimer cette distance. En termes de logique, on pourrait dire que chaque terme appartenant en principe à un parcours autonome de signification, la relation de coïncidence a pour fonction paradoxale de fondre deux parcours différents en un parcours unique, comme si brusquement la magistrature et la « pigallité » se retrouvaient dans le même domaine.

Et comme la distance originelle des parcours est spontanément sentie comme un rapport de contrariété, on approche ici d'une figure rhétorique fondamentale dans le discours de notre civilisation : l'antithèse [6]. La coïncidence est en effet d'autant plus spectaculaire qu'elle *retourne* certains stéréotypes de situation : *à Little Rok, le chef de la Police tue sa femme. Des cambrioleurs sont surpris et effrayés par un autre cambrioleur. Des voleurs lâchent un chien policier sur le veilleur de nuit*, etc. La relation devient ici vectorisée, elle se pénètre d'intelligence : *non seulement* il y a un meurtrier, *mais encore* ce meurtrier est le chef de la Police : la causalité est retournée en vertu d'un dessin exactement symétrique. Ce mouvement était bien connu de la tragédie classique, où il avait même un nom : c'était le *comble* :

> *Je n'ai donc traversé tant de mers, tant d'Etats,*
> *Que pour venir si loin préparer son trépas.*

dit Oreste en parlant d'Hermione. Les exemples sont ici et là innombrables : c'est précisément quand Agamemnon condamne sa fille qu'elle le loue de ses bontés; c'est précisément quand Aman se croit au faîte des honneurs qu'il est ruiné; c'est précisément quand elle vient de mettre son pavillon en viager que la septuagénaire est étranglée; c'est précisément le coffre-fort d'une fabrique de chalumeaux que les cambrioleurs se mettent à percer; c'est précisément quand ils sont appelés en séance de conciliation que le mari tue sa femme : la liste des combles est interminable [7].

Que signifie cette prédilection? Le comble est l'expression d'une

---

6. Les figures de rhétorique ont toujours été traitées avec un grand mépris par les historiens de la littérature ou du langage, comme s'il s'agissait de jeux gratuits de la parole; on oppose toujours l'expression « vivante » à l'expression rhétorique. Cependant la rhétorique peut constituer un témoignage capital de civilisation, car elle représente un certain découpage mental du monde, c'est-à-dire, finalement, une idéologie.

7. Le français est inhabile à exprimer le comble : il lui faut une périphrase : *c'est précisément quand... que;* le latin, lui, disposait d'un corrélatif très fort, et d'ailleurs d'emploi plutôt archaïque : *cum... tum.*

situation de malchance. Cependant, de même que la répétition limite en quelque sorte la nature anarchique — ou innocente — de l'aléatoire, de même la chance et la malchance ne sont pas des hasards neutres, elles appellent invinciblement une certaine signification — et dès lors qu'un hasard signifie, ce n'est plus un hasard ; le comble a précisément pour fonction d'opérer une conversion du hasard en signe, car l'exactitude d'un renversement ne peut être pensée en dehors d'une Intelligence qui l'accomplit ; mythiquement, la Nature (la Vie) n'est pas une force exacte ; partout où une symétrie se manifeste (et le comble est la figure même de la symétrie), il a bien fallu une main pour la guider : il y a confusion mythique du *dessin* et du *dessein*.

Ainsi, chaque fois qu'elle apparaît solitairement, sans s'embarrasser des valeurs pathétiques qui tiennent en général au rôle archétypique des personnages, la relation de coïncidence implique une certaine idée du Destin. Toute coïncidence est un signe à la fois indéchiffrable et intelligent : c'est en effet par une sorte de transfert, dont l'intérêt n'est que trop évident, que les hommes accusent le Destin d'être aveugle : le Destin est au contraire malicieux, il construit des signes, et ce sont les hommes qui sont aveugles, impuissants à les déchiffrer. Que des cambrioleurs percent le coffre-fort d'une fabrique de chalumeaux, cette notation ne peut appartenir finalement qu'à la catégorie des signes, car le sens (sinon son contenu, du moins son idée) surgit fatalement de la conjonction de deux contraires : antithèse ou paradoxe, toute contrariété appartient à un monde délibérément construit : un dieu rôde derrière le fait divers.

Cette fatalité intelligente — mais inintelligible — anime-t-elle seulement la relation de coïncidence ? Nullement. On a vu que la causalité explicite du fait divers était en définitive une causalité truquée, du moins suspecte, douteuse, dérisoire, puisque d'une certaine manière l'effet y déçoit la cause ; on pourrait dire que la causalité du fait divers est sans cesse soumise à la tentation de la coïncidence, et qu'inversement, la coïncidence y est sans cesse fascinée par l'ordre de la causalité. Causalité aléatoire, coïncidence ordonnée, c'est à la jonction de ces deux mouvements que se constitue le fait divers : tous deux finissent en effet par recouvrir une zone ambiguë *où l'événement est pleinement vécu comme un signe dont le contenu est cependant incertain.* Nous sommes ici, si l'on veut, non dans un monde du sens, mais dans un monde de la signification[8]; ce statut est probablement celui de la littérature, ordre formel dans lequel le sens est à la fois posé et déçu : et il est vrai que le fait divers est littérature, même si cette littérature est réputée mauvaise.

Il s'agit donc là, probablement, d'un phénomène général qui déborde de beaucoup la catégorie du fait divers. Mais dans le fait divers, la dialectique du sens et de la signification a une fonction historique bien plus claire que dans la littérature, parce que le fait divers est un art de masse : son rôle est vraisemblablement de préserver au sein de la société contemporaine l'ambiguïté du rationnel et de l'irrationnel, de l'intelligible et de l'insondable; et cette ambiguïté est historiquement nécessaire dans la mesure où il faut encore à l'homme des signes (ce qui le rassure) mais où il faut aussi que ces signes soient de contenu incertain (ce qui l'irresponsabilise) : il peut ainsi s'appuyer à travers le fait-divers sur une certaine culture, car toute ébauche d'un système de signification est ébauche d'une culture; mais en même temps, il peut emplir *in extremis* cette culture de nature, puisque le sens qu'il donne à la concomitance des faits échappe à l'artifice culturel en demeurant muet.

1962, *Médiations.*

---

8. J'entends par *sens* le contenu (le signifié) d'un système signifiant, et par *signification* le procès systématique qui unit un sens et une forme, un signifiant et un signifié.

LE POINT SUR ROBBE-GRILLET?

« Ne leur donnez pas de nom... Ils
pourraient avoir eu tant d'autres aventures » (*L'année dernière à Marienbad*).

Le réalisme littéraire s'est toujours donné pour une certaine
façon de *copier* le réel [1]. Tout se passe comme s'il y avait d'un
certain côté le réel et de l'autre le langage, comme si l'un était
antécédent à l'autre et que le second ait pour tâche en quelque
sorte de courir après le premier jusqu'à ce qu'il le rattrape. Le
réel qui s'offre à l'écrivain peut être sans doute multiple : ici psychologique, là théologique, social, politique, historique ou même
imaginaire, chacun à son tour détrônant l'autre; ces réels ont
cependant un trait commun, qui explique la constance de leur
projection : ils semblent tous et tout de suite pénétrés de sens :
une passion, une faute, un conflit, un rêve renvoient fatalement à
une certaine transcendance, âme, divinité, société ou surnature,
en sorte que toute notre littérature réaliste est non seulement
analogique, mais encore signifiante.

Parmi tous ces réels, psychologiques et sociaux, l'objet lui-
même n'avait guère de place originale; pendant longtemps, la
littérature n'a traité qu'un monde de rapports inter-humains (dans
les *Liaisons Dangereuses,* si l'on parle d'une harpe, c'est qu'elle
sert à cacher un billet d'amour); et lorsque les choses, outils,
spectacles ou substances, ont commencé à paraître avec quelque
abondance dans nos romans, ce fut à titre d'éléments esthétiques
ou d'indices humains, pour mieux renvoyer à quelque état d'âme
(paysage romantique) ou à quelque misère sociale (détail réaliste).
On sait que l'œuvre d'Alain Robbe-Grillet traite de ce problème

---

1. Préface à : Bruce Morrissette, *Les romans de Robbe-Grillet,* Paris, éd. de Minuit
(1963), 223 p.

de l'objet littéraire; les choses sont-elles inductrices de sens, ou bien au contraire sont-elles « mates »? L'écrivain peut-il et doit-il décrire un objet sans le renvoyer à quelque transcendance humaine? Signifiants ou insignifiants, quelle est la fonction des objets dans un récit romanesque? En quoi la façon dont on les décrit modifie-t-elle le sens de l'histoire? la consistance du personnage? le rapport même à l'idée de littérature? Maintenant que cette œuvre s'est développée et que le cinéma lui a donné un nouveau souffle et un second public, ce sont des questions qu'on peut lui poser d'une façon nouvelle. Selon la réponse, on s'apercevra vite que l'on dispose, avec l'aide de Robbe-Grillet lui-même, de *deux* Robbe-Grillet : d'un côté le Robbe-Grillet des choses immédiates, destructeur de sens, esquissé surtout par la première critique; et d'un autre, le Robbe-Grillet des choses médiates, créateur de sens, dont Bruce Morrissette se fait l'analyste.

Le premier Robbe-Grillet (il ne s'agit pas ici d'une antériorité temporelle, mais seulement d'un ordre de classement), le premier Robbe-Grillet décide que les choses ne signifient rien, pas même l'absurde (ajoute-t-il à juste titre), car il est évident que l'absence de sens peut très bien être un sens. Mais comme ces mêmes choses sont enfouies sous un amas de sens variés, dont les hommes, à travers des sensibilités, des poésies et des usages différents ont imprégné le nom de tout objet, le travail du romancier est en quelque sorte cathartique : il purifie les choses du sens indu que les hommes sans cesse déposent en elles. Comment? Évidemment par la description. Robbe-Grillet produit donc des descriptions d'objets suffisamment géométriques pour décourager toute induction vers le sens poétique de la chose; et suffisamment minutieuses pour couper la fascination du récit; mais par là même, il rencontre le réalisme; comme les réalistes, il copie, ou du moins semble copier un modèle; en termes formels, on pourrait dire qu'il fait comme si son roman n'était que l'événement qui vient accomplir une structure antécédente : peu importe que cette structure soit *vraie* ou non, et que le réalisme de Robbe-Grillet soit objectif ou subjectif; car ce qui définit le réalisme, ce n'est pas l'origine du modèle, c'est son extériorité par rapport à la parole qui l'accomplit. D'une part le réalisme de ce premier Robbe-Grillet reste classique parce qu'il est fondé sur un rapport d'analogie (le quartier de tomate décrit par Robbe-Grillet ressemble au quartier de tomate réel); et d'autre part il est nouveau parce que cette analogie ne renvoie à aucune transcendance mais prétend survivre fermée sur elle-même, satisfaite lorsqu'elle a désigné nécessairement et suffisamment le trop fameux *être-là* de la chose (ce quartier de tomate est décrit de telle sorte qu'il n'est censé provoquer ni envie ni dégoût, et ne signifier ni la saison, ni le lieu, ni même la nourriture).

Il est évident que la description ne peut ni épuiser le tissu du roman, ni satisfaire l'intérêt qu'on en attend traditionnellement : il y a bien d'autres genres que la description dans les romans de Robbe-Grillet. Mais il est évident aussi qu'un petit nombre de descriptions à la fois analogiques et insignifiantes, selon la place que l'auteur leur donne et les variations qu'il y introduit, suffit à modifier complètement le sens général du roman. Tout roman est un organisme intelligible d'une infinie sensibilité : le moindre point d'opacité, la moindre résistance (muette) au désir qui anime et emporte toute lecture, constitue un *étonnement* qui se reverse sur l'ensemble de l'œuvre. Les fameux objets de Robbe-Grillet n'ont donc nullement une valeur anthologique; ils engagent véritablement l'anecdote elle-même et les personnages qu'elle rassemble dans une sorte de silence de la signification. C'est pourquoi la conception que l'on peut avoir d'un Robbe-Grillet « chosiste » ne peut être qu'unitaire, et pour ainsi dire totalitaire : il y a une récurrence fatale de l'insignifiance des choses à l'insignifiance des situations et des hommes. Il est en effet très possible de lire toute l'œuvre de Robbe-Grillet (du moins jusqu'au *Labyrinthe*) d'une façon *mate*; il suffit de rester à la surface du texte, étant bien entendu qu'une lecture *superficielle* ne saurait plus être condamnée au nom des anciennes valeurs d'intériorité. C'est même certainement le mérite de ce premier Robbe-Grillet (fût-il fictif) que de démystifier les qualités prétendues naturelles de la littérature d'introspection (le *profond* étant de droit préférable au *superficiel*) au profit d'un *être-là* du texte (qu'il ne faut surtout pas confondre avec l'*être-là* de la chose même), et de refuser en quelque sorte au lecteur la jouissance d'un monde « riche », « profond », « secret », bref signifiant. Il est évident que selon Robbe-Grillet n° 1, l'état névrosé ou pathologique de ses personnages (l'un œdipéen, l'autre

sadique et le troisième obsédé) n'a nullement la valeur traditionnelle d'un *contenu,* dont les éléments du roman seraient les symboles
plus ou moins médiats, et qui s'offriraient au déchiffrage du lecteur
(ou du critique) : cet état n'est que le terme purement formel d'une
fonction : Robbe-Grillet semble alors manier un certain contenu
parce qu'il n'y a pas de littérature sans signe et de signe sans
signifié; mais tout son art consiste précisément à *décevoir* le sens
dans le temps même qu'il l'ouvre. Nommer ce contenu, parler de
folie, de sadisme ou même de jalousie, c'est donc dépasser ce que
l'on pourrait appeler le meilleur niveau de perception du roman,
celui où il est parfaitement et immédiatement intelligible, tout
comme regarder une reproduction photographique de très près,
c'est sans doute en percer le secret typographique, mais c'est aussi
ne plus rien comprendre à l'objet qu'elle représente. Il va de soi
que cette *déception* du sens, si elle était authentique, ne serait nullement gratuite : provoquer le sens pour l'arrêter, ce n'est rien
d'autre que de prolonger une expérience qui a son origine moderne
dans l'activité surréaliste et qui engage l'être même de la littérature,
c'est-à-dire en définitive la fonction anthropologique qu'elle
détient au sein de la société historique tout entière. Telle est
l'image du Robbe-Grillet nº 1 que l'on peut former à partir de
certains des écrits théoriques et des romans, à quoi il faut ajouter
en général les commentaires de la première heure.

De ces mêmes écrits et de ces mêmes romans (mais non, bien
entendu, de ces mêmes commentaires), on peut d'ailleurs très
bien tirer l'image d'un Robbe-Grillet nº 2, non plus « chosiste »,
mais « humaniste », puisque les objets, sans pour autant redevenir
des symboles, au sens fort du terme, y retrouvent une fonction
médiatrice vers « autre chose ». De cette seconde image, Bruce
Morrissette s'est fait, tout au long de son étude, le constructeur
minutieux. Sa méthode est à la fois descriptive et comparative :
d'une part, il *raconte* patiemment les romans de Robbe-Grillet, et
ce récit lui sert à reconstituer l'agencement souvent très retors des
épisodes, c'est-à-dire en somme la structure de l'œuvre, dont
personne ne s'était occupé jusqu'à présent; et d'autre part, une
science étendue lui permet de rapporter ces épisodes (scènes ou
descriptions d'objets) à des modèles, à des archétypes, à des

sources, à des échos, et de rétablir ainsi la continuité culturelle qui unit une œuvre réputée « mate » à tout un contexte littéraire, et par conséquent humain. La méthode de Bruce Morrissette produit en effet de Robbe-Grillet une image « intégrée », ou, mieux encore, réconciliée avec les fins traditionnelles du roman ; elle réduit sans doute la part révolutionnaire de l'œuvre, mais établit en revanche les raisons excellentes que le public peut avoir de se retrouver en Robbe-Grillet (et le succès critique du *Labyrinthe,* la carrière publique de *Marienbad* semblent lui donner tout à fait raison). Ce Robbe-Grillet n° 2 ne dit pas comme Chénier : *Sur des pensers nouveaux, faisons des vers antiques.* Il dit au contraire : *Sur des pensers anciens, faisons des romans nouveaux.*

Sur quoi porte cette réconciliation ? D'abord évidemment sur ces fameux « objets », dont on avait cru tout d'abord pouvoir affirmer le caractère neutre, insignifiant. Bruce Morrissette reconnaît l'originalité de la vision robbe-grilletiste des choses, mais il ne pense pas que dans cet univers, l'objet soit coupé de toute référence et qu'il cesse radicalement d'être un signe ; il n'a aucune peine à repérer dans les collections de Robbe-Grillet quelques objets, sinon obsessionnels, du moins suffisamment répétés pour induire à un sens (car ce qui se répète est censé signifier). La gomme (des *Gommes*), la cordelette (du *Voyeur*), le mille-pattes (de la *Jalousie*), ces objets, repris, variés au long du roman, renvoient tous à un acte, criminel ou sexuel, et au-delà de cet acte, à une intériorité. Bruce Morrissette s'interdit cependant d'y voir des symboles ; d'une façon plus retenue (mais peut-être un peu spécieuse ?), il préfère les définir comme de simples supports de sensations, de sentiments, de souvenirs ; de la sorte, l'objet devient un élément contrapuntique de l'œuvre ; il fait partie de l'histoire au même titre qu'une péripétie, et c'est certainement l'un des grands apports de Bruce Morrissette à la critique de Robbe-Grillet que d'avoir su retrouver un récit dans chacun de ces romans ; grâce à des résumés minutieux, scrupuleux, Bruce Morrissette montre très bien que le roman de Robbe-Grillet est une « histoire » et que cette histoire a un sens : œdipéen, sadique, obsessionnel, ou même simplement littéraire, si le *Labyrinthe,* comme il le pense, est l'histoire d'une création ; sans doute cette « histoire » n'est pas composée d'une façon traditionnelle, et Bruce Morrissette, attentif au modernisme de la technique, met fort bien en relief les variations et les complexités du « point de vue » narratif, les distorsions imposées par Robbe-Grillet à la chronologie et son refus de l'analyse psychologique (mais non de la psychologie). Il n'en reste pas moins que, pourvu de nouveau d'une histoire, d'une psychologie (pathologique) et d'un matériel, sinon symbolique, du moins référentiel, le roman robbe-grilletiste n'est plus du tout l'épure « plate » de la première critique : c'est un objet plein, et plein de secrets; alors la critique doit se mettre à scruter ce qu'il y a derrière cet objet et autour de lui : elle devient déchiffreuse : elle cherche des « clés » (et en général les trouve). C'est ce qu'a fait Bruce Morrissette pour les romans de Robbe-Grillet : on reconnaîtra le courage du critique qui ose tout de suite et à propos d'un écrivain non seulement contemporain mais encore fort jeune, user d'une méthode de déchiffrement qu'on a mis chez nous quelque demi-siècle à appliquer à des auteurs comme Nerval et Rimbaud.

Entre les deux Robbe-Grillet, le Robbe-Grillet nº 1, « chosiste », et le Robbe-Grillet nº 2, « humaniste », entre celui de la toute première critique et celui de Bruce Morrissette, faut-il choisir ? Robbe-Grillet lui-même n'y aidera nullement; comme tout auteur, et en dépit de ses déclarations théoriques, il est, sur son œuvre même, constitutivement ambigu : de plus, c'est évident, son œuvre change, et c'est son droit. Et c'est au fond cette ambiguïté qui compte, c'est elle qui nous concerne, c'est elle qui porte le sens historique d'une œuvre qui semble péremptoirement refuser l'histoire. Quel est ce sens ? L'envers même du sens, c'est-à-dire une *question*. Qu'est-ce que les choses signifient, qu'est-ce que le monde signifie ? Toute littérature est cette question, mais il faut tout de suite ajouter, car c'est ce qui fait sa spécialité : *c'est cette question moins sa réponse*. Aucune littérature au monde n'a jamais répondu à la question qu'elle posait, et c'est ce suspens même qui l'a toujours constituée en littérature : elle est ce très fragile langage que les hommes disposent entre la violence de la question et le silence de la réponse : à la fois religieuse et critique dans le temps qu'elle interroge, elle est à la fois irréligieuse et conservatrice dans le temps même qu'elle ne répond pas : question elle-même, c'est la question que les siècles interrogent en elle, ce n'est pas la réponse. Quel dieu, disait Valéry, oserait prendre pour devise : *Je déçois ?* La littérature serait ce dieu; peut-être sera-t-il possible un jour de décrire toute la littérature comme l'art de la déception. L'histoire de la littérature ne sera plus alors l'histoire des réponses contradictoires apportées par les écrivains à la question du sens, mais bien au contraire l'histoire de la question elle-même.

Car il est évident que la littérature ne saurait poser directement la question qui la constitue et qui est seule à la constituer : elle n'a pu et ne pourra jamais étendre son interpellation à la durée du discours, sans passer par le relais de certaines techniques; et si l'histoire de la littérature est en définitive l'histoire de ces techniques, ce n'est pas parce que la littérature n'est que technique (comme on feignait de le dire au temps de *l'art pour l'art*), mais parce que la technique est la seule puissance capable de suspendre le sens du monde et de maintenir ouverte la question impérative qui lui est adressée; car ce n'est pas *répondre* qui est difficile, c'est questionner, c'est parler en questionnant. De ce point de vue, la « technique » de Robbe-Grillet a été, à un certain moment, radicale : lorsque l'auteur pensait qu'il était possible de « tuer » directement le sens, de façon que l'œuvre ne laissât filtrer que l'étonnement fondamental qui la constitue (car écrire, ce n'est pas affirmer, c'est s'étonner). L'originalité de la tentative venait alors de ce que la question n'était affublée d'aucune fausse réponse, sans pour autant, bien entendu, être formulée en termes de question; l'erreur (théorique) de Robbe-Grillet était seulement de croire qu'il y a un *être-là* des choses, antécédent et extérieur au langage, que la littérature aurait à charge, pensait-il, de retrouver dans un dernier élan de réalisme. En fait, anthropologiquement, les choses signifient tout de suite, toujours et de plein droit; et c'est précisément parce que la signification est leur condition en quelque sorte « naturelle », qu'en les dépouillant simplement de leur sens, la littérature peut s'affirmer comme un artifice admirable : si la « nature » est signifiante, un certain comble de la « culture » peut être de la faire « désignifier ». D'où, en toute rigueur, ces descriptions mates d'objets, ces anecdotes récitées « en surface », ces personnages sans confidence, qui font, selon du moins une certaine lecture, le style, ou si l'on préfère, le choix de Robbe-Grillet.

Cependant ces formes vides appellent irrésistiblement un

contenu, et l'on voit peu à peu, dans la critique, dans l'œuvre même de l'auteur, des tentations de sentiments, des retours d'archétypes, des fragments de symboles, bref tout ce qui appartient au règne de l'adjectif, se glisser dans le superbe « être-là » des choses. En ce sens, il y a une évolution de l'œuvre de Robbe-Grillet, qui est faite paradoxalement à la fois par l'auteur, la critique et le public : nous faisons tous partie de Robbe-Grillet, dans la mesure où nous nous employons tous à renflouer le sens des choses, dès qu'on l'ouvre devant nous. Considérée dans son développement et dans son avenir (qu'on ne saurait lui assigner), l'œuvre de Robbe-Grillet devient alors *l'épreuve du sens* vécu par une certaine société, et l'histoire de cette œuvre sera à sa manière l'histoire de cette société. Déjà le sens revient : chassé du fameux quartier de tomate des *Gommes* (mais sans doute déjà présent dans la gomme elle-même, comme le montre Bruce Morrissette), il emplit *Marienbad*, ses jardins, ses lambris, ses manteaux de plume. Seulement, cessant d'être nul, le sens est encore ici diversement conjectural : tout le monde a expliqué *Marienbad*, mais chaque explication était un sens immédiatement contesté par le sens voisin : le sens n'est plus déçu, il reste néanmoins suspendu. Et s'il est vrai que chaque roman de Robbe-Grillet contient « en abyme » son propre symbole, nul doute que la dernière allégorie de cette œuvre ne soit cette statue de Charles III et de son épouse, sur laquelle s'interrogent les amants de *Marienbad* : admirable symbole d'ailleurs, non seulement parce que la statue elle-même est inductrice de sens divers, incertains, et cependant nommé *(c'est vous, c'est moi, ce sont des dieux antiques, Hélène, Agamemnon, etc.),* mais encore parce que le prince et son épouse y désignent du doigt d'une façon certaine un objet incertain (situé dans la fable ? dans le jardin ? dans la salle ?) : ceci, disent-ils. Mais quoi, *ceci* ? Toute la littérature est peut-être dans cet anaphorique léger qui tout à la fois désigne et se tait.

1962, *Préface*.

L'IMAGINATION DU SIGNE

Tout signe inclut ou implique trois relations. D'abord une relation intérieure, celle qui joint son signifiant à son signifié; ensuite deux relations extérieures : la première est virtuelle, elle unit le signe à une réserve spécifique d'autres signes, dont on le détache pour l'insérer dans le discours; la seconde est actuelle, elle joint le signe aux autres signes de l'énoncé qui le précèdent ou lui succèdent. Le premier type de relation apparaît clairement dans ce qu'on appelle couramment un *symbole;* par exemple, la croix « symbolise » le christianisme, le mur des Fédérés « symbolise » la Commune, le rouge « symbolise » l'interdiction de passer; on appellera donc cette première relation, relation *symbolique,* bien qu'on la retrouve non seulement dans les symboles, mais aussi dans les signes (qui sont, à grossièrement parler, des symboles purement conventionnels). Le second plan de relation implique l'existence, pour chaque signe, d'une réserve ou « mémoire » organisée de formes dont il se distingue grâce à la plus petite différence nécessaire et suffisante pour opérer un changement de sens; dans « lupum », l'élément *-um* (qui est un signe, et plus précisément un morphème) ne livre son sens d'accusatif que pour autant qu'il s'oppose au reste (virtuel) de la déclinaison (*-us, -i, -o,* etc.); le rouge ne signifie l'interdiction que pour autant qu'il s'oppose *systématiquement* au vert et à l'orange (il va de soi que s'il n'y avait aucune autre couleur que le rouge, le rouge s'opposerait tout de même à l'absence de couleur); ce plan de relation est donc celui du système, appelé parfois paradigme; on nommera donc ce second type de relation, relation *paradigmatique.* Selon le troisième plan de relation, le signe ne se situe plus par rapport à ses « frères » (virtuels), mais par rapport à ses « voisins » (actuels); dans *homo homini lupus, lupus* entretient certains rapports avec *homo* et *homini ;* dans le vêtement, les éléments d'une tenue sont associés selon certaines règles : mettre un sweater et une veste de cuir, c'est créer entre ces deux pièces une association passagère mais signifiante, analogue à celle qui unit les mots d'une phrase ; ce plan d'association, c'est le plan du syntagme, et l'on appellera la troisième relation, *relation syntagmatique*.

Or il semble que lorsqu'on s'intéresse au phénomène signifiant (et cet intérêt peut venir d'horizons très différents), on soit irrésistiblement amené à centrer cet intérêt sur l'une de ces trois relations plus que sur les deux autres ; tantôt l'on « voit » le signe sous son aspect symbolique, tantôt sous son aspect systématique tantôt sous son aspect syntagmatique ; c'est parfois par ignorance pure et simple des relations voisines : le symbolisme a été longtemps aveugle aux relations formelles du signe ; mais même lorsque les trois relations ont été repérées (en linguistique, par exemple), chacun (ou chaque école) tend à fonder son analyse sur l'une seulement des dimensions du signe : il y a débordement d'*une* vision sur l'ensemble du phénomène signifiant, en sorte qu'on peut parler, semble-t-il, de *consciences* sémiologiques différentes (il s'agit, bien entendu, de la conscience de l'analyste, non de celle de l'usager du signe). Or d'une part, le choix d'une relation dominante implique à chaque fois une certaine idéologie ; et d'autre part, on dirait qu'à chaque conscience du signe (symbolique, paradigmatique et syntagmatique), ou du moins pour la première d'un côté et les deux dernières de l'autre, correspond un certain moment de la réflexion, soit individuelle, soit collective : le structuralisme, en particulier, peut être défini historiquement comme le passage de la conscience symbolique à la conscience paradigmatique : il y a une histoire du signe, qui est l'histoire de ses « consciences ».

La conscience symbolique voit le signe dans sa dimension profonde, on pourrait presque dire : géologique, puisqu'à ses yeux, c'est l'étagement du signifié et du signifiant qui constitue le symbole ; il y a conscience d'une sorte de rapport vertical entre la croix et le christianisme : le christianisme est *sous* la croix, comme une masse profonde de croyances, de valeurs et de pratiques, plus ou moins disciplinée au niveau de sa forme. La verticalité du rapport emporte deux conséquences : d'une part, la relation verticale tend à paraître solitaire : le symbole semble se tenir *tout droit* dans le monde, et même lorsqu'on affirme qu'il foisonne, c'est sous la forme d'une « forêt », c'est-à-dire d'une juxtaposition anarchique de relations profondes qui ne communiqueraient, si l'on peut dire, que par leurs racines (les signifiés); et d'autre part, cette relation verticale apparaît forcément comme une relation analogique : la forme *ressemble* (plus ou moins, mais toujours un peu) au contenu, comme si elle était en somme produite par lui, en sorte que la conscience symbolique recouvre peut-être parfois un déterminisme mal liquidé : il y a donc privilège massif de la ressemblance (même lorsqu'on souligne le caractère inadéquat du signe). La conscience symbolique a dominé la sociologie des symboles, et bien entendu, une partie de la psychanalyse naissante, encore que Freud lui-même ait reconnu le caractère inexplicable (non analogique) de certains symboles; c'est d'ailleurs l'époque où règne le mot même de *symbole ;* pendant tout ce temps, le symbole dispose d'un prestige mythique, celui de la « richesse » : le symbole est riche, ce pourquoi, dit-on, on ne peut le réduire à un « simple signe » (on peut aujourd'hui douter de la « simplicité » du signe) : la forme y est sans cesse débordée par la puissance et le mouvement du contenu; c'est qu'en fait, pour la conscience symbolique, le symbole est beaucoup moins une forme (codifiée) de communication, qu'un instrument (affectif) de participation. Le mot *symbole* a maintenant quelque peu vieilli; on le remplace volontiers par *signe* ou *signification.* Ce glissement terminologique traduit un certain effritement de la conscience symbolique, notamment en ce qui concerne le caractère analogique du signifiant et du signifié; cette conscience demeure cependant typique, tant que le regard analytique ne s'intéresse pas (qu'il les ignore ou les conteste) aux rapports formels des signes entre eux, car la conscience symbolique est essentiellement refus de la forme; dans le signe, c'est le signifié qui l'intéresse : le signifiant n'est jamais pour elle qu'un déterminé.

Dès que les formes de deux signes sont comparées, ou du moins perçues d'une manière quelque peu comparative, il y a apparition d'une certaine conscience paradigmatique; même au niveau du symbole classique, qui est le moins délié des signes, si l'occasion est offerte de percevoir la variation de deux formes symboliques, les autres dimensions du signe se découvrent tout à coup; tel est, par exemple, le cas de l'opposition entre *Croix-Rouge* et *Croissant-Rouge* : d'une part, *Croix* et *Croissant* cessent d'entretenir une relation solitaire avec leur signifié respectif (christianisme et islamisme), ils sont pris dans un syntagme stéréotypé; et d'autre part, ils forment entre eux un jeu de termes distinctifs, dont chacun correspond à un signifié différent : le paradigme est né. La conscience paradigmatique définit donc le sens, non comme la simple rencontre d'un signifiant et d'un signifié, mais, selon la belle expression de Merleau-Ponty, comme une véritable « modulation de coexistence »; elle substitue à la relation bilatérale de la conscience symbolique (même si cette relation est multipliée), une relation (au moins) quadrilatérale, ou plus exactement homologique. C'est la conscience paradigmatique qui a permis à Cl. Lévi-Strauss (entre autres résultats) de renouveler le problème totémique : alors que la conscience symbolique cherche en vain les caractères « pleins », plus ou moins analogiques, qui unissent un signifiant (le totem) à un signifié (le clan), la conscience paradigmatique établit une homologie (l'expression est de Cl. Lévi-Strauss) entre le rapport de deux totems et celui de deux clans (on ne discute pas ici la question de savoir si le paradigme est forcément binaire). Naturellement, en ne retenant du signifié que son rôle démonstratif (il désigne le signifiant et permet de repérer les termes de l'opposition), la conscience paradigmatique tend à le vider : mais elle ne vide pas pour autant la signification. C'est évidemment la conscience paradigmatique qui a permis (ou exprimé) le développement extraordinaire de la phonologie, science des paradigmes exemplaires *(marqué/non-marqué):* c'est elle qui, à travers l'œuvre de Cl. Lévi-Strauss, définit le seuil structuraliste.

La conscience syntagmatique est conscience des rapports qui unissent les signes entre eux au niveau du discours même, c'est-à-dire essentiellement des contraintes, tolérances et libertés d'association du signe. Cette conscience a marqué les travaux linguistiques de l'école de Yale, et, hors la linguistique, les recherches de l'école formaliste russe, notamment celles de Propp dans le domaine du conte populaire slave (ce pour quoi on peut attendre qu'elle éclaire un jour l'analyse des grands « récits » contemporains, du fait divers au roman populaire). Mais ce n'est sans doute pas la seule orientation de la conscience syntagmatique; des trois consciences, c'est sans doute celle qui se passe le mieux du signifié : c'est plus une conscience structurale qu'une conscience sémantique; c'est pourquoi sans doute elle s'approche le plus de la pratique : c'est elle qui permet le mieux d'imaginer des ensembles opérationnels, des dispatchings, des classements complexes : la conscience paradigmatique a permis le retour fécond du décimalisme au binarisme; mais c'est la conscience syntagmatique qui permet vraiment de concevoir les « programmes » cybernétiques, tout comme elle a permis à Propp et à Lévi-Strauss de reconstruire les « séries » mythiques.

Peut-être un jour pourra-t-on reprendre la description de ces consciences sémantiques, tenter de les rattacher à une histoire; peut-être un jour pourra-t-on faire la sémiologie des sémiologues, l'analyse structurale des structuralistes. Ce qu'on voulait dire simplement ici, c'est qu'il y a probablement une véritable imagination du signe; le signe n'est pas seulement l'objet d'une connaissance particulière, mais aussi l'objet d'une *vision,* analogue à celle des sphères célestes dans le Songe de Scipion, ou proche encore des représentations moléculaires dont se servent les chimistes; le sémiologue *voit* le signe se mouvoir dans le champ de la signification, il dénombre ses valences, trace leur configuration : le signe est pour lui une idée sensible. Aux trois consciences (encore passablement techniques) dont il vient d'être question, il faut donc supposer un élargissement vers des types d'imagination beaucoup plus larges, que l'on pourrait retrouver mobilisés dans bien d'autres objets que le signe.

La conscience symbolique implique une imagination de la profondeur; elle *vit* le monde comme le rapport d'une forme superficielle et d'un *Abgrund* multiforme, massif, puissant, et l'image se couronne d'une dynamique très forte : le rapport de la forme et du contenu est sans cesse relancé par le temps (l'histoire), la superstructure débordée par l'infra-structure, sans qu'on puisse jamais saisir la structure elle-même. La conscience paradigmatique, au contraire, est une imagination formelle; elle *voit* le signifiant relié, comme de profil, à quelques signifiants virtuels dont il est à la fois proche et distinct; elle ne voit plus (ou voit moins) le signe dans sa profondeur, elle le voit *dans sa perspective;* aussi la dynamique qui est attachée à cette vision est celle d'un appel : le signe est *cité* hors d'une réserve finie, ordonnée, et cet appel est l'acte souverain de la signification : imagination d'arpenteur, de géomètre, de propriétaire du monde, qui s'y trouve à l'aise, puisque l'homme, pour signifier, n'a qu'à choisir dans ce qui lui est présenté déjà préstructuré, soit par son cerveau (dans l'hypothèse binariste), soit par la finitude matérielle des formes. L'imagination syntagmatique ne voit plus (ou voit moins) le signe dans sa perspective, elle le *prévoit* dans son extension : ses liens antécédents ou conséquents, les ponts qu'il jette vers d'autres signes; il s'agit d'une imagination « stémmatique », celle de la chaîne ou du réseau; aussi la dynamique de l'image est ici celle d'un *agencement* de parties mobiles, substitutives, dont la combinaison produit du sens, ou plus généralement un objet nouveau; il s'agit donc d'une imagination proprement fabricative, ou encore fonctionnelle (le mot est heureusement ambigu, puisqu'il renvoie à la fois à l'idée d'une relation variable et à celle d'un usage).

Telles sont (peut-être) les trois imaginations du signe. On peut sans doute rattacher à chacune d'elles un certain nombre de créations différentes, dans les ordres les plus variés, car rien de ce qui est construit aujourd'hui dans le monde n'échappe au sens. Pour rester dans l'ordre de la création intellectuelle (récente), parmi les œuvres de l'imagination profonde (symbolique), on pourra citer la critique biographique ou historique, la sociologie des « visions », le roman réaliste ou introspectif, et d'une manière générale, les arts ou les langages « expressifs », postulant un signifié souverain, extrait soit d'une intériorité, soit d'une histoire. L'imagination formelle (ou paradigmatique) implique une attention aiguë à la *variation* de quelques éléments récurrents; on rattachera donc à ce type d'imagination le rêve et les récits oniriques, les œuvres fortement thématiques et celles dont l'esthétique implique le jeu de certaines commutations (les romans de Robbe-Grillet, par exemple). L'imagination fonctionnelle (ou syntagmatique) nourrit enfin toutes les œuvres dont la fabrication, par agencement d'éléments discontinus et mobiles, constitue le spectacle même : la poésie, le théâtre épique, la musique sérielle et les compositions structurales, de Mondrian à Butor.

1962, *Arguments*.

L'ACTIVITÉ STRUCTURALISTE

Qu'est-ce que le structuralisme ? Ce n'est pas une école ni même un mouvement (du moins pas encore), car la plupart des auteurs que l'on rattache ordinairement à ce mot ne se sentent nullement liés entre eux par une solidarité de doctrine ou de combat. C'est à peine un lexique : *structure* est un terme déjà ancien (d'origine anatomiste et grammairienne [1]), aujourd'hui très usé : toutes les sciences sociales y recourent abondamment et l'usage du mot ne peut distinguer personne, sauf à polémiquer sur le contenu qu'on lui donne; *fonctions, formes, signes* et *significations* ne sont guère plus pertinents; ce sont aujourd'hui des mots d'emploi commun, auxquels on demande et dont on obtient tout ce qu'on veut, et notamment de camoufler le vieux schéma déterministe de la cause et du produit; il faut sans doute remonter à des couples comme ceux de *signifiant-signifié* et *synchronie-diachronie,* pour approcher ce qui distingue le structuralisme d'autres modes de pensée; le premier parce qu'il renvoie au modèle linguistique, d'origine saussurienne, et qu'aux côtés de l'économie, la linguistique est, dans l'état actuel des choses, la science même de la structure; le second, d'une façon plus décisive, parce qu'il semble impliquer une certaine révision de la notion d'histoire, dans la mesure où l'idée de synchronie (quoique chez Saussure ce soit un concept surtout opératoire) accrédite une certaine immobilisation du temps, et où celle de diachronie tend à représenter le procès historique comme une pure succession de formes; ce dernier couple est d'autant plus distinctif qu'il semble bien que la principale résistance au structuralisme soit aujourd'hui d'origine marxiste et que ce soit autour de la notion d'histoire (et non pas de structure) qu'elle se joue; quoi qu'il en soit, c'est probablement le recours

1. *Sens et Usages du terme Structure,* Mouton & Co., La Haye, 1962.

sérieux au lexique de la signification (et non au mot lui-même, qui, paradoxalement, n'est nullement distinctif), dans lequel il faut voir en définitive le signe parlé du structuralisme : surveillez qui emploie *signifiant* et *signifié, synchronie* et *diachronie,* et vous saurez si la vision structuraliste est constituée.

Ceci est valable pour le métalangage intellectuel, qui use explicitement de concepts méthodologiques. Mais le structuralisme n'étant ni une école ni un mouvement, il n'y a pas de raison de le réduire *a priori,* même d'une façon problématique, à la pensée savante, et il vaut mieux essayer d'en chercher la description la plus large (sinon la définition) à un autre niveau que celui du langage réflexif. On peut en effet présumer qu'il existe des écrivains, des peintres, des musiciens, aux yeux desquels un certain *exercice* de la structure (et non plus seulement sa pensée) représente une expérience distinctive, et qu'il faut placer analystes et créateurs sous le signe commun de ce que l'on pourrait appeler l'*homme structural,* défini, non par ses idées ou ses langages, mais par son imagination, ou mieux encore son *imaginaire,* c'est-à-dire la façon dont il vit mentalement la structure.

On dira donc tout de suite que par rapport à *tous* ses usagers, le structuralisme est essentiellement une *activité,* c'est-à-dire la succession réglée d'un certain nombre d'opérations mentales : on pourrait parler d'activité structuraliste comme on a parlé d'activité surréaliste (le surréalisme a peut-être, d'ailleurs, produit la première expérience de littérature structurale, il faudra y revenir un jour). Mais avant de voir quelles sont ces opérations, il faut dire un mot de leur fin.

Le but de toute activité structuraliste, qu'elle soit réflexive ou poétique, est de reconstituer un « objet », de façon à manifester dans cette reconstitution les règles de fonctionnement (les « fonctions ») de cet objet. La structure est donc en fait un *simulacre* de l'objet, mais un simulacre dirigé, intéressé, puisque l'objet imité fait apparaître quelque chose qui restait invisible, ou si l'on préfère, inintelligible dans l'objet naturel. L'homme structural prend le réel, le décompose, puis le recompose; c'est en apparence fort peu de chose (ce qui fait dire à certains que le travail structuraliste est « insignifiant, inintéressant, inutile, etc. »). Pourtant, d'un autre point de vue, ce peu de chose est décisif; car entre les deux objets, ou les deux temps de l'activité structuraliste, il se produit *du nouveau,* et ce nouveau n'est rien moins que l'intelligible général : le simulacre, c'est l'intellect ajouté à l'objet, et cette addition a une valeur anthropologique, en ceci qu'elle est l'homme même, son histoire, sa situation, sa liberté et la résistance même que la nature oppose à son esprit.

On voit donc pourquoi il faut parler d'activité structuraliste : la création ou la réflexion ne sont pas ici « impression » originale du monde, mais fabrication véritable d'un monde qui ressemble au premier, non pour le copier mais pour le rendre intelligible. C'est pourquoi l'on peut dire que le structuralisme est essentiellement une activité d'imitation, et c'est en cela qu'il n'y a, à proprement parler, aucune différence *technique* entre le structuralisme savant d'une part et la littérature en particulier, l'art en général, d'autre part : tous deux relèvent d'une *mimesis,* fondée non sur l'analogie des substances (comme dans l'art dit réaliste), mais sur celle des fonctions (que Lévi-Strauss appelle *homologie*). Lorsque Troubetskoy reconstruit l'objet phonétique sous forme d'un système de variations, lorsque Georges Dumézil élabore une mythologie fonctionnelle, lorsque Propp construit un conte populaire issu par structuration de tous les contes slaves qu'il a au préalable décomposés, lorsque Claude Lévi-Strauss retrouve le fonctionnement homologique de l'imaginaire totémique, G.-G. Granger les règles formelles de la pensée économique ou J.-C. Gardin les traits pertinents des bronzes préhistoriques, lorsque J.-P. Richard décompose le poème mallarméen en ses vibrations distinctives, ils ne font rien d'autre de ce que font Mondrian, Boulez ou Butor lorsqu'ils agencent un certain objet, qu'on appellera précisément *composition,* à travers la manifestation réglée de certaines unités et de certaines associations de ces unités. Que le premier objet soumis à l'activité de simulacre soit donné par le monde d'une façon déjà rassemblée (dans le cas de l'analyse structurale qui s'exerce sur une langue, une société ou une œuvre constituées) ou encore éparse (dans le cas de la « composition » structurale), que cet objet premier soit prélevé dans le réel social

ou le réel imaginaire, cela importe peu : ce n'est pas la nature de
l'objet copié qui définit un art (préjugé cependant tenace de tous
les réalismes), c'est ce que l'homme y ajoute en le reconstituant :
la technique est l'être même de toute création. C'est donc dans
la mesure où les fins de l'activité structuraliste sont indissolublement liées à une certaine technique, que le structuralisme existe
d'une façon distinctive par rapport à d'autres modes d'analyse
ou de création : on recompose l'objet *pour* faire apparaître des
fonctions, et c'est, si l'on peut dire, le chemin qui fait l'œuvre;
c'est pour cela qu'il faut parler d'activité, plutôt que d'œuvre
structuraliste.

L'activité structuraliste comporte deux opérations typiques :
découpage et agencement. Découper le premier objet, celui qui
est donné à l'activité de simulacre, c'est trouver en lui des fragments mobiles dont la situation différentielle engendre un certain
sens; le fragment n'a pas de sens en soi, mais il est cependant tel
que la moindre variation apportée à sa configuration produit un
changement de l'ensemble; un *carré* de Mondrian, une *série* de
Pousseur, un *verset* du *Mobile* de Butor, le « mythème » chez Lévi-
Strauss, le phonème chez les phonologues, le « thème » chez tel
critique littéraire, toutes ces unités (quelles qu'en soient la structure
intime et l'étendue, bien différentes selon les cas) n'ont d'existence
significative que par leurs frontières : celles qui les séparent des
autres unités actuelles du discours (mais c'est là un problème
d'agencement), et aussi celles qui les distinguent d'autres unités
virtuelles, avec lesquelles elles forment une certaine classe (que
les linguistes appellent *paradigme*); cette notion de paradigme est
essentielle, semble-t-il, pour comprendre ce qu'est la vision structuraliste : le paradigme est une réserve, aussi limitée que possible,
d'objets (d'unités), hors de laquelle on appelle, par un acte de
citation, l'objet ou l'unité que l'on veut douer d'un sens actuel;
ce qui caractérise l'objet paradigmatique, c'est qu'il est vis-à-vis
des autres objets de sa classe dans un certain rapport d'affinité et
de dissemblance : deux unités d'un même paradigme doivent se
ressembler quelque peu *pour que* la différence qui les sépare ait
l'évidence d'un éclat : il faut que s et z aient à la fois un trait
commun (la dentalité) et un trait distinctif (la présence ou l'absence
de sonorité) pour qu'en français nous n'attribuions pas le même

sens à *poisson* et à *poison ;* il faut que les carrés de Mondrian soient
à la fois affinitaires par leur forme de carrés et dissemblables par
la proportion et la couleur; il faut que les automobiles américaines
(dans *Mobile* de Butor) soient sans cesse inspectées de la même
manière, mais cependant qu'elles diffèrent à chaque fois par la
marque et la couleur; il faut que les épisodes du mythe d'Œdipe
(dans l'analyse de Lévi-Strauss) soient à la fois identiques et variés,
pour que tous ces discours et ces œuvres soient intelligibles.
L'opération de découpage produit ainsi un premier état dispersé
du simulacre, mais les unités de la structure ne sont nullement
anarchiques : avant d'être distribuées et enserrées dans le continu
de la composition, chacune forme avec sa propre réserve virtuelle
un organisme intelligent, soumis à un principe moteur souverain :
celui de la plus petite différence.

Les unités posées, l'homme structural doit leur découvrir ou
leur fixer des règles d'association : c'est l'activité d'agencement,
qui succède à l'activité d'appel. La syntaxe des arts et des discours
est, on le sait, extrêmement variée; mais ce que l'on retrouve dans
toute œuvre de projet structural, c'est la soumission à des
contraintes régulières, dont le formalisme, improprement incri-
miné, importe beaucoup moins que la stabilité; car ce qui se joue,
à ce stade second de l'activité de simulacre, c'est une sorte de
combat contre le hasard; c'est pourquoi les contraintes de récurrence des unités ont une valeur presque démiurgique : c'est par
le retour régulier des unités et des associations d'unités que l'œuvre
apparaît construite, c'est-à-dire douée de sens; les linguistes
appellent ces règles de combinaison des *formes,* et il y aurait grand
intérêt à garder cet emploi rigoureux d'un mot trop usé : la forme,
a-t-on dit, c'est ce qui permet à la contiguïté des unités de ne point
apparaître comme un pur effet du hasard : l'œuvre d'art est ce que
l'homme arrache au hasard. Ceci permet peut-être de comprendre
d'une part pourquoi les œuvres dites non figuratives sont tout
de même au plus haut point des œuvres, la pensée humaine ne
s'inscrivant pas dans l'analogie des copies et des modèles, mais
dans la régularité des assemblages, et d'autre part pourquoi ces
mêmes œuvres apparaissent précisément fortuites et par là même
inutiles à ceux qui n'y décèlent aucune *forme :* devant un tableau
abstrait, Khrouchtchev a sans doute tort de ne voir que les traces

d'une queue d'âne promenée sur la toile; du moins sait-il à sa manière que l'art est une certaine conquête du hasard (il oublie simplement que toute règle s'apprend, qu'on veuille l'appliquer ou la déchiffrer).

Le simulacre ainsi édifié, il ne rend pas le monde tel qu'il l'a pris, et c'est en cela que le structuralisme est important. D'abord, il manifeste une catégorie nouvelle de l'objet, qui n'est ni le réel ni le rationnel, mais le *fonctionnel*, rejoignant ainsi tout un complexe scientifique qui est en train de se développer autour des recherches sur l'information. Ensuite et surtout, il met en plein jour le procès proprement humain par lequel les hommes donnent du sens aux choses. Est-ce nouveau? Dans une certaine mesure, oui; certes, le monde n'a cessé, de tout temps, de chercher le sens de ce qui lui est donné et de ce qu'il produit; ce qui est nouveau, c'est une pensée (ou une « poétique ») qui cherche moins à assigner des sens pleins aux objets qu'elle découvre, qu'à savoir comment le sens est possible, à quel prix et selon quelles voies. A la limite, on pourrait dire que l'objet du structuralisme, ce n'est pas l'homme riche de certains sens, mais l'homme fabricateur de sens, comme si ce n'était nullement le contenu des sens qui épuisât les fins sémantiques, de l'humanité, mais l'acte seul par lequel ces sens, variables historiques, contingents, sont produits. *Homo significans :* tel serait le nouvel homme de la recherche structurale.

Au dire de Hegel [2], l'ancien Grec s'étonnait du *naturel* de la nature; il lui prêtait sans cesse l'oreille, interrogeait le sens des sources, des montagnes, des forêts, des orages; sans savoir ce que tous ces objets lui disaient nommément, il percevait dans l'ordre végétal ou cosmique un immense *frisson* du sens, auquel il donna le nom d'un dieu : Pan. Depuis, la nature a changé, elle est devenue sociale : tout ce qui est donné à l'homme est *déjà* humain, jusqu'à la forêt et au fleuve que nous traversons lorsque nous voyageons. Mais devant cette nature sociale, qui

2. *Leçons sur la philosophie de l'histoire,* Vrin, 1946, p. 212.

est tout simplement la culture, l'homme structural n'est pas différent de l'ancien Grec : lui aussi, il prête l'oreille au naturel de
la culture, et perçoit sans cesse en elle, moins des sens stables,
finis, « vrais », que le frisson d'une machine immense qui est
l'humanité en train de procéder inlassablement à une création
du sens, sans laquelle elle ne serait plus humaine. Et c'est parce
que cette fabrication du sens est à ses yeux plus essentielle que
les sens eux-mêmes, c'est parce que la fonction est extensive
aux œuvres, que le structuralisme se fait lui-même activité et
renvoie dans une même identité l'exercice de l'œuvre et l'œuvre
elle-même : une composition sérielle ou une analyse de Lévi-
Strauss ne sont des objets que pour autant qu'elles ont été *faites* :
leur être présent *est* leur acte passé : elles sont *ayant-été-faites;*
l'artiste, l'analyste refait le chemin du sens, il n'a pas à le désigner :
sa fonction, pour reprendre l'exemple de Hegel, est une *mantéia;*
comme le devin antique, il *dit* le lieu du sens mais ne le nomme
pas. Et c'est parce que la littérature, en particulier, est une mantique, qu'elle est à la fois intelligible et interrogeante, parlante
et silencieuse, engagée dans le monde par le chemin du sens
qu'elle refait avec lui, mais dégagée des sens contingents que le
monde élabore : réponse à celui qui la consomme et cependant
toujours question à la nature, réponse qui interroge et question
qui répond.

Comment donc l'homme structural accepterait-il l'accusation
d'irréalisme qu'on lui adresse parfois ? Les formes ne sont-elles
pas dans le monde, les formes ne sont-elles pas responsables ?
Ce qu'il y a eu de révolutionnaire dans Brecht, était-ce vraiment
le marxisme ? N'était-ce pas plutôt la décision de lier au marxisme,
sur le théâtre, la place d'un réflecteur ou l'usure d'un habit ?
Le structuralisme ne retire pas au monde l'histoire : il cherche
à lier à l'histoire, non seulement des contenus (cela a été fait
mille fois), mais aussi des formes, non seulement le matériel,
mais aussi l'intelligible, non seulement l'idéologique, mais aussi
l'esthétique. Et précisément, parce que toute pensée sur l'intelligible historique est aussi participation à cet intelligible, il importe
peu, sans doute, à l'homme structural de durer : il sait que le
structuralisme est lui aussi une certaine *forme* du monde, qui
changera avec le monde; et de même qu'il éprouve sa validité

(mais non sa vérité) dans son pouvoir à parler les anciens langages du monde d'une manière nouvelle, de même il sait qu'il suffira que surgisse de l'histoire un nouveau langage qui le parle à son tour, pour que sa tâche soit terminée.

1963, *Lettres Nouvelles.*

LA BRUYÈRE

La Bruyère occupe dans la culture française une place ambiguë[1] : l'école lui reconnaît une grande importance, met ses maximes, son art, son rôle historique en sujets de dissertation; on exalte à la fois sa connaissance de l'Homme et sa prémonition d'une société plus juste (*C'est l'idée d'humanité*, disait Brunetière, *qui commence à se faire jour*); on fait de lui (paradoxe précieux) un classique et un démocrate. Cependant, hors l'école, la mythologie de La Bruyère est pauvre : il n'a été pris dans aucun de ces grands dialogues que les écrivains français ont toujours noués entre eux d'un siècle à l'autre (Pascal et Montaigne, Voltaire et Racine, Valéry et La Fontaine); la critique elle-même s'est peu souciée de renouveler l'image toute scolaire que nous avons de lui; son œuvre ne s'est prêtée à aucun des langages nouveaux de notre siècle, elle n'a excité ni les historiens, ni les philosophes, ni les sociologues, ni les psychanalystes; en un mot, si l'on excepte la sympathie d'un Proust citant quelque maxime pénétrante *(Etre avec les gens qu'on aime, cela suffit; rêver, leur parler, ne leur parler point, penser à eux, penser à des choses plus indifférentes mais auprès d'eux, tout est égal. Du Cœur, n° 23)*, la modernité, toute prête cependant à s'approprier les auteurs anciens, semble avoir le plus grand mal à le récupérer : connu à l'égal des grands noms de notre littérature, La Bruyère est cependant déshérité, on dirait presque *désaffecté;* il lui manque même ce dernier bonheur de l'écrivain : être méconnu.

Bref, cette gloire est un peu ensommeillée, et il faut reconnaître que La Bruyère lui même se prête mal à de grands réveils; il reste en tout mesuré (Thibaudet parlait du *clair-obscur* de La Bruyère),

1. Préface à : La Bruyère, *Les Caractères*, Paris, Le monde en 10-18 (1963).

évite d'épuiser les partis qu'il amorce, renonce à cette *radicalité* du point de vue qui assure à l'écrivain une vie posthume violente ; très proche de La Rochefoucauld, par exemple, son pessimisme pourtant ne dépasse guère la sagesse d'un bon chrétien et ne tourne jamais à l'obsession ; capable de produire une forme courte, fulgurante, il préfère cependant le fragment un peu long, le portrait qui se répète : c'est un moraliste tempéré, il ne brûle pas (sauf peut-être dans les chapitres sur les femmes et sur l'argent, d'une agressivité qui ne cède pas) ; et d'autre part, peintre déclaré d'une société, et dans cette société, de la passion la plus sociale qui soit, la mondanité, il ne se fait pourtant pas chroniqueur, comme Retz ou Saint-Simon ; on dirait qu'il entend éluder le choix d'un genre défini ; moraliste, il renvoie sans cesse à une société réelle, saisie dans ses personnes et ses événements (le nombre des clefs de son livre l'atteste) ; et sociologue, il ne vit cependant cette société que sous sa substance morale ; on ne peut puiser tout à fait librement en lui l'image d'une blessure éternelle de l'homme ; on ne peut non plus y voir, au delà du bien et du mal, le spectacle vivant d'une pure socialité ; c'est peut-être pour cela que la modernité, qui cherche toujours dans la littérature passée des aliments purs, a quelque mal à reconnaître La Bruyère : il lui échappe par la plus fine des résistances : elle ne peut le nommer.

Ce malaise est sans doute celui de toute lecture moderne de La Bruyère. On peut l'exprimer autrement : le monde de La Bruyère est à la fois *nôtre* et *autre* ; *nôtre*, parce que la société qu'il nous peint est à ce point conforme à l'image mythique du XVIIe siècle que l'école a installée en nous, que nous circulons très à l'aise parmi ces vieilles figures de notre enfance, Ménalque, l'amateur de prunes, les paysans-animaux farouches, le « *tout est dit et l'on vient trop tard* », la ville, la cour, les parvenus, etc. ; *autre* parce que le sentiment immédiat de notre modernité nous dit que ces usages, ces caractères, ces passions même, ce n'est pas nous ; le paradoxe est assez cruel ; La Bruyère est nôtre par son anachronisme, et il nous est étranger par son projet même d'éternité ; la mesure de l'auteur (qu'on appelait autrefois médiocrité), le poids de la culture scolaire, la pression des lectures environnantes, tout cela fait que La Bruyère nous transmet une image de l'homme classique qui n'est ni assez distante pour que nous puissions y goûter le plaisir de l'exotisme, ni assez

proche pour que nous puissions nous y identifier : c'est une image
familière et qui ne nous concerne pas.

Lire La Bruyère n'aurait évidemment aujourd'hui aucune réalité
(pour autant que nous ayons quitté l'école), si nous n'arrivions à
briser cet équilibre douteux de la distance et de l'identité, si nous
ne parvenions pas à nous laisser entraîner résolument ou vers l'une
ou vers l'autre; on peut certes lire La Bruyère dans un esprit de
confirmation, y cherchant et chassant, comme dans tout moraliste,
la maxime qui rendra compte sous une forme parfaite, de *cette*
blessure que nous venons de recevoir des hommes; on peut aussi
le lire en marquant tout ce qui sépare son monde du nôtre et tout
ce que cette distance nous apprend sur nous-mêmes; c'est ce qu'on
fera ici : discutons de lui tout ce qui nous concerne mal :
nous recueillerons peut-être alors enfin le sens moderne de son
œuvre.

Et d'abord, qu'est-ce que le monde, pour quelqu'un qui parle ?
un champ d'abord informe d'objets, d'êtres, de phénomènes, qu'il
faut organiser, c'est-à-dire : découper et distribuer. La Bruyère
ne manque pas à cette obligation; il découpe la société où il vit
en grandes régions, entre lesquelles il va répartir ses « caractères » (ce sont, en gros, les chapitres de son livre). Ces régions,
ou ces classes, ne sont pas d'objet homogène, elles correspondent,
si l'on veut, à des sciences différentes (et cela est naturel, puisque
toute science est elle-même découpage du monde); il y a d'abord
deux classes sociologiques, qui forment comme la base du monde
classique : la Cour (les grands), et la Ville (les bourgeois); puis une
classe anthropologique : les femmes (c'est une race particulière,
alors que l'homme est général : on dit : *de l'homme,* mais *des femmes*);
une classe politique (la monarchie), des classes psychologiques
(cœur, jugement, mérite) et des classes ethnologiques, où les comportements sociaux sont observés dans une certaine distance
(mode, usages); le tout est encadré (hasard ou sens secret) entre
deux « opérateurs » singuliers : la littérature, qui ouvre le livre (on
verra plus tard la portée de cette inauguration), et la religion, qui
le clôt.

Cette variété des objets manipulés par La Bruyère, la disparité des classes qu'il a constituées en chapitres, appellent deux remarques ; d'abord ceci : *les Caractères* sont en un certain sens un livre de savoir total : d'une part La Bruyère aborde l'homme social par tous les biais, il constitue une sorte de somme indirecte (car la littérature a toujours pour fonction de *tourner* la science) des connaissances mêlées que l'on pouvait avoir du *socius* à la fin du XVIIe siècle (on remarquera que cet homme est en fait beaucoup plus social que psychologique) ; et d'autre part, d'une façon plus troublante, le livre correspond à une sorte d'expérience initiatique, il engage à toucher ce dernier fond de l'existence où savoir et conduite, science et conscience, se rejoignent sous le nom ambigu de *sagesse ;* La Bruyère a esquissé en somme une sorte de *cosmogonie* de la société classique, décrivant ce monde par ses *côtés*, ses limites et ses interférences. Et ceci amène à une seconde remarque : les régions dont La Bruyère compose son monde sont assez analogues à des classes logiques : tout « individu » (on dirait en logique, tout x), c'est-à-dire tout « caractère » se définit d'abord par une relation d'appartenance à telle ou telle classe, l'amateur de tulipes à la classe *Mode*, la coquette à la classe *Femmes*, Ménalque le distrait à la classe *Hommes*, etc. ; mais ce n'est pas suffisant, car il faut distinguer les caractères entre eux à l'intérieur d'une même classe ; on pratiquera donc d'une classe à l'autre des opérations d'intersection ; croisez la classe du mérite et celle du célibat et vous obtiendrez une réflexion sur la fonction étouffante du mariage (*Du mérite*, n° 25) ; conjoignez dans *Tryphon* la vertu passée et la fortune présente : la simple rencontre de ces deux classes nous donnera l'image d'une certaine hypocrisie (*Des biens de fortune*, n° 50). Ainsi la diversité des régions, qui sont, pour l'essentiel, tantôt sociales, tantôt psychologiques, ne témoigne nullement d'un désordre riche ; devant le monde, La Bruyère n'énumère pas des éléments absolument variés comme les écrivains-arpenteurs du siècle suivant ; il combine des éléments rares ; l'homme qu'il construit est toujours fait de quelques principes : l'âge, l'origine, la fortune, la vanité, la passion ; seule varie la formule de composition, le jeu des classes interférentes : un « caractère » est toujours au moins la rencontre de deux constantes.

Or c'est là un traitement de l'homme qui nous est devenu, sinon étrange, tout au moins impossible. On a dit de Leibniz, à peu près contemporain de La Bruyère, qu'il avait été le dernier homme à pouvoir connaître de toutes choses ; La Bruyère a peut-être été lui aussi le dernier moraliste à pouvoir parler de *tout* l'homme, enclore toutes les *régions* du monde humain dans un livre ; il y faudra, moins d'un siècle plus tard, les 33 volumes de l'Encyclopédie ; aujourd'hui, il n'est plus un écrivain au monde qui puisse traiter par régions de l'homme en société : toutes les sciences humaines réunies n'y arrivent même pas. Se servant d'une image empruntée à la théorie de l'information on pourrait dire que du siècle classique au nôtre, le *niveau de perception* a changé : nous voyons l'homme à une autre échelle et le sens même de ce que nous voyons en est bouleversé, comme celui d'une substance usuelle soumise au microscope ; les chapitres des *Caractères* sont autant de coups d'arrêt imposés naturellement à la vision de l'homme ; aujourd'hui, on ne peut plus arrêter l'homme nulle part ; tout partage que nous lui imposons le renvoie à une science particulière, sa totalité nous échappe ; si je parle, *mutatis mutandis*, de la ville et de la cour, je suis un écrivain social ; si je parle de la monarchie, je suis un théoricien politique ; de la littérature, un critique ; des usages, un essayiste ; du cœur, un psychanalyste, etc. ; bien plus, la moitié au moins des classes d'objets auxquelles se réfère La Bruyère n'ont plus qu'une existence vétuste ; personne aujourd'hui ne ferait plus un chapitre sur les femmes, sur le mérite ou sur la conversation ; bien que l'on continue à se marier, à « arriver » ou à parler, ces comportements ont passé à un autre niveau de perception ; un *dispatching* nouveau les envoie vers des régions humaines inconnues de La Bruyère : la dynamique sociale, l'inter-psychologie, la sexualité, sans que ces domaines puissent être jamais réunis sous une seule écriture : étroit, clair, « centré », fini, obsédant, l'homme de La Bruyère est toujours *là* ; le nôtre est toujours ailleurs ; s'il nous vient de penser au *caractère* de quelqu'un, c'est pour en ressentir ou l'universalité insignifiante (le désir de promotion sociale, par exemple), ou la complexité insaisissable (de qui oserions-nous dire tout uniment qu'il est un *fat* ?) En somme, ce qui a changé, du monde de La Bruyère au nôtre, c'est le *notable* : nous ne *notons* plus le monde comme La Bruyère ; notre parole est différente, non parce que le vocabulaire a évolué, mais parce que parler, c'est fragmenter le

réel d'une façon toujours engagée et que notre découpe renvoie à
un réel si large que la *réflexion* ne peut suffire à le prendre en charge
et que de nouvelles sciences, que l'on appelle humaines (et dont le
statut n'est pas d'ailleurs très bien défini) doivent s'en mêler :
La Bruyère relève qu'un beau-père aime sa bru et qu'une belle-
mère aime son gendre (*De la Société*, nº 45); c'est là une notation
qui nous concernerait davantage aujourd'hui, si elle venait d'un
psychanalyste, tout comme c'est l'Œdipe de Freud qui nous fait
maintenant rêver, non celui de Sophocle. C'est affaire de langage?
Mais le seul *pouvoir* de l'histoire sur le « cœur humain », c'est de
varier le langage qui le parle. *Tout est dit depuis plus de sept mille ans
qu'il y a des hommes et qui pensent :* oui, sans doute; mais on ne vient
jamais trop tard pour inventer de nouveaux langages.

Voilà donc le « monde » de La Bruyère épuisé par quelques
grandes classes d'individus : la cour, la ville, l'Église, les femmes,
etc.; ces classes elles-mêmes peuvent très bien se subdiviser en
« sociétés » plus petites. Relisons le fragment 4 du ch. *De la Ville :*
« *La ville est partagée en diverses sociétés, qui sont comme autant de petites
républiques, qui ont leurs lois, leurs usages, leur jargon et leurs mots pour
rire...* » On dirait en termes modernes que le monde est fait d'une
juxtaposition d'*isolats*, imperméables les uns aux autres. Autrement dit, le groupe humain, aux yeux de La Bruyère, n'est nullement constitué d'une façon substantielle; au delà de la façon en
somme contingente dont ces petites sociétés sont remplies ici
de bourgeois ou là de nobles, La Bruyère cherche un trait qui les
définisse toutes; ce trait existe; c'est une forme; et cette forme,
c'est la *clôture ;* La Bruyère s'occupe des mondes, du monde, pour
autant qu'ils sont fermés. On touche ici, poétiquement, à ce que
l'on pourrait appeler une imagination du partage qui consiste
à épuiser par l'esprit toutes les situations que la simple clôture
d'un espace engendre de proche en proche dans le champ général
où elle a lieu : (choix, c'est-à-dire arbitraire) du partage, substances
différentes du *dedans* et du *dehors*, règles d'admission, de sortie,
d'échange, il suffit que dans le monde une ligne se ferme pour que
de nouveaux sens naissent à profusion, et c'est ce qu'a bien vu

La Bruyère. Appliquée à la matière sociale, l'imagination de la clôture, qu'elle soit vécue ou analysée, produit en effet un objet à la fois réel (car il pourrait relever de la sociologie) et poétique (car les écrivains l'ont traité avec prédilection) : c'est la *mondanité*, ou encore d'un mot plus moderne mais qui l'irréalise déjà un peu trop, le *snobisme*. Avant que la littérature se posât le problème du réalisme politique, la mondanité a été pour l'écrivain un moyen précieux d'observer la réalité sociale tout en restant écrivain; la mondanité est en effet une forme ambiguë du réel : engagée et inengagée; renvoyant à la disparité des conditions, mais restant malgré tout une forme pure, la *clôture* permettant de toucher au psychologique et aux mœurs sans passer par la politique; c'est pourquoi, peut-être, nous avons eu en France une grande littérature de la mondanité, de Molière à Proust : et c'est dans cette tradition d'un imaginaire tout entier dirigé vers les phénomènes de *clôture* sociale que s'inscrit évidemment La Bruyère.

Il peut exister un grand nombre de petites sociétés mondaines, puisqu'il leur suffit de se fermer pour exister; mais il va de soi que la clôture, qui est la forme originelle de toute mondanité, et que l'on peut par conséquent décrire au niveau de groupes infimes (la coterie du fragment 4 *de la Ville*, ou le salon Verdurin), prend un sens historique précis lorsqu'elle s'applique au monde dans son ensemble; car ce qui est alors dans la clôture et hors d'elle correspond fatalement au partage économique de la société; c'est le cas pour la mondanité générale décrite par La Bruyère; elle a forcément des racines sociales : ce qui est *dans* la clôture, ce sont les classes pourvues, noblesse et bourgeoisie; et ce qui est dehors, ce sont les hommes sans naissance et sans argent, c'est le peuple (ouvriers et paysans). La Bruyère ne définit cependant pas des classes sociales; il peuple diversement un *inland* et un *outland* : tout ce qui prend place à l'intérieur de la clôture est par là même appelé à l'être; tout ce qui reste à l'extérieur est rejeté dans le néant; on dirait que paradoxalement les substructures sociales ne sont que le reflet des formes de l'admission et du rejet. La primauté de la forme rend ainsi *indirectes* les notations que nous appellerions aujourd'hui politiques. On a parlé des sentiments démocratiques de La Bruyère, en s'appuyant notamment sur le fragment 128 de l'*Homme*, qui est une description noire des paysans (*L'on voit certains animaux farou-*

ches... répandus par la campagne...). Cependant, le peuple n'a, dans cette littérature, qu'une valeur purement fonctionnelle : il reste *l'objet* d'une charité, dont le sujet seul, qui est l'homme charitable, est appelé à l'existence; pour exercer la pitié, il faut bien un objet pitoyable : le peuple a cette complaisance. En termes formels (et on a dit combien la forme fermée prédéterminait ce monde), les classes pauvres, qu'aucun regard politique ne vient éclairer, sont ce pur extérieur sans lequel la bourgeoisie et l'aristocratie ne pourraient sentir leur être propre (voir le fragment 31 des *Biens de Fortune*, où le peuple *regarde* les grands vivre d'une existence emphatique, comme sur un théâtre); les pauvres sont *ce à partir de quoi* on existe : ils sont la limite constitutive de la clôture. Et naturellement, en tant que pures fonctions, les hommes de l'extérieur n'ont aucune essence. On ne peut leur attribuer aucun de ces *caractères* qui marquent d'une existence pleine les habitants de l'intérieur : un homme du peuple n'est ni sot, ni distrait, ni vaniteux, ni avare, ni gourmand (gourmand, avare : comment le serait-il?); il n'est qu'une pure tautologie : *un jardinier est un jardinier, un maçon est un maçon,* voilà tout ce qu'on peut en dire; la seule qualité double, le seul appel d'être que, de l'intérieur et par-delà son ustensilité (nettoyer le jardin, construire un mur), on puisse parfois lui reconnaître, c'est d'être un homme : non point un être humain, mais un mâle que les femmes du monde découvrent lorsqu'elles sont trop recluses (*Des femmes,* n° 34) : le questionnaire (celui qui applique la question) n'est nullement cruel (ce serait là un « caractère »); c'est simplement « *un jeune homme qui a les épaules larges et la taille ramassée, un nègre d'ailleurs, un homme noir* » (*Des femmes,* n° 33).

Le « caractère » est une métaphore : c'est le développement d'un adjectif. Privé de définition (c'est une pure limite), le peuple ne peut recevoir ni adjectif, ni caractère : il disparaît donc du discours. Par le poids même du postulat formel qui voue le renfermé à l'être, toute l'écriture des *Caractères* est concentrée sur la plénitude intérieure de la clôture : c'est là que foisonnent les caractères, les adjectifs, les situations, les anecdotes. Mais ce foisonnement est, si l'on peut dire, rare, purement qualitatif; ce n'est pas un foisonnement du nombre; l'*inland* de la mondanité, quoique plein d'*être* à craquer, est un territoire étroit et faiblement peuplé; il s'y produit un phénomène dont nos sociétés de masse perdent de plus en plus l'idée : *tout le monde s'y connaît*, tout le monde y a un nom. Cette familiarité intérieure, fondée sur une circonstance ouvertement sociologique (nobles et bourgeois étaient une petite minorité) rappelle assez ce qui se passe dans des sociétés à démographie étroite : tribus, villages, ou encore société américaine antérieure à la grande immigration. Paradoxalement, les lecteurs de La Bruyère pouvaient mieux penser l'universel que l'anonyme : toute description d'un *caractère* coïncide alors avec le sentiment d'une identité, même si cette identité est incertaine; les innombrables clefs qui ont suivi la parution des *Caractères* ne constituent nullement un phénomène mesquin qui marquerait, par exemple, l'incompréhension des contemporains devant la portée générale du livre : il est peut-être indifférent que le gourmand *Cliton* ait été réellement le comte de Broussin ou Louis de La Trémouille; il ne l'est pas que les « caractères » aient été presque tous prélevés dans une société personnalisée : la nomination est ici fonction étroite de la clôture : le type mondain (et c'est en cela qu'il diffère probablement des « emplois » de la comédie) ne naît pas par abstraction, quintessence d'individus innombrables : c'est une unité immédiate, définie par sa place au milieu d'unités voisines dont la contiguïté en quelque sorte différentielle forme l'*inland* de la mondanité : La Bruyère ne purifie pas ses caractères, il les récite comme les cas successifs d'une même déclinaison mondaine.

Clôture et individuation, ce sont là des dimensions de la socialité que nous ne connaissons plus. Notre monde est *ouvert*, on y circule; et surtout, s'il y a encore clôture, ce n'est nullement une minorité rare qui s'y enferme et y trouve emphatiquement son être, c'est au contraire la majorité innombrable; la mondanité, aujourd'hui, si l'on peut dire, c'est la normalité; il s'ensuit que la psychologie du partage a entièrement changé; nous ne sommes plus sensibles à aucun des caractères issus du principe de vanité, décisif lorsque c'est la minorité qui a l'avoir et l'être, mais plutôt à toutes les variations de l'anormal; il n'y a pour nous de caractères qu'*en marge* : ce n'est plus maintenant La Bruyère qui donne un nom aux hommes, c'est le psycho-pathologue ou le psycho-sociologue, tous ceux qui sont appelés à définir non des essences, mais bien au contraire des écarts. Autrement dit, notre clôture est extensive, elle enferme le plus grand nombre. Il s'ensuit un renversement complet de l'*intérêt* que nous pouvons porter aux caractères; autrefois, le caractère renvoyait à une clef, la *personne* (générale) à une personnalité (particulière); aujourd'hui, c'est le contraire; notre monde crée certes, pour son spectacle, une société fermée et personnalisée : celle des vedettes, stars et célébrités qu'on a pu grouper sous le nom d'Olympiens de notre temps; mais cette société ne nous livre pas des caractères, seulement des fonctions ou des emplois (l'amoureuse, la mère, la reine brisée par son devoir, la princesse espiègle, l'époux modèle, etc.); et ces « personnalités » sont, au contraire du circuit classique, traitées comme des personnes, afin que le plus grand nombre d'êtres humains puissent se retrouver en elles; la société olympienne que nous créons pour notre propre consommation n'est en somme qu'un monde emboîté dans le monde entier pour le représenter, elle n'est pas clôture, mais miroir : nous ne cherchons plus le typique mais l'identique; La Bruyère *condensait* un caractère à la façon d'une métaphore; nous *développons* une vedette comme un récit; *Iphis, Onuphre* ou *Hermippe* se prêtaient à un art du portrait; *Margaret* ou *Soraya* renouvellent celui de la geste épique.

Cette distance en quelque sorte structurale du monde de La Bruyère par rapport à notre monde n'entraîne nullement à nous désintéresser de lui, mais seulement nous dispense de faire effort pour nous identifier à lui; il faut nous habituer peu à peu à l'idée que la vérité de La Bruyère est, au sens plein du terme, *ailleurs*. Rien ne nous y préparera mieux qu'un regard sur ce qu'on appellerait aujourd'hui sa position politique. On le sait, son siècle ne fut pas subversif. Nés de la monarchie, nourris par elle, entièrement immergés en elle, les écrivains d'alors mettaient autant d'ensemble à approuver le pouvoir que ceux d'aujourd'hui en mettent à le contester. Sincère ou non (la question elle-même n'avait guère de sens), La Bruyère se déclare devant Louis XIV soumis comme devant un dieu; ce n'est pas que la soumission ne soit ressentie comme telle; simplement elle est fatale : un homme né chrétien et Français (c'est-à-dire soumis au roi) ne peut, par nature, aborder les grands sujets, qui sont les sujets réservés : il ne lui reste qu'à bien écrire (*Des ouvrages de l'esprit*, n° 65); l'écrivain se précipitera donc dans la sanctification de ce qui est, *parce que cela est* (*Du Souverain*, n° 1); c'est l'immobilité des choses qui en montre la vérité; les Siamois accueillent nos prêtres mais s'abstiennent de nous envoyer les leurs : c'est parce que leurs dieux sont faux et le nôtre vrai (*Des esprits forts*, n° 29). La soumission de La Bruyère aux formes les plus emphatiques (et donc les plus plates) du culte royal n'a, bien entendu, rien d'étrange en soi : pas un écrivain de son temps qui n'ait eu ce style; elle a tout de même ceci de particulier qu'elle vient brusquement arrêter ce qu'on appellerait aujourd'hui une attitude continûment démystificatrice : le moralisme, qui est, par définition, substitution des *ressorts* aux apparences et des mobiles aux vertus, opère d'ordinaire comme un vertige : appliquée au « cœur humain », la recherche de la vérité semble ne pouvoir s'arrêter nulle part; cependant, chez La Bruyère, ce mouvement implacable, poursuivi à coups de menues notations pendant tout un livre (qui fut le livre de sa vie) s'arrête pour finir à la plus plate des déclarations : que les choses du monde restent finalement en l'état, immobiles sous le regard du roi-dieu; et que l'auteur lui-même rejoigne cette immobilité et « se réfugie dans la médiocrité » (au sens de *juste milieu;* voir *Des Biens de fortune*, n° 47) : on croirait entendre une nouvelle profession du *dharma*, la loi indoue qui prescrit l'immobilité des choses et des castes. Ainsi apparaît entre le livre et l'auteur une sorte de distorsion, à la fois surprenante et exemplaire; surprenante parce que, quelque effort que l'auteur fasse pour se ranger, le livre continue de tout brûler sur son passage; exemplaire, parce qu'en fondant un ordre de signes sur la distance du témoin et du témoignage, l'œuvre semble renvoyer à un accomplissement particulier de l'homme dans le monde, qu'on appelle précisément la *littérature*. C'est donc en définitive lorsque nous croyons avoir atteint en La Bruyère l'extrême lointain de nous-mêmes, qu'un personnage surgit brusquement en lui, qui nous concerne au plus proche et qui est tout simplement l'*écrivain*.

Il ne s'agit pas, bien entendu, du « bien écrire ». Nous croyons aujourd'hui que la littérature est une technique à la fois plus profonde que celle du style et moins directe que celle de la pensée; nous croyons qu'elle est à la fois parole et pensée, pensée qui se cherche au niveau des mots, parole qui regarde pensivement en elle-même. Est-ce cela, La Bruyère?

On pourrait dire que la première condition de la littérature, c'est, paradoxalement, d'accomplir un langage *indirect* : nommer en détail les choses afin de ne pas nommer leur sens dernier et tenir cependant sans cesse ce sens menaçant, désigner le monde comme un répertoire de signes dont on ne dit pas ce qu'ils signifient. Or, par un second paradoxe, le meilleur moyen d'être indirect, pour un langage, c'est de se référer le plus constamment possible aux objets et non à leurs concepts : car le sens de l'objet tremble toujours, non celui du concept; d'où la vocation concrète de l'écriture littéraire. Or *Les Caractères* sont une admirable collection de substances, de lieux, d'usages, d'attitudes; l'homme y est presque constamment pris en charge par un objet ou un incident : vêtement, langage, démarche, larmes, couleurs, fards, visages, aliments, paysages, meubles, visites, bains, lettres, etc. On le sait, le livre de La Bruyère n'a nullement la sécheresse algébrique des maximes de La Rochefoucauld, par exemple, tout entières fondées sur l'énoncé de pures essences humaines; la technique de La Bruyère est différente : elle consiste à *mettre en acte*, et tend toujours à masquer le concept sous le percept; voulant énoncer que le mobile des actions modestes n'est pas forcément la modestie, La Bruyère affabulera en quelques mots une histoire d'appartement ou de repas (*Celui qui, logé dans un palais, avec deux appartements pour les deux saisons, vient coucher au Louvre dans un entresol, etc. Du Mérite...* n° 41); toute vérité commence ainsi comme une énigme, celle qui sépare la chose de sa signification; l'art de La Bruyère (et l'on sait que l'art, c'est-à-dire la technique, coïncide avec l'être même de la littérature) consiste à établir la plus grande distance possible entre l'évidence des objets et des événements par laquelle l'auteur inaugure la plupart de ses notations et l'idée qui, en définitive, semble rétroactivement les choisir, les arranger, les mouvoir. La plupart des *caractères* sont ainsi construits comme une équation sémantique : au concret, la fonction du signifiant; à l'abstrait, celle du signifié; et de l'un à l'autre un *suspens,* car l'on ne sait jamais à l'avance le sens final que l'auteur va tirer des choses qu'il manie.

La structure sémantique du fragment est si forte, chez La Bruyère, qu'on peut la rattacher sans peine à l'un des deux aspects fondamentaux que le linguiste R. Jakobson a heureusement distingués dans tout système de signes. Jakobson distingue dans le langage un aspect sélectif (choisir un signe dans une réserve virtuelle de signes similaires) et un aspect combinatoire (enchaîner les signes ainsi choisis selon un discours); à chacun de ces aspects correspond une figure typique de l'ancienne rhétorique, par quoi on peut le désigner : à l'aspect sélectif, la *métaphore,* qui est substitution d'un signifiant à un autre, tous deux ayant même sens, sinon même valeur; à l'aspect combinatoire, la *métonymie,* qui est glissement, à partir d'un même sens, d'un signe à un autre; esthétiquement, le recours dominant au procédé métaphorique fonde tous les arts de la variation; le recours au procédé métonymique fonde tous ceux du récit. Un portrait de La Bruyère, en fait, a une structure éminemment métaphorique; La Bruyère *choisit* des traits qui ont même signifié et il les accumule dans une métaphore continue, dont le signifié unique est donné à la fin; voyez, par exemple, le portrait du riche et celui du pauvre à la fin du chapitre *Des biens de fortune* (n° 83) : en *Giton,* s'énumèrent, à un rythme serré, tous les signes qui font de lui un riche; en *Phédon,* tous ceux du pauvre; on voit ainsi que tout ce qui arrive à Giton et à Phédon, quoique apparemment *raconté,* ne relève pas à proprement parler de l'ordre du récit; il s'agit seulement d'une métaphore *étendue,* dont La Bruyère a donné lui-même très pertinemment la théorie lorsqu'il dit de son Ménalque que « *ceci est moins un caractère particulier qu'un recueil de faits de distraction* » (*De l'Homme,* n° 7); entendez par là que toutes les distractions énumérées ne sont pas réellement celles d'un seul homme, fût-il fictivement nommé, comme cela se produirait dans un récit véritable (ordre métonymique); mais qu'il s'agit plutôt d'un *lexique* de la distraction dans lequel on peut choisir « selon son goût » le trait le plus significatif (ordre métaphorique). On approche ainsi, peut-être, de l'art de La Bruyère : le « caractère » est un *faux récit,* c'est une métaphore qui prend l'allure du récit sans le rejoindre vraiment (on se rappellera d'ailleurs le mépris de La Bruyère pour le *conter : Des*

Jugements, n⁰ 52) : l'*indirect* de la littérature est ainsi accompli : ambigu, intermédiaire entre la définition et l'illustration, le discours frôle sans cesse l'une et l'autre et les manque volontairement toutes deux : au moment où l'on croit tenir le sens clair d'un portrait tout métaphorique (lexique des traits de distractions), ce sens s'esquive sous les apparences d'une histoire vécue (une journée de Ménalque).

Récit manqué, métaphore masquée : cette situation du discours de La Bruyère explique peut-être la structure formelle (ce qu'on appelait autrefois la *composition*) des *Caractères :* c'est un livre de *fragments,* parce que précisément le fragment occupe une place intermédiaire entre la maxime qui est une métaphore pure, puisqu'elle *définit* (voyez La Rochefoucauld : *l'amour-propre est le plus grand des flatteurs*) et l'anecdote, qui n'est que récit : le discours s'étend un peu parce que La Bruyère ne saurait se contenter d'une simple équation (il s'en explique à la fin de sa Préface); mais il cesse bientôt dès qu'il menace de tourner à la fable. C'est là, en vérité, une parole très particulière, qui a peu d'équivalents dans notre littérature, très imbue de l'excellence des genres tranchés, parole éclatante (la maxime) ou parole continue (le roman); on peut cependant lui trouver également une référence prosaïque et une référence sublime. La référence prosaïque du *fragment* ce serait ce qu'on appelle aujourd'hui le *scraps-book,* recueil varié de réflexions et d'informations (par exemple, des coupures de presse) dont la seule *notation* induit à un certain sens : les *Caractères* sont bien en effet le *scraps-book* de la mondanité : c'est une gazette intemporelle, brisée, dont les morceaux sont comme les significations discontinues du réel continu. La référence sublime, ce serait ce que nous appelons aujourd'hui la parole poétique; un paradoxe historique veut en effet qu'à l'époque de La Bruyère la poésie fût essentiellement un discours continu, de structure métonymique et non métaphorique (pour reprendre la distinction de Jakobson); il a fallu attendre la subversion profonde apportée au langage par le surréalisme pour obtenir une parole fragmentaire et tirant son sens poétique de sa fragmentation même (voir par exemple *La parole en archipel,* de Char); s'il était poétique, le livre de La Bruyère ne serait nullement, en effet, un poème, mais à l'instar de certaines compositions modernes, une *parole en éclats* : que le propos se réfère ici à une rationalité classique (les caractères) et là à une « irrationalité » poétique n'altère en rien une certaine communauté dans l'expérience du fragment : le discontinu radical du langage pouvait être vécu par La Bruyère comme il l'est aujourd'hui par René Char.

Et c'est bien au niveau du langage (et non du style) que les *Caractères* peuvent peut-être le plus nous toucher. On y voit en effet un homme y mener une certaine expérience de la littérature : l'objet peut nous en sembler anachronique, comme on l'a vu, si le mot, lui, ne l'est nullement. Cette expérience se mène, si l'on peut dire, sur trois plans.

D'abord sur le plan de l'institution elle-même. Il semble que La Bruyère ait très consciemment mené une certaine réflexion sur l'être de cette parole singulière que nous appelons aujourd'hui littérature et qu'il nommait lui-même, sous une expression plus substantielle que conceptuelle, les *ouvrages de l'esprit* : outre sa préface qui est une définition de son entreprise *au niveau du discours,* il consacre au livre tout un chapitre de son œuvre, et ce chapitre est le premier, comme si toute réflexion sur l'homme devait d'abord fonder en principe la parole qui la porte. On ne pouvait certes alors imaginer qu'écrire fût un verbe intransitif, dépourvu de justification morale : La Bruyère écrit donc pour instruire. Cette finalité est cependant absorbée dans un ensemble de définitions beaucoup plus modernes : l'écriture est un métier, ce qui est une façon, à la fois, de la démoraliser et de lui donner le sérieux d'une technique (*Des ouvrages de l'esprit,* nº 3) ; l'homme de lettres (notion alors nouvelle) est ouvert sur le monde et il y occupe une place cependant soustraite à la mondanité (*Des biens de fortune,* nº 12) ; on s'engage dans l'écrire, *ou* dans le non-écrire, ce qui signifie qu'écrire est un choix. Sans vouloir forcer la modernité de telles notations, il se dessine dans tout ceci le projet d'un langage singulier, distant à la fois du jeu précieux (le naturel est un thème d'époque) et de l'instruction morale, et qui trouve sa fin secrète dans une certaine façon de découper le monde en paroles et de le faire signifier au niveau d'un travail exclusivement verbal (c'est l'*art*).

Ceci amène au second plan de l'expérience littéraire, qui est l'engagement de l'écrivain dans les mots. Parlant de ses prédécesseurs (Malherbe et Balzac), La Bruyère remarque : *l'on a mis dans le discours tout l'ordre et toute la netteté dont il est capable* (qu'il peut recevoir) : *cela conduit insensiblement à y mettre de l'esprit.* L'esprit désigne précisément ici une sorte d'*ingéniosité* intermédiaire entre l'intelligence et la technique; telle est bien en effet la littérature : une pensée formée par les mots, un sens issu de la forme. Pour La Bruyère, être écrivain, c'est croire qu'en un certain sens le fond dépend de la forme, et qu'en travaillant et modifiant les structures de la forme, on finit par produire une intelligence particulière des choses, une découpe originale du réel, bref un sens nouveau : le langage est à lui tout seul une idéologie; La Bruyère sait bien que sa vision du monde est en quelque sorte déterminée par la révolution linguistique du début de son siècle, et au delà de cette révolution, par sa parole personnelle, cette sorte d'éthique du discours qui lui a fait choisir le fragment et non la maxime, la métaphore et non le récit, le « naturel » et non le « précieux ».

Ainsi s'affirme une certaine responsabilité de l'écriture, qui est en somme très moderne. Et ceci amène à la troisième détermination de l'expérience littéraire. Cette responsabilité de l'écriture ne se confond en effet nullement avec ce que nous appelons aujourd'hui l'engagement et qu'on appelait alors l'*instruction*. Certes les écrivains classiques pouvaient très bien croire qu'ils *instruisaient*, tout comme les nôtres s'imaginent témoigner. Mais tout en étant liée substantiellement au monde, la littérature est *ailleurs;* sa fonction, du moins au sein de cette modernité qui commence avec La Bruyère, n'est pas de répondre directement aux questions que le monde pose, mais, à la fois plus modestement et plus mystérieusement, d'amener la question au bord de sa réponse, de construire techniquement la signification sans cependant la remplir. La Bruyère n'était nullement révolutionnaire, pas même démocrate, comme l'ont dit les positivistes du siècle dernier; il n'avait aucune idée que la servitude, l'oppression, la misère pussent s'exprimer en termes politiques; sa description des paysans a cependant la valeur profonde d'un *réveil;* la lumière qui est jetée par l'écriture sur le malheur humain reste *indirecte*, issue la plupart du temps d'une conscience aveuglée, impuissante à saisir les causes, à prévoir les corrections; mais cet indirect même a une valeur cathartique, car il préserve l'écrivain de la mauvaise foi : dans la littérature, à travers elle, l'écrivain ne dispose d'aucun droit, la solution des malheurs humains n'est pas pour lui un Avoir triomphant : sa parole est seulement là pour désigner un trouble. C'est ce qu'a fait La Bruyère : parce qu'il s'est voulu écrivain, sa description de l'homme atteint les vraies questions.

1963, *Préface.*

LA MÉTAPHORE DE L'ŒIL

Bien que l'*Histoire de l'œil* comporte quelques personnages nommés et le récit de leurs jeux érotiques, Bataille n'a nullement écrit là l'histoire de Simone, de Marcelle ou du narrateur (comme Sade a pu écrire l'histoire de Justine ou de Juliette)[1]. L'*Histoire de l'Œil*, c'est vraiment l'histoire d'un objet. Comment un objet peut-il avoir une histoire? Il peut sans doute passer de main en main (donnant lieu alors à d'insipides fictions du genre *Histoire de ma pipe* ou *Mémoires d'un fauteuil*), il peut aussi passer *d'image en image;* son histoire est alors celle d'une migration, le cycle des *avatars* (au sens propre) qu'il parcourt loin de son être originel, selon la pente d'une certaine imagination qui le déforme sans cependant l'abandonner : c'est le cas du livre de Bataille.

Ce qui arrive à l'Œil (et non plus à Marcelle, à Simone ou au narrateur) ne peut être assimilé à une fiction commune; les « aventures » d'un objet qui change simplement de propriétaire, relèvent d'une imagination romanesque qui se contente d'arranger le réel; en revanche, ses « avatars », étant par force absolument imaginaires (et non plus simplement « inventés »), ne peuvent être que l'imagination même : ils n'en sont pas le produit mais la substance; en décrivant la migration de l'Œil vers d'autres objets (et par conséquent d'autres usages que celui du « voir »), Bataille ne se compromet en rien dans le roman, qui s'accommode par définition d'un imaginaire partiel, dérivé et impur (tout mêlé de réel); il ne se meut, bien au contraire, que dans une essence d'imaginaire. Faut-il donner à ce genre de composition le nom de « poème »? On n'en voit pas d'autre à opposer au roman, et cette opposition est nécessaire : l'imagination romanesque est « *probable* » : le roman, c'est ce qui, *tout compte fait,* pourrait arriver : imagination timide (même

---

1. En hommage à Georges Bataille (*Critique*, nᵒˢ 195-196, août-sept. 1963).

dans la plus luxuriante des créations), puisqu'elle n'ose se déclarer que sous la caution du réel; l'imagination poétique, au contraire, est *improbable* : le poème, c'est ce qui, en aucun cas, ne saurait arriver, sauf précisément dans la région ténébreuse ou brûlante des fantasmes, que, par là même, il est seul à pouvoir désigner; le roman procède par combinaisons aléatoires d'éléments réels; le poème par exploration exacte et complète d'éléments virtuels.

On reconnaîtra dans cette opposition — si elle est fondée — les deux grandes catégories (opérations, objets ou figures) que la linguistique nous a appris récemment à distinguer et à nommer : l'agencement et la sélection, le syntagme et le paradigme, la métonymie et la métaphore. L'*Histoire de l'Œil* est donc, pour l'essentiel, une composition métaphorique (on verra que la métonymie y intervient cependant par la suite) : un terme, l'Œil, y est *varié* à travers un certain nombre d'objets substitutifs, qui sont avec lui dans le rapport strict d'objets affinitaires (puisqu'ils sont tous globuleux) et cependant dissemblables (puisqu'ils sont diversement nommés); cette double propriété est la condition nécessaire et suffisante de tout paradigme : les substituts de l'Œil sont effectivement *déclinés,* dans tous les sens du terme : récités, comme les formes flexionnelles d'un même mot; révélés comme les états d'une même identité; esquivés comme des propositions dont aucune ne saurait retenir plus qu'une autre; étendus comme les moments successifs d'une même histoire. Ainsi, dans son parcours métaphorique, l'Œil à la fois permane et varie : sa forme capitale subsiste à travers le mouvement d'une nomenclature, comme celle d'un espace topologique; car ici chaque flexion est un nom nouveau, et parlant un usage nouveau.

L'Œil semble donc la matrice d'un parcours d'objets qui sont comme les différentes « stations » de la métaphore oculaire. La première variation est celle de l'œil et de l'œuf; c'est une variation double, à la fois de forme (les deux mots ont un son commun et un son varié) et de contenu (quoique absolument distants, les deux objets sont globuleux et blancs). Une fois posées comme éléments invariants, la blancheur et la rotondité permettent de nouvelles extensions métaphoriques : celle de l'assiette de lait du chat, par exemple, qui sert au premier jeu érotique de Simone et du narrateur; et lorsque cette blancheur se fait nacrée (comme celle d'un œil mort et révulsé), elle amène un nouveau développement de la métaphore — sanctionné par l'usage courant qui donne le nom d'*œufs* aux testicules d'animaux. Ainsi se trouve pleinement constituée la sphère métaphorique dans laquelle se meut toute l'*Histoire de l'Œil*, de l'assiette de lait du chat à l'énucléation de Granero et à la castration du taureau (*dont les glandes, de la grosseur et de la forme d'un œuf, étaient d'une blancheur nacrée, rosée de sang, analogue à celle du globe oculaire*).

Telle est la métaphore première du poème. Ce n'est cependant pas la seule; une chaîne secondaire en dérive, constituée par tous les avatars du liquide dont l'image est aussi bien liée à l'œil, à l'œuf et aux glandes; et ce n'est pas seulement la liqueur elle-même qui varie (larmes, lait de l'assiette-œil de chat, jaune mollet de l'œuf, sperme ou urine), c'est, si l'on peut dire, le mode d'apparition de l'humide; la métaphore est ici encore bien plus riche que pour le globuleux; du *mouillé* au *ruissellement*, ce sont toutes les variétés de *l'inonder* qui viennent compléter la métaphore originelle du globe; des objets en apparence fort éloignés de l'œil se trouvent ainsi saisis dans la chaîne métaphorique, comme les boyaux du cheval blessé, lâchés « comme une cataracte » sous le coup de corne du taureau. En fait (car la puissance de la métaphore est infinie), la présence de l'une, seulement, des deux chaînes permet de faire comparaître l'autre : quoi de plus « sec » que le soleil? Il suffit cependant que dans le champ métaphorique tracé par Bataille à la façon d'un aruspice, le soleil soit disque, puis globe, pour que sa lumière s'écoule comme un liquide et rejoigne, à travers l'idée *d'une luminosité molle* ou *d'une liquéfaction urinaire du ciel,* le thème de l'œil, de l'œuf et de la glande.

Voilà donc deux séries métaphoriques, ou, si l'on préfère, conformément à la définition de la métaphore, deux chaînes de signifiants; car en chacune d'elles, il est bien certain que chaque terme n'est jamais que le signifiant du terme voisin. Tous ces signifiants « en échelle » renvoient-ils à un signifié stable, et d'autant plus secret qu'il serait enseveli sous toute une architecture de masques? Bref, y a-t-il un fond de la métaphore et, partant, une hiérarchie de ses termes? C'est là une question de psychologie profonde qu'il est hors de propos d'aborder ici. On notera seulement ceci : s'il existe un commencement de la chaîne, si la métaphore comporte un terme générateur (et par conséquent privilégié) à partir duquel le paradigme se construit de proche en proche, il faut au moins reconnaître que l'*Histoire de l'Œil* ne désigne nullement le sexuel comme terme premier de la chaîne : rien n'autorise à dire que la métaphore part du génital pour aboutir à des objets apparemment insexués comme l'œuf, l'œil ou le soleil; l'imaginaire qui est ici développé n'a pas pour « secret » un fantasme sexuel; en serait-il ainsi, il faudrait d'abord expliquer pourquoi le thème érotique n'est ici jamais directement phallique (il s'agit d'un « phallisme rond »); mais surtout, Bataille lui-même a rendu partiellement vain tout déchiffrement de son poème, en donnant (à la fin du livre) les sources (biographiques) de sa métaphore; il ne laisse donc d'autre recours que de considérer dans l'*Histoire de l'Œil* une métaphore parfaitement sphérique : chacun des termes y est toujours le signifiant d'un autre terme (aucun terme n'y est un simple signifié), sans qu'on puisse jamais arrêter la chaîne; sans doute, l'Œil, puisque c'est son histoire, semble prédominer, lui dont nous savons qu'il était le Père même, aveugle, et dont le globe blanchâtre se révulsait lorsqu'il urinait devant l'enfant; mais dans ce cas, c'est l'équivalence même de l'oculaire et du génital qui est originelle, non l'un de ses termes : le paradigme ne commence nulle part. Cette indétermination de l'ordre métaphorique, oubliée d'ordinaire par la psychologie des archétypes, ne fait d'ailleurs que reproduire le caractère inordonné des champs associatifs, tel qu'il a été affirmé avec force par Saussure : on ne peut donner de précellence à aucun des termes d'une déclinaison. Les conséquences critiques sont importantes : l'*Histoire de l'Œil* n'est pas une œuvre profonde : tout y est donné en surface et sans hiérarchie, la métaphore est étalée dans son entier; circulaire et explicite, elle ne renvoie à aucun secret : on a affaire ici à une signification sans signifié (ou dans laquelle tout est signifié); et ce n'est ni la moindre beauté ni la moindre nouveauté de ce texte que de composer, par la technique que l'on tente de décrire ici, une littérature à ciel ouvert, située au-delà de tout déchiffrement, et que seule une critique formelle peut — de très loin — accompagner.

Il faut maintenant revenir aux deux chaînes métaphoriques, celle de l'Œil (dira-t-on pour simplifier) et celle des pleurs. Comme réserve de signes virtuels, une métaphore toute pure ne peut à soi seule constituer un discours : si l'on *récite* ses termes — c'est-à-dire si on les insère dans un récit qui les cimente, leur nature paradigmatique cède déjà au profit de la dimension de toute parole, qui est fatalement extension syntagmatique [2]; l'*Histoire de l'Œil* est effectivement un récit dont les épisodes restent cependant prédéterminés par les différentes stations de la double métaphore : le récit n'est ici qu'une sorte de matière courante qui enchâsse la précieuse substance métaphorique : si nous sommes dans un parc, la nuit, c'est pour qu'un filet de lune vienne rendre translucide la tache humide du drap de Marcelle, qui flotte à la fenêtre de sa chambre; si nous sommes à Madrid, c'est pour qu'il y ait corrida, offrande des œufs crus du taureau, énucléation de l'œil de Granero; et à Séville, pour que le ciel y exprime cette luminosité jaunâtre et liquide, dont nous connaissons par le reste de la chaîne la nature métaphorique. Ne serait-ce donc qu'à l'intérieur de chaque série, le récit est bien une *forme,* dont la contrainte, féconde à l'égal des anciennes règles métriques ou tragiques, permet de *sortir* les termes de la métaphore hors de leur virtualité constitutive.

Cependant l'*Histoire de l'Œil* est bien autre chose qu'un récit, fût-il thématique. C'est que, la double métaphore une fois posée, Bataille fait intervenir une nouvelle technique : il *échange* les deux chaînes. Cet échange est par nature possible, puisqu'il ne s'agit pas du même paradigme (de la même métaphore), et que, par conséquent, les deux chaînes peuvent nouer entre elles des rapports de contiguïté : on peut accoler un terme de la

2. Faut-il expliquer ces termes issus de la linguistique, et qu'une certaine littérature commence à acclimater? Le syntagme est le plan d'enchaînement et de combinaison des signes au niveau du discours réel (par exemple la *ligne* des mots); le paradigme est, pour chaque signe du syntagme, la réserve des signes frères — et cependant dissemblables — dans laquelle on le choisit; ces termes figurent d'ailleurs dans la dernière édition du *Petit Larousse.*

première à un terme de la seconde : le syntagme est *immédiate-ment* possible : rien ne s'oppose, sur le plan du bon sens courant, et même tout conduit à un discours qui dit que *l'œil pleure,* que *l'œuf cassé s'écoule* ou que *la lumière (le soleil) se répand;* dans un premier moment, qui est celui de tout le monde, les termes de la première métaphore et ceux de la seconde vont ainsi de conserve, sagement jumelés selon des stéréotypes ancestraux. Nés d'une façon toute classique de la jointure des deux chaînes, ces syntagmes traditionnels comportent évidemment peu d'information : *casser un œuf* ou *crever un œil,* ce sont là des informations globales, qui n'ont guère d'effet que par rapport à leur contexte, et non par rapport à leurs composants : que faire de l'œuf, sinon le casser, et que faire de l'œil, sinon le crever?

Tout change cependant si l'on commence à troubler la correspondance des deux chaînes, si, au lieu de jumeler les objets et les actes selon des lois de parenté traditionnelle *(casser un œuf, crever un œil),* on désarticule l'association en prélevant chacun de ses termes sur des lignes différentes, bref si l'on se donne le droit de *casser un œil* et de *crever un œuf;* par rapport aux deux métaphores parallèles (de l'œil et du pleur), le syntagme devient alors *croisé,* car la liaison qu'il propose va chercher d'une chaîne à l'autre des termes non point complémentaires mais distants : on retrouve alors la loi de l'image surréaliste, formulée par Reverdy et reprise par Breton *(plus les rapports des deux réalités seront loin-tains et justes, plus l'image sera forte).* L'image de Bataille est cependant bien plus concertée; ce n'est pas une image folle, ni même une image libre, car la coïncidence de ses termes n'est pas aléatoire et le syntagme se trouve limité par une contrainte : celle de la sélection, qui oblige à prélever les termes de l'image seulement dans deux séries finies. De cette contrainte naît évidemment une information très forte, située à égale distance du banal et de l'absurde, puisque le récit est enserré dans la sphère métaphorique, dont il peut échanger les régions (ce qui lui donne son souffle), mais non pas transgresser les limites (ce qui lui donne son sens); conformément à la loi qui veut que l'être de la littérature ne soit jamais que sa technique, l'insistance et la liberté de ce chant sont donc les produits d'un art exact, qui a su à la fois mesurer le champ associatif et libérer en lui les contiguïtés de termes.

Cet art n'est nullement gratuit, puisqu'il se confond, semble-t-il, avec l'érotisme même, du moins celui de Bataille. On peut certes imaginer à l'érotisme d'autres définitions que linguistiques (et Bataille lui-même l'a montré). Mais si l'on appelle *métonymie* [3] cette translation de sens opérée d'une chaîne à l'autre, *à des échelons différents de la métaphore (œil sucé comme un sein, boire mon œil entre ses lèvres),* on reconnaîtra sans doute que l'érotisme de Bataille est essentiellement métonymique. Puisque la technique poétique consiste ici à défaire les contiguïtés usuelles d'objets pour y substituer des rencontres nouvelles, limitées cependant par la persistance d'un seul thème à l'intérieur de chaque métaphore, il se produit une sorte de contagion générale des qualités et des actes : par leur dépendance métaphorique, l'œil, le soleil et l'œuf participent étroitement au génital; et par leur liberté métonymique, ils échangent sans fin leurs sens et leurs usages, en sorte que casser des œufs dans une baignoire, gober ou éplucher des œufs (mollets), découper un œil, l'énucléer ou en jouer érotiquement, associer l'assiette de lait et le sexe, le filet de lumière et le jet d'urine, mordre la glande du taureau comme un œuf ou la loger dans son corps, toutes ces associations sont à la fois mêmes et autres; car la métaphore, qui les varie, manifeste entre elles une différence réglée, que la métonymie, qui les échange, s'emploie aussitôt à abolir : le monde devient *trouble,* les propriétés ne sont plus divisées; s'écouler, sangloter, uriner, éjaculer forment un sens *tremblé,* et toute l'*Histoire de l'Œil* signifie à la façon d'une vibration qui rend toujours le même son (mais quel son ?). Ainsi, à la transgression des valeurs, principe déclaré de l'érotisme, correspond — si elle ne la fonde — une transgression technique des formes du langage, car la métonymie n'est rien d'autre qu'un syntagme forcé, la violation d'une limite de l'espace signifiant; elle permet au niveau même du discours, une *contre-division* des objets, des usages, des sens, des espaces et des propriétés, qui est l'érotisme même : aussi ce que le jeu de la métaphore et de la métonymie, dans l'*Histoire de l'Œil,* permet en définitive de transgresser, c'est le sexe : ce qui n'est pas, bien entendu, le sublimer, tout au contraire.

3. Je me réfère ici à l'opposition établie par Jakobson entre la métaphore, figure de la similarité, et la métonymie, figure de la contiguïté.

Reste à savoir si la rhétorique qui vient d'être décrite permet de rendre compte de *tout* érotisme ou si elle appartient en propre à Bataille. Un coup d'œil sur l'érotique de Sade, par exemple, permet d'esquisser la réponse. Il est vrai que le *récit* de Bataille doit beaucoup à celui de Sade; mais c'est plutôt que Sade a fondé tout récit érotique, dans la mesure où son érotisme est de nature essentiellement syntagmatique; étant donné un certain nombre de lieux érotiques, Sade en déduit *toutes* les figures (ou conjonctions de personnages) qui peuvent les mobiliser; les unités premières sont en nombre fini, car rien n'est plus limité que le matériel érotique; elles sont cependant suffisamment nombreuses pour se prêter à une combinatoire en apparence infinie (les lieux érotiques se combinant en postures et les postures en scènes), dont la profusion forme tout le récit sadien. En Sade, il n'y a aucun recours à une imagination métaphorique ou métonymique, son érotique est simplement combinatoire; mais par là même elle a sans doute un tout autre sens que celle de Bataille. Par l'échange métonymique, Bataille épuise une métaphore, double sans doute, mais dont chaque chaîne est faiblement saturée; Sade au contraire explore à fond un champ de combinaisons libres de toute contrainte structurale; son érotisme est encyclopédique, il participe du même esprit comptable qui anime Newton ou Fourier. Pour Sade, il s'agit de recenser une combinatoire érotique, projet qui ne comporte (techniquement) aucune transgression du sexuel. Pour Bataille, il s'agit de parcourir le tremblement de quelques objets (notion toute moderne, inconnue de Sade), de façon à échanger des uns aux autres les fonctions de l'obscène et celles de la substance (la consistance de l'œuf mollet, la teinte sanglante et nacrée des glandes crues, le vitreux de l'œil). Le langage érotique de Sade n'a d'autre connotation que celle de son siècle, c'est une écriture; celui de Bataille est connoté par l'être même de Bataille, c'est un style; entre les deux quelque chose est né, qui transforme toute expérience en langage *dévoyé* (pour reprendre encore un mot surréaliste) et qui est la littérature.

1963, *Critique.*

LES DEUX CRITIQUES

Nous avons actuellement en France deux critiques parallèles : une critique que l'on appellera pour simplifier *universitaire* et qui pratique pour l'essentiel une méthode positiviste héritée de Lanson, et une critique d'interprétation, dont les représentants, fort différents les uns des autres, puisqu'il s'agit de J.-P. Sartre, G. Bachelard, L. Goldmann, G. Poulet, J. Starobinski, J. P. Weber, R. Girard, J.-P. Richard, ont ceci de commun, que leur approche de l'œuvre littéraire peut être rattachée, plus ou moins, mais en tout cas d'une façon consciente, à l'une des grandes idéologies du moment, existentialisme, marxisme, psychanalyse, phénoménologie, ce pour quoi on pourrait aussi appeler cette critique-là *idéologique*, par opposition à la première, qui, elle, refuse toute idéologie et ne se réclame que d'une méthode objective. Entre ces deux critiques, il existe bien entendu des liens : d'une part, la critique idéologique est la plupart du temps pratiquée par des professeurs, car en France, on le sait, pour des raisons de tradition et de profession, le statut intellectuel se confond facilement avec le statut universitaire; et d'autre part, il arrive à l'Université de reconnaître la critique d'interprétation, puisque certaines de ses œuvres sont des thèses de doctorat (sanctionnées, il est vrai, plus libéralement, semble-t-il, par les jurys de philosophie que par les jurys de lettres). Cependant, sans parler de conflit, la séparation des deux critiques est réelle. Pourquoi ?

Si la critique universitaire n'était rien d'autre que son programme déclaré, qui est l'établissement rigoureux des faits biographiques ou littéraires, on ne voit pas, à vrai dire, pourquoi elle entretiendrait la moindre tension avec la critique idéologique. Les acquisitions du positivisme, ses exigences mêmes, sont irréversibles : personne aujourd'hui, quelque philosophie qu'il adopte, ne songe à contester l'utilité de l'érudition, l'intérêt des mises au point historiques, les avantages d'une analyse fine des « circonstances » littéraires, et si l'importance accordée au problème des sources par la critique universitaire, engage déjà une certaine idée de ce qu'est l'œuvre littéraire (on y reviendra), rien du moins ne peut s'opposer à ce qu'on traite ce problème avec exactitude, une fois qu'on a décidé de le poser ; il n'y a donc, à première vue, aucune raison qui empêche les deux critiques de se reconnaître et de collaborer : la critique positiviste établirait et découvrirait les « faits » (puisque telle est son exigence) et elle laisserait l'autre critique libre de les interpréter, ou plus exactement de les « faire signifier » par référence à un système idéologique déclaré. Si cette vue pacifiante est cependant utopique, c'est qu'en réalité, de la critique universitaire à la critique d'interprétation, il n'y a pas division du travail, simple différence d'une méthode et d'une philosophie, mais concurrence réelle de deux idéologies. Comme Mannheim l'a montré, le positivisme est en effet, lui aussi, une idéologie comme les autres (ce qui ne l'empêche d'ailleurs nullement d'être utile). Et lorsqu'il inspire la critique littéraire, le positivisme laisse bien voir sa nature idéologique au moins en deux points (pour s'en tenir à l'essentiel).

Tout d'abord, en limitant volontairement ses recherches aux « circonstances » de l'œuvre (même s'il s'agit de circonstances intérieures), la critique positiviste pratique une idée parfaitement partiale de la littérature ; car refuser de s'interroger sur l'être de la littérature, c'est du même coup accréditer l'idée que cet être est éternel, ou si l'on préfère, naturel, bref que la littérature *va de soi*. Et pourtant, qu'est-ce que la littérature ? Pourquoi écrit-on ? Racine écrivait-il pour les mêmes raisons que Proust ? Ne pas se poser ces questions, c'est aussi y répondre, car c'est adopter l'idée traditionnelle du sens commun (qui n'est pas forcément le sens historique), à savoir que l'écrivain écrit tout simplement pour *s'exprimer,* et que l'être de la littérature est dans la « traduction » de la sensibilité et des passions. Malheureusement, dès que l'on touche à l'intentionnalité humaine (et comment parler de la littérature sans le faire), la psychologie positiviste ne suffit plus : non seulement parce qu'elle est rudimentaire, mais aussi parce qu'elle engage une philosophie déterministe parfaitement datée. Le paradoxe, c'est que la critique historique refuse ici l'histoire ; l'histoire nous dit qu'il n'y a pas une essence intemporelle de la littérature, mais sous le nom de littérature (d'ailleurs lui-même récent), un devenir de formes, de fonctions, d'institutions, de raisons, de projets fort différents, dont c'est précisément à l'historien à nous dire la relativité; faute de quoi il se condamne, précisément, à ne pouvoir expliquer les « faits » : en s'abstenant de nous dire pourquoi Racine écrivait (ce que pouvait être la littérature pour un homme de son temps), la critique s'interdit de découvrir pourquoi à un certain moment (après *Phèdre*) Racine n'a plus écrit. Tout est lié : le plus menu des problèmes littéraires, fût-il anecdotique, peut avoir sa clef dans le cadre mental d'une époque; et ce cadre n'est pas le nôtre. Le critique doit admettre que c'est son objet même, sous sa forme la plus générale, la littérature, qui lui résiste ou le fuit, non le « secret » biographique de son auteur.

Le second point où la critique universitaire laisse bien voir son engagement idéologique, c'est ce que l'on pourrait appeler le postulat d'analogie. On sait que le travail de cette critique est principalement constitué par la recherche des « sources » : il s'agit toujours de mettre l'œuvre étudiée en rapport avec quelque chose d'*autre*, un *ailleurs* de la littérature; cet *ailleurs* peut être une autre œuvre (antécédente), une circonstance biographique ou encore une « passion » réellement éprouvée par l'auteur et qu'il « exprime » (toujours l'*expression*) dans son œuvre (Oreste, c'est Racine à vingt-six ans, amoureux et jaloux, etc.); le second terme du rapport importe d'ailleurs beaucoup moins que sa nature, qui est constante dans toute critique objective : ce rapport est toujours *analogique ;* il implique la certitude qu'écrire, ce n'est jamais que *reproduire, copier, s'inspirer de*, etc.; les différences qui existent entre le modèle et l'œuvre (et qu'il serait difficile de contester) sont toujours mises au compte du « génie », notion devant laquelle le critique le plus opiniâtre, le plus indiscret renonce brusquement au droit de parole et le rationaliste le plus sourcilleux se transmue en psychologue crédule, respectueux de la mystérieuse alchimie de la création, dès que précisément l'analogie n'est plus visible : les *ressemblances* de l'œuvre relèvent ainsi du positivisme le plus rigoureux, mais par une singulière abdication, ses *différences* de la magie. Or ceci est un postulat caractérisé; on peut soutenir avec autant de droit que l'œuvre littéraire commence précisément là où elle déforme son modèle (ou pour être plus prudent : son point de départ); Bachelard a montré que l'imagination poétique consistait, non à *former* les images, mais bien au contraire à les *déformer ;* et en psychologie, qui est le domaine privilégié des explications analogiques (la passion écrite devant toujours, paraît-il, sortir d'une passion vécue), on sait maintenant que les phénomènes de *dénégation* sont au moins aussi importants que les phénomènes de conformité : un désir, une passion, une frustration peuvent très bien produire des représentations *précisément* contraires; un mobile réel peut *s'inverser* dans un alibi qui le dément; une œuvre peut être le fantasme même qui compense la vie négative : Oreste amoureux d'Hermione, c'est peut-être Racine secrètement dégoûté de la Duparc : la similitude n'est nullement le rapport privilégié que la création entretient avec le réel. L'*imitation* (en prenant ce mot dans le sens très large que Marthe Robert vient de lui donner dans son essai sur l'*Ancien et le Nouveau* [1]), l'imitation suit des voies retorses; qu'on la définisse en termes hégéliens ou psychanalytiques ou existentiels, une dialectique puissante distord sans cesse le modèle de l'œuvre, le soumet à des forces de fascination, de compensation, de dérision, d'agression, dont la *valeur* (c'est-à-dire le *valant-pour*) doit être établie, non en fonction du modèle lui-même, mais de leur place dans l'organisation générale de l'œuvre. On touche ici à l'une des responsabilités les plus graves de la critique universitaire : centrée sur une génétique du détail littéraire, elle risque d'en manquer le sens fonctionnel, qui est sa vérité : rechercher avec ingéniosité, rigueur et acharnement si Oreste était Racine ou si le baron de Charlus était le comte de Montesquiou, c'est du même coup nier qu'Oreste et Charlus sont essentiellement les *termes* d'un réseau fonctionnel de figures, réseau qui ne peut être saisi dans sa *tenue* qu'à l'intérieur de l'œuvre, dans ses entours, non dans ses racines; l'homologue d'Oreste, ce n'est pas Racine, c'est Pyrrhus (selon une voie évidemment différentielle); celui de Charlus, ce n'est pas Montesquiou, c'est le narrateur, dans la mesure précisément où le narrateur *n'est pas* Proust. En somme, c'est l'œuvre qui est son propre modèle; sa vérité n'est pas à chercher en profondeur, mais en

1. Grasset, 1963.

étendue; et s'il y a un rapport entre l'auteur et son œuvre (qui le nierait? l'œuvre ne descend pas du ciel : il n'y a que la critique positiviste pour croire encore à la Muse), ce n'est pas un rapport pointilliste, qui additionnerait des ressemblances parcellaires, discontinues et « profondes », mais bien au contraire un rapport entre *tout* l'auteur et *toute* l'œuvre, *un rapport des rapports,* une correspondance homologique, et non analogique.

Il semble qu'on approche ici du cœur de la question. Car si l'on se tourne maintenant vers le refus implicite que la critique universitaire oppose à l'autre critique, pour en deviner les raisons, on voit tout de suite que ce refus n'est nullement la crainte banale du nouveau; la critique universitaire n'est ni rétrograde ni démodée (un peu lente, peut-être) : elle sait parfaitement s'adapter. Ainsi, bien qu'elle ait pratiqué pendant des années une psychologie conformiste de l'homme normal (héritée de Théodule Ribot, contemporain de Lanson), elle vient de « reconnaître » la psychanalyse, en consacrant (par un doctorat particulièrement bien accueilli) la critique de Ch. Mauron, d'obédience strictement freudienne. Mais dans cette consécration même, c'est la ligne de résistance de la critique universitaire qui apparaît à découvert : car la critique psychanalytique est *encore* une psychologie, elle postule un *ailleurs* de l'œuvre (qui est l'enfance de l'écrivain), un secret de l'auteur, une matière à déchiffrer, qui reste bien l'âme humaine, fût-ce au prix d'un vocabulaire nouveau : mieux vaut une psycho-pathologie de l'écrivain, plutôt que pas de psychologie du tout; en mettant en rapport les détails d'une œuvre et les détails d'une vie, la critique psychanalytique continue à pratiquer une esthétique des motivations fondée tout entière sur le rapport d'extériorité : c'est parce que Racine était lui-même orphelin qu'il y a tant de pères dans son théâtre : la transcendance biographique est sauve : il y a, il y aura toujours des vies d'écrivains à « fouiller ». En somme, ce que la critique universitaire est disposée à admettre (peu à peu et après des résistances successives), c'est paradoxalement le principe même d'une critique d'interprétation, ou si l'on préfère (bien que le mot fasse encore peur), d'une critique idéologique; mais ce qu'elle refuse, c'est que cette interprétation et cette idéologie puissent décider de travailler dans un domaine purement intérieur à l'œuvre; bref, ce qui est récusé, c'est *l'analyse immanente :* tout est acceptable, pourvu que l'œuvre puisse être mise en rapport avec *autre chose* qu'elle-même, c'est-à-dire autre chose que la littérature : l'histoire (même si elle devient marxiste), la psychologie (même si elle se fait psychanalytique), ces *ailleurs* de l'œuvre seront peu à peu admis ; ce qui ne le sera pas, c'est un travail qui s'installe *dans* l'œuvre et ne pose son rapport au monde qu'après l'avoir entièrement décrite de l'intérieur, dans ses fonctions, ou, comme on dit aujourd'hui, dans sa structure ; ce qui est rejeté, c'est donc en gros la critique phénoménologique (qui *explicite* l'œuvre au lieu de l'*expliquer*), la critique thématique (qui reconstitue les métaphores intérieures de l'œuvre) et la critique structurale (qui tient l'œuvre pour un système de fonctions).

Pourquoi ce refus de l'immanence (dont le principe est d'ailleurs souvent mal compris) ? On ne peut donner pour le moment que des réponses contingentes ; peut-être est-ce par soumission obstinée à l'idéologie déterministe, qui veut que l'œuvre soit le « produit » d'une « cause » et que les causes extérieures soient plus « causes » que les autres ; peut-être aussi parce que passer d'une critique des déterminations à une critique des fonctions et des significations impliquerait une conversion profonde des normes du savoir, donc de la technique, donc de la profession même de l'universitaire ; il ne faut pas oublier que la recherche n'étant pas encore séparée de l'enseignement, l'Université travaille mais aussi elle décerne des diplômes ; il lui faut donc une idéologie qui soit articulée sur une technique suffisamment difficile pour constituer un instrument de sélection ; le positivisme lui fournit l'obligation d'un savoir vaste, difficile, patient ; la critique immanente — du moins lui semble-t-il — ne demande, devant l'œuvre, qu'un pouvoir d'*étonnement,* difficilement mesurable : on comprend qu'elle hésite à convertir ses exigences.

1963, *Modern Languages Notes.*

QU'EST-CE QUE LA CRITIQUE?

Il est toujours possible d'édicter quelques grands principes critiques en fonction de l'actualité idéologique, surtout en France, où les modèles théoriques ont un grand prestige, parce que sans doute ils donnent au praticien l'assurance qu'il participe à la fois à un combat, à une histoire et à une totalité; c'est ainsi que depuis une quinzaine d'années, la critique française s'est développée, avec des fortunes diverses, à l'intérieur de quatre grandes « philosophies ». Tout d'abord ce que l'on est convenu d'appeler, d'un terme très discutable, l'existentialisme, qui a donné les œuvres critiques de Sartre, le *Baudelaire*, le *Flaubert*, quelques articles plus courts sur Proust, Mauriac, Giraudoux et Ponge, et surtout l'admirable *Genet*. Ensuite le marxisme : on sait (car le débat est déjà ancien) combien l'orthodoxie marxiste a été stérile en critique, proposant une explication purement mécanique des œuvres ou promulguant des mots d'ordre plus que des critères de valeurs; c'est donc, si l'on peut dire, aux frontières du marxisme (et non en son centre déclaré) que l'on trouve la critique la plus féconde : celle de L. Goldmann (sur Racine, Pascal, sur le nouveau Roman, sur le théâtre d'avant-garde, sur Malraux) doit explicitement beaucoup à Lukacs; c'est l'une des plus souples et des plus ingénieuses que l'on puisse imaginer à partir de l'histoire sociale et politique. Ensuite encore, la psychanalyse; il existe une critique psychanalytique d'obédience freudienne, dont le meilleur représentant en France, actuellement, serait Charles Mauron (sur Racine et sur Mallarmé); mais c'est ici encore la psychanalyse « marginale » qui a été la plus féconde; partant d'une analyse des substances (et non des œuvres), suivant les déformations dynamiques de l'image chez de très nombreux poètes, G. Bachelard a fondé une véritable école critique, si riche que l'on peut dire que la critique française est actuellement, sous sa forme la mieux épanouie, d'inspiration bachelardienne (G. Poulet, J. Starobinski, J.-P. Richard). Enfin, le structuralisme (ou pour simplifier à l'extrême et d'une façon sans doute abusive : le formalisme) : on sait l'importance, on pourrait dire la vogue, de ce mouvement, en France, depuis que Cl. Lévi-Strauss lui a ouvert les sciences sociales et la réflexion philosophique; peu d'œuvres critiques en sont encore issues; mais il s'en prépare, où l'on retrouvera surtout, sans doute, l'influence du modèle linguistique édifié par Saussure et élargi par R. Jakobson (qui lui-même, à ses débuts, a participé à un mouvement de critique littéraire, l'école formaliste russe) : il paraît par exemple possible de développer une critique littéraire à partir des deux catégories rhétoriques établies par Jakobson : la métaphore et la métonymie.

On le voit, cette critique française est à la fois « nationale » (elle doit très peu, sinon rien, à la critique anglo-saxonne, au spitzerisme, au crocisme) et actuelle, ou si l'on préfère, « infidèle » : tout entière plongée dans un certain présent idéologique, elle se reconnaît mal comme participant à une tradition critique, celle de Sainte-Beuve, celle de Taine, ou celle de Lanson. Ce dernier modèle pose cependant à la critique actuelle un problème particulier. L'œuvre, la méthode, l'esprit de Lanson, lui-même prototype du professeur français, règle depuis une cinquantaine d'années, à travers d'innombrables épigones, toute la critique universitaire. Comme les principes de cette critique, du moins déclarativement, sont ceux de la rigueur et de l'objectivité dans l'établissement des faits, on pourrait croire qu'il n'y a aucune incompatibilité entre le lansonisme et les critiques idéologiques, qui sont toutes des critiques d'interprétation. Cependant, bien que la plupart des critiques français d'aujourd'hui (on parle ici seulement de la critique de structure et non de la critique de lancée) soient eux-mêmes des professeurs, il y a une certaine tension entre la critique d'interprétation et la critique positiviste (universitaire). C'est qu'en fait, le lansonisme est lui-même une idéologie; il ne se contente pas d'exiger l'application des règles objectives de toute recherche scientifique, il implique des convictions générales sur l'homme, l'histoire, la littérature, les rapports de l'auteur et de l'œuvre; par exemple, la psychologie du lansonisme est parfaitement datée, consistant essentiellement en une sorte de déterminisme analogique, selon lequel les détails d'une œuvre doivent *ressembler* aux détails d'une vie, l'âme d'un personnage à l'âme de l'auteur, etc., idéologie très particulière puisque précisément depuis, la psychanalyse, par exemple, a imaginé des rapports contraires de dénégation entre une œuvre et son auteur. En fait, bien sûr, les postulats philosophiques sont inévitables; ce ne sont donc pas ses partis pris que l'on peut reprocher au lansonisme, c'est de les taire, de les couvrir du drapé moral de la rigueur et de l'objectivité : l'idéologie est ici glissée, comme une marchandise de contrebande, dans les bagages du scientisme.

Puisque ces principes idéologiques différents sont possibles *en même temps* (et pour ma part, d'une certaine manière, je souscris *en même temps* à chacun d'eux), c'est que sans doute le choix idéologique ne constitue pas l'être de la critique et que la « vérité » n'est pas sa sanction. La critique, c'est autre chose que de parler juste au nom de principes « vrais ». Il s'ensuit que le péché majeur, en critique, n'est pas l'idéologie, mais le silence dont on la couvre : ce silence coupable a un nom : c'est la bonne conscience, ou si l'on préfère, la mauvaise foi. Comment croire en effet que l'œuvre est un *objet* extérieur à la psyché et à l'histoire de celui qui l'interroge et vis-à-vis duquel le critique aurait une sorte de droit d'extériorité? Par quel miracle la communication profonde que la plupart des critiques postulent entre l'œuvre et l'auteur qu'ils étudient, cesserait-elle lorsqu'il s'agit de leur propre œuvre et de leur propre temps? Y aurait-il des lois de création valables pour l'écrivain mais non pour le critique? Toute critique doit inclure dans son discours (fût-ce de la façon la mieux détournée et la plus pudique qui soit) un discours implicite sur elle-même; toute critique est critique de l'œuvre et critique de soi-même; pour reprendre un jeu de mots de Claudel, elle est connaissance de l'autre et co-naissance de soi-même au monde. En d'autres termes encore, la critique n'est nullement une table de résultats ou un corps de jugements, elle est essentiellement une activité, c'est-à-dire une suite d'actes intellectuels profondément engagés dans l'existence historique et subjective (c'est la même chose) de celui qui les accomplit, c'est-à-dire les assume. Une activité peut-elle être « vraie »? Elle obéit à de tout autres exigences.

Tout romancier, tout poète, quels que soient les détours que puisse prendre la théorie littéraire, est censé parler d'objets et de phénomènes, fussent-ils imaginaires, extérieurs et antérieurs au langage : le monde existe et l'écrivain parle, voilà la littérature. L'objet de la critique est très différent; ce n'est pas « le monde », c'est un discours, le discours d'un autre : la critique est discours sur un discours; c'est un langage *second,* ou *méta-langage* (comme diraient les logiciens), qui s'exerce sur un langage premier (ou *langage-objet*). Il s'ensuit que l'activité critique doit compter avec deux sortes de rapports : le rapport du langage critique au langage de l'auteur observé et le rapport de ce langage-objet au monde. C'est le « frottement » de ces deux langages qui définit la critique et lui donne peut-être une grande ressemblance avec une autre activité mentale, la logique, qui elle aussi est fondée tout entière sur la distinction du langage-objet et du méta-langage.

Car si la critique n'est qu'un méta-langage, cela veut dire que sa tâche n'est nullement de découvrir des « vérités », mais seulement des « validités ». En soi, un langage n'est pas vrai ou faux, il est valide ou il ne l'est pas : valide, c'est-à-dire constituant un système cohérent de signes. Les règles qui assujettissent le langage littéraire ne concernent pas la conformité de ce langage au réel (quelles que soient les prétentions des écoles réalistes), mais seulement sa soumission au système de signes que s'est fixé l'auteur (et il faut, bien entendu, donner ici un sens très fort au mot *système*). La critique n'a pas à dire si Proust a dit « vrai », si le baron de Charlus était bien le comte de Montesquiou, si Françoise était Céleste, ou même, d'une façon plus générale, si la société qu'il a décrite reproduisait avec exactitude les conditions historiques d'élimination de la noblesse à la fin du XIXe siècle; son rôle est uniquement d'élaborer elle-même un langage dont la cohérence, la logique, et pour tout dire la systématique, puisse recueillir, ou mieux encore « intégrer » (au sens mathématique du terme) la plus grande quantité possible de langage proustien, exactement comme une équation logique éprouve la validité d'un raisonnement sans prendre parti sur la « vérité » des arguments qu'il mobilise. On peut dire que la tâche critique (c'est la seule garantie

de son universalité) est purement formelle : ce n'est pas de « découvrir », dans l'œuvre ou l'auteur observés, quelque chose de « caché »,
de « profond », de « secret », qui aurait passé inaperçu jusque-là
(par quel miracle ? Sommes-nous plus perspicaces que nos prédécesseurs ?), mais seulement d'*ajuster,* comme un bon menuisier
qui rapproche en tâtonnant « intelligemment » deux pièces d'un
meuble compliqué, le langage que lui fournit son époque (existentialisme, marxisme, psychanalyse) au langage, c'est-à-dire au
système formel de contraintes logiques élaboré par l'auteur selon
sa propre époque. La « preuve » d'une critique n'est pas d'ordre
« aléthique » (elle ne relève pas de la vérité), car le discours critique — comme d'ailleurs le discours logique — n'est jamais que
tautologique : il consiste finalement à dire avec retard, mais en se
plaçant tout entier dans ce retard, qui par là même n'est pas
insignifiant : Racine, c'est Racine, Proust, c'est Proust; la
« preuve » critique, si elle existe, dépend d'une aptitude, non à
découvrir l'œuvre interrogée, mais au contraire à la *couvrir* le plus
complètement possible par son propre langage.

Il s'agit donc, une fois de plus, d'une activité essentiellement
formelle, non au sens esthétique mais au sens logique du terme.
On pourrait dire que pour la critique, la seule façon d'éviter la
« bonne conscience » ou la « mauvaise foi » dont on a parlé au
début, c'est de se donner pour fin morale, non de déchiffrer le
sens de l'œuvre étudiée, mais de reconstituer les règles et contraintes
d'élaboration de ce sens; à condition d'admettre tout de suite que
l'œuvre littéraire est un système sémantique très particulier, dont
la fin est de mettre « du sens » dans le monde, mais non pas « un
sens »; l'œuvre, du moins celle qui accède d'ordinaire au regard
critique, et c'est peut-être là une définition possible de la « bonne »
littérature, l'œuvre n'est jamais tout à fait insignifiante (mystérieuse ou « inspirée ») ni jamais tout à fait claire; elle est, si l'on veut,
du sens *suspendu :* elle s'offre en effet au lecteur comme un système
signifiant déclaré mais se dérobe à lui comme objet signifié. Cette
sorte de *dé-ception*, de dé-prise du sens explique d'une part que
l'œuvre littéraire ait tant de force pour poser des questions au
monde (en ébranlant les sens assurés que les croyances, idéologies
et le sens commun semblent détenir), sans cependant jamais y
répondre (il n'y a pas de grande œuvre qui soit « dogmatique »),

et d'autre part qu'elle s'offre à un déchiffrement infini, puisqu'il n'y a aucune raison pour qu'on finisse un jour de parler de Racine ou de Shakespeare (sinon par une désaffectation qui sera elle-même un langage) : à la fois proposition insistante de sens et sens obstinément fugitif, la littérature n'est bien qu'un *langage,* c'est-à-dire un système de signes : son être n'est pas dans son message, mais dans ce « système ». Et par là même, le critique n'a pas à reconstituer le message de l'œuvre, mais seulement son système, tout comme le linguiste n'a pas à déchiffrer le sens d'une phrase, mais à établir la structure formelle qui permet à ce sens d'être transmis.

C'est en effet en reconnaissant qu'elle n'est elle-même qu'un langage (ou plus exactement un méta-langage) que la critique peut être contradictoirement mais authentiquement, à la fois objective et subjective, historique et existentielle, totalitaire et libérale. Car d'une part le langage que chaque critique choisit de parler ne lui descend pas du ciel, il est l'un des quelques langages que son époque lui propose, il est objectivement le terme d'un certain mûrissement historique du savoir, des idées, des passions intellectuelles, il est une *nécessité ;* et d'autre part, ce langage nécessaire est choisi par chaque critique en fonction d'une certaine organisation existentielle, comme l'*exercice* d'une fonction intellectuelle qui lui appartient en propre, exercice dans lequel il met toute sa « profondeur », c'est-à-dire ses choix, ses plaisirs, ses résistances, ses obsessions. Ainsi peut s'amorcer au sein de l'œuvre critique le dialogue de deux histoires et de deux subjectivités, celles de l'auteur et celles du critique. Mais ce dialogue est égoïstement tout entier déporté vers le présent : la critique n'est pas un « hommage » à la vérité du passé, ou à la vérité de « l'autre », elle est construction de l'intelligible de notre temps.

1963, *Times Literary Supplement.*

LITTÉRATURE ET SIGNIFICATION

I. *Vous vous êtes toujours intéressé aux problèmes de la signification, mais ce n'est que récemment, semble-t-il, que vous avez donné à cet intérêt la forme d'une recherche systématique inspirée de la linguistique structurale, recherche que vous avez appelée, après Saussure et avec d'autres, sémiologie. Du point de vue d'une conception « sémiologique » de la littérature, l'attention particulière que vous avez portée naguère au théâtre vous paraît-elle encore aujourd'hui justifiée par un statut exemplaire de la théâtralité ? Et, plus spécialement dans l'œuvre de Brecht, pour lequel vous avez « milité », à* Théâtre populaire, *dès 1955, c'est-à-dire avant la systématisation dont je viens de parler ?*

Qu'est-ce que le théâtre ? Une espèce de machine cybernétique. Au repos, cette machine est cachée derrière un rideau. Mais dès qu'on la découvre, elle se met à envoyer à votre adresse un certain nombre de messages. Ces messages ont ceci de particulier, qu'ils sont simultanés et cependant de rythme différent ; en tel point du spectacle, vous recevez *en même temps* six ou sept informations (venues du décor, du costume, de l'éclairage, de la place des acteurs, de leurs gestes, de leur mimique, de leur parole), mais certaines de ces informations *tiennent* (c'est le cas du décor), pendant que d'autres *tournent* (la parole, les gestes) ; on a donc affaire à une véritable polyphonie informationnelle, et c'est cela, la théâtralité : *une épaisseur de signes* (je parle ici par rapport à la monodie littéraire, et en laissant de côté le problème du cinéma). Quels rapports ces signes disposés en contre-point (c'est-à-dire à la fois épais et étendus, simultanés et successifs), quels rapports ces signes ont-ils entre eux ? Ils n'ont pas même signifiants (par définition) ; mais ont-ils toujours même signifié ? *Concourent-ils* à un sens unique ? Quel est le rapport qui les unit à travers un temps souvent fort long à ce sens final, qui est, si l'on peut dire, un sens rétrospectif, puisqu'il n'est pas dans la dernière réplique et n'est cependant clair que la pièce une fois finie ? D'autre part, comment est formé le signifiant théâtral ? Quels sont ses modèles ? Nous le savons, le signe linguistique n'est pas « analogique » (le mot « bœuf » ne ressemble pas à un bœuf), il est formé par référence à un code digital; mais les autres signifiants, disons pour simplifier, les signifiants visuels, qui règnent en maîtres sur la scène ? Toute représentation est un acte sémantique extrêmement dense : rapport du code et du jeu (c'est-à-dire de la langue et de la parole), nature (analogique, symbolique, conventionnelle ?) du signe théâtral, variations signifiantes de ce signe, contraintes d'enchaînement, dénotation et connotation du message, tous ces problèmes fondamentaux de la sémiologie sont présents dans le théâtre; on peut même dire que le théâtre constitue un objet sémiologique privilégié puisque son système est apparemment original (polyphonique) par rapport à celui de la langue (qui est linéaire).

Brecht a illustré — et justifié — avec éclat ce statut sémantique du théâtre. D'abord il a compris que le fait théâtral pouvait être traité en termes cognitifs, et non pas en termes émotifs; il a accepté de penser le théâtre intellectuellement, abolissant la distinction mythique (rancie mais encore vivace) entre la création et la réflexion, la nature et le système, le spontané et le rationnel, le « cœur » et la « tête »; son théâtre n'est ni pathétique ni cérébral : c'est un théâtre *fondé*. Et puis, il a décidé que les formes dramatiques avaient une responsabilité politique; que la place d'un projecteur, l'interruption d'une scène par une chanson, l'addition d'une pancarte, le degré d'usure d'un costume, la diction d'un acteur *signifiaient* un certain parti pris, non sur l'art, mais sur l'homme et sur le monde; bref que la matérialité du spectacle ne relevait pas seulement d'une esthétique ou d'une psychologie de l'émotion, mais aussi et principalement d'une technique de la signification; en d'autres termes, que le sens d'une œuvre théâtrale (notion fade d'ordinaire confondue avec la « philosophie » de l'auteur) dépendait, non d'une somme d'intentions et de « trouvailles », mais de ce qu'il faut bien appeler un système intellectuel de signifiants. Enfin, Brecht a pressenti la variété et la relativité des systèmes sémantiques : le signe théâtral *ne va pas de soi;* ce que nous appelons le *naturel* d'un acteur ou la *vérité* d'un jeu n'est qu'un langage parmi d'autres (un langage accomplit sa fonction, qui est de communiquer, par sa validité, non par sa vérité), et ce langage est tributaire d'un certain cadre mental, c'est-à-dire d'une certaine histoire, en sorte que *changer les signes* (et non pas seulement ce qu'ils disent), c'est donner à la nature un *nouveau partage* (entreprise qui définit précisément l'art), et fonder ce partage non sur des lois « naturelles », mais bien au contraire sur la liberté qu'ont les hommes de faire signifier les choses.

Mais surtout, au moment même où il liait ce théâtre de la signification à une pensée politique, Brecht, si l'on peut dire, affirmait le sens mais ne le remplissait pas. Certes, son théâtre est idéologique, plus franchement que beaucoup d'autres : il prend parti sur la nature, le travail, le racisme, le fascisme, l'histoire, la guerre, l'aliénation; cependant, c'est un théâtre de la conscience, non de l'action, du problème, non de la réponse; comme tout langage littéraire, il sert à « formuler », non à « faire »; toutes les pièces de Brecht se terminent implicitement par un « *Cherchez l'issue* » adressé au spectateur au nom de ce déchiffrement auquel la matérialité du spectacle doit le conduire : *conscience de l'inconscience,* conscience que la salle doit avoir de l'inconscience qui règne sur la scène, tel est le théâtre de Brecht. C'est sans doute ce qui explique que ce théâtre soit si fortement signifiant et si peu prêcheur; le rôle du système n'est pas ici de transmettre un message positif (ce n'est pas un théâtre des signifiés), mais de faire comprendre que le monde est un objet qui doit être déchiffré (c'est un théâtre des signifiants). Brecht approfondit ainsi le statut tautologique de toute littérature, qui est message de la signification des choses, et non de leur sens (j'entends toujours *signification* comme procès qui produit le sens, et non ce sens lui-même). Ce qui rend l'entreprise de Brecht exemplaire, c'est qu'elle est plus risquée qu'aucune autre; Brecht s'est approché à l'extrême d'un *certain* sens (qu'on pourrait appeler en gros sens marxiste), mais ce sens, au moment où il « prenait » (se solidifiait en signifié positif), il l'a suspendu en question (suspension qu'on retrouve dans la qualité particulière du temps historique qu'il représente sur son théâtre, et qui est un temps du *pas-encore*). Ce frottement très subtil d'un sens (plein) et d'une signification (suspendue) est une entreprise qui laisse loin derrière elle, en audace, en difficulté, en nécessité aussi, la suspension de sens que l'avant-garde croyait pratiquer par une pure subversion du langage ordinaire et du conformisme théâtral. Une question vague (du genre de celles qu'une philosophie de l' « absurde » pouvait poser au monde) a beaucoup moins de force (elle secoue moins) qu'une question dont la réponse est toute proche mais cependant arrêtée (comme celle de Brecht) : en littérature, qui est un ordre de la connotation, il n'y a pas de question *pure* : une question n'est jamais que sa propre réponse éparse, dispersée en fragments entre lesquels le sens fuse et fuit tout à la fois.

II. *Quel sens donnez-vous au passage, que vous avez vous-même souligné, de la littérature « engagée » de l'époque Camus-Sartre, à la littérature « abstraite » d'aujourd'hui ? Que pensez-vous de cette dépolitisation massive et spectaculaire de la littérature, de la part d'écrivains qui, le plus souvent, ne sont pas apolitiques, et sont même, en général, « de gauche » ? Croyez-vous que ce « degré zéro » de l'histoire soit un silence lourd de sens ?*

On peut toujours mettre en rapport un fait culturel avec quelque « circonstance » historique; on peut voir une relation (ou causale, ou analogique, ou affinitaire) entre la dépolitisation actuelle de l'œuvre d'une part et le khrouchtchevisme ou le gaullisme d'autre part, comme si l'écrivain s'était laissé gagner par un climat général de départicipation (encore faudrait-il alors dire pourquoi le stalinisme ou la IVe République incitaient à « engager » davantage l'œuvre!). Mais si l'on veut traiter les phénomènes culturels en termes d'histoire profonde, il faut attendre que l'histoire se laisse elle-même lire dans sa profondeur (personne ne nous a encore dit ce qu'était le gaullisme); ce qu'il y a *sous* la littérature déclarativement engagée et *sous* la littérature apparemment inengagée, et qui est peut-être commun, ne pourra être lu que plus tard; il se peut que le sens historique ne surgisse que le jour où l'on pourra grouper, par exemple, le surréalisme, Sartre, Brecht, la littérature « abstraite » et même le structuralisme, comme autant de *modes* d'une même idée. Ces « bouts » de littérature n'ont de sens que si on peut les rapporter à des ensembles beaucoup plus vastes;

aujourd'hui par exemple — ou en tout cas bientôt — il n'est ou ne sera plus possible de comprendre la littérature « heuristique » (celle qui cherche) sans la rapporter fonctionnellement à la culture de masse, avec laquelle elle entretiendra (et entretient déjà) des rapports complémentaires de résistance, de subversion, d'échange ou de complicité (c'est *l'acculturation* qui domine notre époque, et l'on peut rêver d'une histoire parallèle — et relationnelle — du nouveau Roman et de la presse du cœur). En réalité, littérature « engagée » ou littérature « abstraite », nous ne pouvons nous-mêmes percevoir ici qu'une diachronie, non une histoire; ces deux littératures (d'ailleurs exiguës : rien de comparable avec l'expansion du classicisme, du romantisme ou du réalisme) sont plutôt des *modes* (en enlevant bien entendu à ce mot tout sens futile), et je serais tenté de voir, pour ma part, dans leur alternance ce phénomène tout formel de rotation des possibles qui définit précisément la Mode : il y a épuisement d'une parole et passage à la parole antinomique : c'est ici la *différence* qui est le moteur, non de l'histoire, mais de la diachronie; l'histoire n'intervient précisément que lorsque ces micro-rythmes sont perturbés et que cette sorte d'orthogenèse différentielle des formes est exceptionnellement bloquée par tout un ensemble de fonctions historiques : c'est ce qui dure qui doit être expliqué, non ce qui « tourne ». On pourrait dire allégoriquement que l'histoire (immobile) de l'alexandrin est plus significative que la mode (fugitive) du trimètre : plus les formes persistent, plus elles s'approchent de cet intelligible historique, qui me paraît être aujourd'hui l'objet de toute critique.

III. *Vous avez dit (dans « Clartés ») que la littérature est « constitutivement réactionnaire » et ailleurs (dans « Arguments ») qu'elle « pose de bonnes questions au monde » et qu'elle constitue une interrogation féconde. Comment levez-vous cette contradiction apparente ? Diriez-vous la même chose des autres arts, ou bien considérez-vous qu'il y a un statut particulier de la littérature, qui la rend plus réactionnaire, ou plus féconde que les autres ?*

Il y a un statut particulier de la littérature qui tient à ceci, qu'elle est faite avec du langage, c'est-à-dire avec une matière qui est

déjà signifiante au moment où la littérature s'en empare : il faut que
la littérature *se glisse* dans un système qui ne lui appartient pas
mais qui fonctionne malgré tout aux mêmes fins qu'elle, à savoir :
communiquer. Il s'ensuit que les démêlés du langage et de la littérature forment en quelque sorte l'être même de la littérature :
structuralement, la littérature n'est qu'un objet parasite du langage; lorsque vous lisez un roman, vous ne consommez pas
d'abord le signifié « roman »; l'idée de littérature (ou d'autres
thèmes qui en dépendent) n'est pas le message que vous recevez;
c'est un signifié que vous accueillez *en plus,* marginalement; vous
le sentez vaguement flotter dans une zone paroptique; ce que vous
consommez, ce sont les unités, les rapports, bref les mots et la
syntaxe du premier système (qui est la langue française); et cependant l'être de ce discours que vous lisez (son « réel »), c'est bien la
littérature, et ce n'est pas l'anecdote qu'il vous transmet; en
somme, ici, c'est le système parasite qui est principal, car il
détient la dernière intelligibilité de l'ensemble : autrement dit,
c'est lui qui est le « réel ». Cette sorte d'inversion retorse des
fonctions explique les ambiguïtés bien connues du discours
littéraire : c'est un discours auquel on croit sans y croire, car l'acte
de lecture est fondé sur un tourniquet incessant entre les deux
systèmes : voyez mes mots, je suis langage, voyez mon sens, je suis
littérature.

Les autres « arts » ne connaissent pas cette ambiguïté constitutive. Certes, un tableau figuratif transmet (par son « style », ses
références culturelles) bien d'autres messages que la « scène »
elle-même qu'il représente, à commencer par l'idée même de
tableau; mais sa « substance » (pour parler comme les linguistes)
est constituée par des lignes, des couleurs, des rapports qui ne
sont pas signifiants en soi (à l'inverse de la substance linguistique
qui ne sert jamais qu'à signifier); si vous isolez une phrase d'un
dialogue romanesque, *rien* ne peut *a priori* la distinguer d'une
portion du langage ordinaire, c'est-à-dire du réel qui lui sert en
principe de modèle; mais vous aurez beau choisir dans le plus
réaliste des tableaux, le plus vériste des détails, vous n'obtiendrez
jamais qu'une surface plane et enduite, et non la matière de l'objet
représenté : une distance *substantielle* demeure entre le modèle et
sa copie. Il s'ensuit un curieux chassé-croisé; dans la peinture (figu-

rative), il y a analogie entre les éléments du signe (signifiant et signifié) et disparité entre la substance de l'objet et celle de sa copie; dans la littérature, au contraire, il y a coïncidence des deux substances (c'est toujours du langage), mais dissemblance entre le réel et sa version littéraire, puisque la liaison se fait ici, non à travers des formes analogiques, mais à travers un code digital (binaire au niveau des phonèmes), celui du langage. On est ainsi ramené au statut fatalement irréaliste de la littérature, qui ne peut « évoquer » le réel qu'à travers un relais, le langage, ce relais étant lui-même avec le réel dans un rapport institutionnel, et non pas naturel. L'art (pictural), quels que soient les détours et les droits de la culture, peut toujours rêver à la nature (et il le fait, même dans ses formes dites abstraites); la littérature, elle, n'a pour rêve et pour nature immédiate que le langage.

Ce statut « linguistique » de la littérature explique suffisamment, je pense, les contradictions éthiques qui frappent son usage. Chaque fois que l'on valorise ou sacralise le « réel » (ce qui a été jusqu'à présent le propre des idéologies progressistes), on s'aperçoit que la littérature n'est que langage, et encore : langage second, sens parasite, en sorte qu'elle ne peut que connoter le réel, non le dénoter : le *logos* apparaît alors irrémédiablement coupé de la *praxis;* impuissante à *accomplir* le langage, c'est-à-dire à le dépasser vers une transformation du réel, privée de toute transitivité, condamnée à se signifier sans cesse elle-même au moment où elle ne voudrait que signifier le monde, la littérature est bien alors un objet immobile, séparé du monde qui se fait. Mais aussi, chaque fois que l'on ne *ferme* pas la description, chaque fois que l'on écrit d'une façon suffisamment ambiguë pour laisser fuir le sens, chaque fois que l'on fait *comme si le monde signifiait,* sans cependant dire quoi, alors l'écriture libère une question, elle secoue ce qui existe, sans pourtant jamais préformer ce qui n'existe pas encore, elle donne du souffle au monde : en somme la littérature ne permet pas de marcher, mais elle permet de respirer. C'est là un statut étroit, et d'ailleurs occupé — ou débordé — très diversement par les auteurs; prenez par exemple l'un des derniers romans de Zola (l'un des Quatre Evangiles) : ce qui empoisonne l'œuvre, c'est que Zola répond à la question qu'il pose (il dit, déclare, nomme le Bien social), mais ce qui lui laisse son souffle, son rêve ou sa secousse, c'est la technique romanesque elle-même, une façon de donner à la notation une *allure* de signe.

On pourrait dire, je crois, que la littérature, c'est Orphée remontant des enfers; tant qu'elle va devant soi, *sachant cependant qu'elle conduit quelqu'un,* le réel qui est derrière elle et qu'elle tire peu à peu de l'innommé, respire, marche, vit, se dirige vers la clarté d'un sens; mais sitôt qu'elle se retourne sur ce qu'elle aime, il ne reste plus entre ses mains qu'un sens nommé, c'est-à-dire un sens mort.

IV. *A plusieurs reprises, vous avez défini la littérature comme un système de signification « déceptif », dans lequel le sens est à la fois « posé et déçu ». Cette définition vaut-elle pour toute littérature, ou pour la littérature moderne seulement ? Ou encore pour le seul lecteur moderne, qui donne ainsi une fonction nouvelle même aux textes anciens ? Ou encore la littérature moderne manifeste-t-elle de façon plus nette un statut jusqu'alors latent ? et dans ce cas d'où viendrait cette révélation ?*

La littérature possède-t-elle une forme, sinon éternelle, du moins transhistorique ? Pour répondre sérieusement à cette question, un instrument essentiel nous manque : une histoire de l'*idée* de littérature. On écrit sans cesse (du moins depuis le XIXe siècle, ce qui est déjà significatif) l'histoire des œuvres, des écoles, des mouvements, des auteurs, mais on n'a jamais encore écrit l'histoire de l'*être* littéraire. *Qu'est-ce que la littérature ? :* cette question célèbre reste paradoxalement une question de philosophe ou de critique, ce n'est pas encore une question d'historien. Je ne puis donc risquer qu'une réponse hypothétique — et surtout très générale.

Une technique déceptive du sens, qu'est-ce que cela veut dire ? Cela veut dire que l'écrivain s'emploie à multiplier les significations sans les remplir ni les fermer et qu'il se sert du langage pour constituer un monde emphatiquement signifiant, mais finalement jamais signifié. Est-ce ainsi pour *toute* littérature ? Oui sans doute, car définir la littérature par sa technique du sens, c'est lui donner pour seule limite un langage contraire, qui ne peut être que le langage transitif; ce langage transitif, c'est celui qui vise à transformer immédiatement le réel, non à le *doubler :*

paroles « pratiques » liées à des actes, à des techniques, à des conduites, paroles invocatoires liées à des rites, puisque eux aussi sont censés ouvrir la nature; mais dès lors qu'un langage cesse d'être incorporé à une *praxis,* dès lors qu'il se met à raconter, à *réciter* le réel, devenant ainsi un langage *pour soi,* il y a apparition de sens seconds, reversés et fuyants, et par conséquent institution de quelque chose que nous appelons précisément *littérature,* même lorsque nous parlons d'œuvres issues d'un temps où le mot n'existait pas; une telle définition ne peut donc reporter la « non-littérature » que dans une préhistoire que nous ne connaissons pas, là où le langage n'était que religieux ou pratique (il vaudrait mieux dire : praxique). Il y a donc sans doute une grande *forme* littéraire, qui couvre tout ce que nous connaissons de l'homme. Cette forme (anthropologique) a reçu, bien entendu, des contenus, des usages et des formes subsidiaires (« genres ») très différents selon les histoires et les sociétés. D'autre part, à l'intérieur d'une histoire restreinte comme celle de notre Occident (bien qu'à vrai dire, du point de vue de la technique du sens littéraire, il n'y ait aucune différence entre une Ode d'Horace et un poème de Prévert, un chapitre d'Hérodote et un article de *Paris-Match*), l'institution et la déception du sens ont pu s'accomplir à travers des techniques secondaires très variées; les éléments de la signification peuvent être accentués différemment, de façon à produire des écritures très dissemblables et des sens plus ou moins remplis; on peut par exemple codifier fortement les signifiants littéraires, comme dans l'écriture classique, ou au contraire les livrer au hasard, créateur de sens inouïs, comme dans certaines poétiques modernes, on peut les exténuer, les blanchir, les approcher, à l'extrême, de la dénotation, ou au contraire les exalter, les exaspérer (comme dans l'écriture d'un Léon Bloy, par exemple) : bref, le *jeu* des signifiants peut être infini, mais le signe littéraire reste immuable : depuis Homère et jusqu'aux récits polynésiens, personne n'a jamais transgressé la nature à la fois signifiante et déceptive de ce langage intransitif, qui « double » le réel (sans le rejoindre) et qu'on appelle « littérature » : peut-être précisément parce qu'il est un *luxe,* l'exercice du pouvoir inutile que les hommes ont de faire *plusieurs* sens avec une seule parole.

Cependant, si la littérature a été de tout temps, par sa technique même (qui est son être) un système du sens posé et déçu et si c'est là sa nature anthropologique, il y a un point de vue (qui n'est plus celui de l'histoire) où l'opposition des littératures à sens plein et à sens suspendu reprend une certaine réalité : c'est le point de vue normatif. Il semble qu'aujourd'hui nous accordions un privilège mi-esthétique, mi-éthique aux systèmes franchement déceptifs, dans la mesure où la *recherche* littéraire est sans cesse amenée aux frontières du sens : c'est en somme la franchise du statut littéraire qui devient un critère de valeur : la « mauvaise » littérature, c'est celle qui pratique une bonne conscience des sens pleins, et la « bonne » littérature, c'est au contraire celle qui lutte ouvertement avec la tentation du sens.

V. *Il semble qu'il y a deux attitudes assez divergentes dans la critique actuelle : d'un côté les « critiques de signification », comme Richard, Poulet, Starobinski, Mauron, Goldmann, qui tendent tous malgré de fortes différences entre eux, à « donner du sens », et même sans cesse de nouveaux sens aux œuvres ; de l'autre côté, Blanchot, qui tend à retirer les œuvres du monde du sens, ou du moins à les interroger en dehors de toute technique de production du sens et dans leur silence même. Vous-même donnez l'impression de participer à la fois de ces deux attitudes. S'il en est ainsi, comment voyez-vous la conciliation ou le dépassement possible ? La tâche de la critique est-elle de faire parler les œuvres, ou d'amplifier leur silence, ou les deux, et selon quelle répartition ?*

La critique de signification dont vous parlez peut elle-même, me semble-t-il, se diviser en deux groupes distincts; d'un côté une critique qui donne une très grande plénitude et un contour très ferme au signifié de l'œuvre littéraire, puisque, pour tout dire, elle le *nomme*. Ce signifié nommé est, dans le cas de Goldmann, la situation politique réelle d'un certain groupe social (pour l'œuvre de Racine et de Pascal, c'est l'aile droitière de la bourgeoisie janséniste); dans le cas de Mauron, c'est la situation biographique de l'écrivain au moment de son enfance (Racine orphelin, élevé par un père de rechange, Port-Royal). Cette accentuation — ou cette nomination — du signifié développe beaucoup moins qu'on ne pourrait le croire, le caractère signifiant de l'œuvre, mais le paradoxe n'est qu'apparent, si l'on se rappelle que la force d'un signe (ou plutôt d'un système de signes) ne dépend pas de son caractère complet (présence accomplie d'un signifiant et d'un signifié), ou de ce que l'on pourrait appeler sa racine, mais bien plutôt des rapports que le signe entretient avec ses voisins (réels ou virtuels) et que l'on pourrait appeler ses entours; en d'autres termes, c'est l'attention donnée à l'organisation des signifiants qui fonde une véritable critique de la signification, beaucoup plus que la découverte du signifié et du rapport qui l'unit à son signifiant. C'est ce qui explique qu'avec un signifié *fort,* les critiques de Goldmann et de Mauron sont sans cesse menacées par deux fantômes, d'ordinaire fort hostiles à la signification; dans le cas de Goldmann, le signifiant (l'œuvre, ou pour être plus exact le relais que Goldmann introduit justement et qui est la vision du monde) risque toujours d'apparaître comme le *produit* de la conjoncture sociale, la signification servant au fond à masquer le vieux schéma déterministe; et dans le cas de Mauron, ce même signifiant se dégage mal de l'*expression* chère à l'ancienne psychologie (ce pour quoi, sans doute, la Sorbonne vient d'ingérer si facilement la psychanalyse littéraire, sous les espèces de la thèse de Mauron).

Toujours dans la critique de signification, mais en face, le groupe des critiques que l'on pourrait appeler d'une manière expéditive *thématiques* (Poulet, Starobinski, Richard); cette critique peut en effet se définir par l'accent qu'elle met sur le « découpage » de l'œuvre et son organisation en vastes réseaux de formes signifiantes. Certes, cette critique reconnaît à l'œuvre un signifié implicite, qui est, en gros, le projet existentiel de l'auteur, et sur ce point, de même que dans le premier groupe le signe était menacé par le produit ou l'expression, de même ici il se dégage mal de l'*indice;* mais d'une part, ce signifié n'est pas nommé, le critique le laisse étendu aux formes qu'il analyse; il ne surgit que du découpage de ces formes, il n'est pas extérieur à l'œuvre, et cette critique reste une critique immanente (ce pour quoi, sans doute, la Sorbonne semble quelque peu lui résister); et d'autre part, en faisant porter tout son travail (son activité) sur une sorte d'organisation réticulaire de l'œuvre, cette critique se constitue principalement en critique du signifiant, et non en critique du signifié.

On voit que, même à travers la critique de signification, il y a une évanescence progressive du signifié, qui paraît bien être l'enjeu de tout ce débat critique; cependant, les signifiants sont toujours présents, attestés ici par la « réalité » du signifié, là par le « découpage » de l'œuvre selon une pertinence qui n'est plus esthétique mais structurale, et c'est en cela que l'on peut opposer, comme vous le faites, toute cette critique au discours de Blanchot, langage d'ailleurs plutôt que méta-langage, ce qui donne à Blanchot une place indécise entre la critique et la littérature. Cependant, en refusant toute « solidification » sémantique à l'œuvre, Blanchot ne fait que dessiner le *creux* du sens, et c'est là une entreprise dont la difficulté même concerne la critique de signification (et peut-être la concernera de plus en plus); il ne faut pas oublier que le « non-sens » n'est qu'un objet tendanciel, une sorte de pierre philosophale, peut-être un paradis (perdu ou inaccessible) de l'intellect; faire du sens est très facile, toute la culture de masse en élabore à longueur de journée; suspendre le sens est déjà une entreprise infiniment plus compliquée, c'est, si l'on veut, un « art »; mais « néantiser » le sens est un projet désespéré, à proportion de son impossibilité. Pourquoi ? Parce que le « hors-sens » est immanquablement absorbé (à un certain moment que l'œuvre a le seul pouvoir de retarder) dans le *non-sens,* qui, lui, est bel et bien un sens (sous le nom d'*absurde*) : quoi de plus « signifiant » que les questions sur le sens ou les subversions du sens, de Camus à Ionesco ? A vrai dire, le sens ne peut connaître que son *contraire,* qui est, non l'absence, mais le contre-pied, en sorte que tout « non-sens » n'est jamais, à la lettre, qu'un « contre-sens » : il n'y a pas (sinon à titre de projet, c'est-à-dire de sursis fragile) de « degré zéro » du sens. L'œuvre de Blanchot (critique ou « romanesque ») représente donc, à sa façon, qui est singulière (mais je crois qu'elle aurait des répondants en peinture et en musique) une sorte d'épopée du sens, adamique, si l'on peut dire, puisque c'est celle du premier homme d'*avant le sens.*

VI. *Vous constatez (dans « Sur Racine ») que Racine est ouvert à tous les langages critiques modernes, et vous semblez souhaiter qu'il s'ouvre encore à d'autres. En même temps vous semblez avoir adopté sans aucune hésitation le langage de la critique psychanalytique pour Racine, comme vous aviez adopté pour Michelet celui de la psychanalyse substantielle. Il semble donc qu'à vos yeux tel auteur appelle spontanément tel langage ; ce fait dénonce-t-il un certain rapport entre l'œuvre et vous-même, une autre approche vous paraissant tout aussi légitime en principe, ou bien pensez-vous qu'il y a objectivement une adéquation entre tel auteur et tel langage critique ?*

Comment nier qu'il y a un rapport personnel entre un critique (ou même tel moment de sa vie) et son langage ? Mais c'est là précisément une détermination que la critique de signification recommande de dépasser : nous ne choisissons pas un langage parce qu'il nous paraît nécessaire mais nous rendons nécessaire le langage que nous choisissons. Face à son objet, le critique jouit donc d'une liberté absolue ; reste seulement à savoir ce que le monde permet d'en faire.

Si, en effet, la critique est un langage — ou plus exactement un méta-langage —, elle a pour sanction, non la vérité, mais sa propre validité, et n'importe quelle critique peut saisir n'importe quel objet ; cette liberté de principe est cependant soumise à deux conditions, et ces conditions, bien qu'elles soient internes, sont précisément celles-là qui permettent au critique de rejoindre l'intelligible de sa propre histoire : c'est que d'une part le langage critique qu'on a choisi soit homogène, structuralement cohérent, et d'autre part qu'il parvienne à saturer tout l'objet dont il parle. Autrement dit, au départ, il n'y a en critique aucun interdit, seulement des exigences et par suite, des résistances. Ces résistances ont un sens, on ne peut les traiter d'une façon indifférente et irresponsable ; il faut d'une part s'y attaquer (si l'on veut « découvrir » l'œuvre), mais d'autre part il faut aussi comprendre que là où elles sont trop fortes, elles décèlent un problème nouveau et obligent alors à changer de langage critique.

Sur le premier point, il ne faut pas oublier que la critique est une activité, une « manipulation », et qu'il est donc légitime de rechercher à la fois le problème le plus difficile et l'« arrangement » le plus élégant (au sens que ce mot peut avoir en mathématiques) ; il est donc fécond que la critique cherche dans son objet la pertinence qui lui permet d'accomplir au mieux sa nature de langage à la fois cohérent et total, c'est-à-dire d'être à son tour signifiante (de sa propre histoire). Quel intérêt y aurait-il à soumettre Michelet à une critique idéologique, puisque l'idéologie de Michelet est parfaitement claire ? Ce qui appelle la lecture, ce sont les *déformations* que le langage micheletiste a fait subir au credo petit-bourgeois du xix⁰ siècle, la réfraction de cette idéologie dans une poétique des substances, moralisées selon une certaine idée du Bien et du Mal politiques, et c'est en cela que la psychanalyse substantielle (dans le cas de Michelet) a quelque chance d'être totale : elle peut récupérer l'idéologie, tandis que la critique idéologique ne récupère rien de l'expérience de Michelet devant les choses : il faudrait toujours choisir *la plus grande critique,* celle qui ingère la plus grande quantité possible de son objet. La critique de Goldmann, par exemple, est justifiée, dans la mesure où rien, à première vue, ne prédispose Racine, auteur apparemment inengagé, à une lecture idéologique; celle que Richard a donnée de Stendhal est de la même façon exemplaire, parce que le « cérébral » s'offre à une psychanalyse bien plus difficilement que l' « humoral »; il ne s'agit pas, bien entendu, de donner une prime à l'*originalité* (encore que la critique, comme tout art de la communication, ait à se soumettre à des valeurs informationnelles), mais d'apprécier la *distance* que le langage critique doit parcourir pour rejoindre son objet.

Cette distance, cependant, ne peut être infinie; car si la critique a quelque chose d'un *jeu,* c'est dans son sens mécanique qu'il faut ici prendre le terme (elle cherche à révéler le fonctionnement d'un certain appareil, en éprouvant la jointure des pièces, mais aussi en les laissant *jouer*), non dans son sens ludique : la critique est libre, mais sa liberté est surveillée en définitive par certaines *limites* de l'objet qu'elle choisit. Ainsi, travaillant sur Racine, j'avais d'abord eu l'idée d'une psychanalyse substantielle (indiquée déjà par Starobinski), mais cette critique, telle du moins que je la voyais, rencontrait trop de résistances et j'ai été déporté vers une psychanalyse à la fois plus classique (puisqu'elle donne une grande importance au Père) et plus structurale (puisqu'elle fait du théâtre racinien un *jeu* de figures, purement relationnelles). Cependant cette résistance invaincue n'est pas insignifiante : car s'il est difficile de psychanalyser Racine en termes de substances, c'est que la plus grande partie des images raciniennes appartient à une sorte de *folklore* d'époque, ou si l'on préfère à un code général, qui a été la langue rhétorique de toute une société, l'imaginaire racinien n'étant qu'une *parole* issue de cette langue; le caractère collectif de cet imaginaire ne le soustrait nullement à une psychanalyse substantielle, il oblige seulement à élargir considérablement la recherche et à tenter une psychanalyse d'époque et non une psychanalyse d'auteur : J. Pommier demandait déjà, par exemple, qu'on étudie le thème de la *métamorphose* dans la littérature classique. Une telle psychanalyse d'époque (ou de « société ») serait une entreprise tout à fait nouvelle (du moins en littérature) : encore faut-il en avoir les moyens.

Ces déterminations peuvent paraître empiriques, et elles le sont en grande partie, mais l'empirique est lui-même signifiant, dans la mesure où il est fait de difficultés qu'on choisit d'affronter, de contourner ou de reporter. J'ai souvent rêvé d'une coexistence pacifique des langages critiques, ou, si l'on préfère, d'une critique « paramétrique », qui modifierait son langage en fonction de l'œuvre qui lui est proposée, non certes dans la conviction que l'ensemble de ces langages finirait par épuiser la vérité de l'œuvre pour l'éternité, mais dans l'espoir que de ces langages variés (mais non infinis, puisqu'ils sont soumis à certaines sanctions), surgirait une forme générale, qui serait l'intelligible même que notre temps donne aux choses, et que l'activité critique aide à la fois, dialectiquement, à déchiffrer et à constituer; en somme, c'est parce qu'il existerait dès maintenant, en nous, une forme générale des analyses, un classement des classements, une critique des critiques, que la pluralité simultanée des langages critiques pourrait être justifiée.

VII. *D'une part les sciences humaines, et peut-être même d'autres sciences, tendent de plus en plus à voir dans le langage le modèle de tout objet scientifique et dans la linguistique une science exemplaire; d'autre part, beaucoup d'écrivains (Queneau, Ionesco, etc.) ou d'essayistes (Parain) mettent le langage en accusation et fondent leur œuvre sur sa dérision. Que signifie cette coïncidence d'une « mode » scientifique et d'une « crise » littéraire du langage ?*

Il semble que l'intérêt que l'on porte au langage soit toujours ambigu et que cette ambiguïté soit reconnue et consacrée par le mythe même qui fait du langage « la meilleure et la pire des choses » (peut-être en raison des liens étroits du langage et de la névrose). En littérature, particulièrement, toute subversion du langage se confond contradictoirement avec une exaltation du langage, car se soulever contre le langage au moyen du langage même, ce n'est jamais que prétendre libérer un langage « second », qui serait l'énergie profonde, « anormale » (soustraite aux normes) de la parole ; aussi les destructions du langage ont souvent quelque chose de somptueux. Quant aux « dérisions » du langage, elles ne sont jamais que très partielles ; je n'en connais qu'une qui fasse vraiment mouche, c'est-à-dire donne à sentir le vertige d'un système détraqué : le monologue de l'esclave Lucky dans le *Godot* de Beckett. La dérision pratiquée par Ionesco porte sur les lieux communs, le langage concierge, intellectuel ou politique, bref sur des écritures, non sur le langage (la preuve en est que cette dérision est comique, mais nullement terrible : c'est Molière mettant en boîte les Précieuses ou les médecins). Pour Queneau, c'est sans doute une tout autre affaire : je ne crois pas qu'il y ait dans l'œuvre assez retorse de Queneau aucune « négativité » à l'égard du langage, mais bien plutôt une exploration extrêmement confiante, appuyée d'ailleurs sur une connaissance intellectuelle de ces problèmes. Et si nous regardons vers une génération plus jeune, celle du Nouveau Roman ou de *Tel Quel,* par exemple, nous voyons que les anciennes subversions du langage semblent tout à fait digérées ou dépassées ; ni Cayrol, ni Robbe-Grillet, ni Simon, ni Butor, ni Sollers ne se préoccupent de détruire les contraintes premières du système verbal (il y aurait plutôt reviviscence d'une certaine rhétorique, d'une certaine poétique ou d'une certaine « blancheur » de l'écriture), et la recherche porte ici sur les sens du système littéraire, non sur ceux du système linguistique ; en termes techniques, on pourrait dire que la génération précédente, avec le Surréalisme et ses épigones, a, certes, provoqué une certaine crise de la *dénotation* (en s'attaquant aux normes élémentaires du système), mais que cette crise (vécue d'ailleurs comme une expansion du langage) a été surmontée — ou abandonnée, et que la génération présente s'intéresse surtout à la communication seconde investie dans le langage littéraire : ce qui est problématique aujourd'hui, ce n'est pas la dénotation, c'est la connotation. Tout cela pour dire que sur ce problème du langage, il n'y a sans doute pas d'opposition véritable entre le « positif » et le « négatif ».

Ce qui reste vrai (mais c'est évident), c'est que le langage est devenu à la fois un problème et un modèle, et le moment approche peut-être où ces deux « rôles » vont pouvoir communiquer ; d'une part, dans la mesure où la littérature semble avoir dépassé les subversions élémentaires du langage dénoté, elle devrait pouvoir porter plus librement son exploration aux véritables frontières du langage, qui ne sont pas celles des « mots » ou de la « grammaire », mais celles du sens connoté, ou, si l'on préfère, de la « rhétorique » ; et d'autre part, la linguistique elle-même (on le voit déjà par certaines indications de Jakobson) se prépare peut-être à systématiser les phénomènes de connotation, à donner enfin une théorie du « style » et à éclairer la création littéraire (peut-être même à l'animer), en révélant les véritables lignes de partage du sens ; cette jonction désigne une activité commune, de nature classificatrice, et que l'on pourrait appeler : structuralisme.

VIII. *Vous dites (dans « L'activité structuraliste ») qu'il n'y a pas de différence technique entre l'activité d'un savant structuraliste comme Propp ou Dumézil et celle d'un artiste comme Boulez ou Mondrian. Cette similitude est-elle purement technique ou plus profonde, et dans la seconde hypothèse, croyez-vous qu'il y ait là l'amorce d'une synthèse entre science et art ?*

L'unité du structuralisme s'établit, si l'on peut dire, au premier et au dernier moment des œuvres ; lorsque le savant et l'artiste travaillent à construire ou à reconstruire leur objet, ils ont la même activité ; et ces opérations terminées et consommées, elles renvoient à une même intelligibilité historique, leur image collective participe de la même forme de classement ; en somme, une vaste identité

saisit les activités et les images; mais entre les deux, il reste les
« rôles » (sociaux), et ceux de l'artiste et du savant sont encore très
différents : il s'agit là d'une opposition dont la force mythique
repose sur une économie vitale de nos sociétés, l'artiste ayant pour
fonction d'exorciser l'irrationnel en le fixant dans les limites d'une
institution (l'« art »), à la fois reconnue et *contenue* : formellement,
l'artiste est, si l'on peut dire, le *séparé* dont la séparation même est
assimilée à titre de séparation, tandis que le savant (qui a pu avoir
au cours de notre histoire ce même statut ambigu d'exclusion
reconnue : les alchimistes, par exemple) est aujourd'hui une figure
entièrement progressiste. Cependant, il se peut très bien que
l'histoire libère ou invente de nouveaux projets, des choix inconnus,
des rôles dont notre société ne peut avoir l'idée. Déjà des frontières tombent, sinon entre l'artiste et le savant, du moins entre
l'intellectuel et l'artiste. C'est que deux mythes, pourtant tenaces,
sont en train, sinon de passer, du moins de se déplacer; d'une part
un certain nombre d'écrivains, de cinéastes, de musiciens, de
peintres s'intellectualise, le savoir n'est plus frappé d'un tabou
esthétique; et d'autre part (mais ceci est complémentaire) les
sciences humaines perdent un peu de l'obsession positiviste : le
structuralisme, le freudisme, le marxisme même, *tiennent* plus par
la cohérence de leur système, que par la « preuve » de leur détail :
on travaille à édifier une science qui s'inclut elle-même dans son
objet, et c'est cette « réflexivité » infinie qui, en face, constitue
précisément l'art : science et art reconnaissent en commun une
relativité inédite de l'objet et du regard. Une anthropologie
nouvelle, aux partages insoupçonnés, est peut-être en train de
naître; on refait la carte du *faire* humain, et la forme de cet immense
remaniement (mais non, bien sûr, son contenu) n'est pas sans
rappeler la Renaissance.

IX. *Vous dites (dans « Arguments 6 ») : « Toute œuvre est dogmatique », et ailleurs (« Arguments 20 ») : « L'écrivain est le contraire d'un
dogmatique. » Pouvez-vous expliquer cette contradiction ?*

L'œuvre est toujours dogmatique, parce que le langage est
toujours assertif, même et surtout lorsqu'il s'entoure d'un nuage
de précautions oratoires. Une œuvre ne peut rien garder de la

« bonne foi » de son auteur : ses silences, ses regrets, ses naïvetés, ses scrupules, ses peurs, tout ce qui ferait l'œuvre fraternelle, rien de cela ne peut passer dans l'objet écrit; car si l'auteur se met à le *dire,* il ne fait qu'afficher ce qu'il veut qu'on le croie, il ne sort pas d'un système du théâtre, qui est toujours comminatoire. Ainsi n'y a-t-il jamais aucun langage généreux (la générosité est une conduite, ce n'est pas une parole), parce qu'un langage généreux n'est jamais qu'un langage marqué des *signes* de la générosité : l'écrivain est quelqu'un à qui « l'authenticité » est refusée; ce n'est ni la politesse, ni le tourment, ni l'humanité, ni même l'humour d'un style qui peuvent vaincre le caractère absolument terroriste du langage (encore une fois, ce caractère provient de la nature systématique du langage, qui pour être achevé, n'a besoin que d'être valide, et non d'être vrai).

Mais en même temps, *écrire* (au sens curieusement intransitif du terme), écrire est un acte qui dépasse l'œuvre; *écrire,* c'est précisément accepter de voir le monde transformer en discours dogmatique une parole qu'on a pourtant voulue (si l'on est écrivain) dépositaire d'un sens offert; écrire, c'est remettre aux autres de fermer eux-mêmes votre propre parole, et l'écriture n'est qu'une *proposition* dont on ne connaît jamais la réponse. On écrit pour être aimé, on est lu sans pouvoir l'être, c'est sans doute cette distance qui constitue l'écrivain.

1963, Tel quel.

TABLE

IMPRIMERIE OFFSET-AUBIN, POITIERS
D. L. 1er TR. 1964. N° 1543-9 (P 7848).

Edoardo Sanguineti, *Capriccio italiano*.
Le Noble Jeu de l'oye
(traduits par Jean Thibaudeau).

Guy Scarpetta, *Scène*.

Jean-Louis Schefer, *Scénographie d'un tableau*.

Daniel Sibony, *Le Nom et le Corps*.

Philippe Sollers, *L'Intermédiaire*.
Drame.
Logiques.
Nombres.
Lois.
H.
Sur le matérialisme.

Jean Thibaudeau, *Ouverture*.
Imaginez la nuit.

Mai 1968 en France précédé de
Printemps rouge par Philippe Sollers.

La Traversée des signes, ouvrage collectif.

Théorie de la littérature
Textes des formalistes russes
(traduit par T. Todorov).

Théorie d'ensemble, ouvrage collectif.

Giuseppe Ungaretti, *A partir du désert*
(traduit par P. Jaccottet).